LA EXTRAORDINARIA VIDA DE LA GENTE CORRIENTE

Iván Ojanguren

KOLIMA
BOOKS

Título original: *La extraordinaria vida de la gente corriente*

Primera edición: Septiembre 2020
© 2020 Editorial Kolima, Madrid
www.editorialkolima.com

Autor: Iván Ojanguren Llanes
Dirección Editorial: Marta Prieto Asirón
Corrección ortotipográfica: Patricia Cuesta Martín
Ilustraciones de portada e interior: Laura Virumbrales
Diseño de portada: Paula Leal (PurpleSpark)
Maquetación de cubierta: Sergio Santos Palmero
Maquetación: Carolina Hernández Alarcón

ISBN: 978-84-18263-36-1

ÍNDICE

PRÓLOGO

El asunto del legado es para mí un motivo de reflexión habitual: ¿buscamos trascender o simplemente intentamos mejorar las cosas a nuestro alrededor? Los pasos que damos, sumados a las decisiones que tomamos, se convierten con el tiempo en lo que dejamos al mundo. Nuestro legado nos dignifica, pero, ¿existe en nosotros una voluntad inequívoca de legar? Me gusta pensar que sí, que las almas puras, esas que nos habitan fluyendo honestamente, mantienen una motivación sincera por mejorar el entorno. *La extraordinaria vida de la gente corriente* cuenta, gracias al excelente trabajo de Iván, lo que personas de diferente condición aportan diariamente a los demás de forma determinada, enriqueciendo a la sociedad en la que viven a través de su preparación, de su acción y, sobre todo, de mostrar una personalidad abierta, sincera y auténtica.

No existe mejor manera de vivir nuestra vida que articulándola en torno a la pasión, y los protagonistas de este libro tienen en común una desaforada pasión por la vida y las cosas, a la que suman un bendito hábito: tomar decisiones motivadas. Solo tomando decisiones avanzamos conscientemente hacia un lugar mejor y conseguimos reconocernos transitando el camino correcto..., y sobre algo tan simple podemos estructurar lo más parecido a la idea de eso que llamamos felicidad. Decidir, avanzar, compartir: ese es el secreto.

Este es un libro lleno de historias de héroes cotidianos y extraordinarios, e Iván busca y escudriña el lugar sagrado por el que discurren las cosas mágicas que nos cuentan.

Algo muy meritorio, porque la propia historia de Iván podría contarse también aquí como una más de esas que inspiran y motivan a la gente a obrar con emoción; aunque esta vez él ejerce de periodista, de testigo, y de manera ágil y comprometida nos regala un verdadero tesoro.

Las historias que tienes entre las manos son patrimonio de todos. Alimento espiritual, optimismo certificado. Iván ha tomado la decisión de poner en valor nuestro entorno y verifica con estas páginas que hay motivos para esperanzarse.

Que nadie nos hurte nunca esa magia que nos regalan los otros, que se mantenga siempre viva la lengua del bondadoso.

Iván, amigo, gracias por tu trabajo: nos acerca un poco más a aquello que fuimos y nunca debimos perder. Ahora, lector, disfruta. Déjate ungir por el ungüento de las cosas que merecen contarse, y, por supuesto, comparte.

Quico Taronjí
Periodista, conferenciante motivacional
y presentador de TV

NOTA INICIAL DEL AUTOR

A los treinta y un años tuve mi crisis existencial. Aquello sucedió viviendo como expatriado en Bahrein, trabajando como consultor y jefe de equipo. Tenía un buen trabajo, un buen sueldo y mucha proyección en mi sector. Estaba muy valorado por mis compañeros, responsables, subordinados y también por los clientes para los que trabajaba. Todo el mundo me auguraba un futuro muy prometedor dentro de mi empresa, y además ya estaba propuesto para pasar a la capa de gestión dentro de la organización.

Supuestamente lo tenía todo; o al menos tenía todo lo que había creído que había que conseguir en la vida: un trabajo respetado, un buen sueldo, así como la posibilidad de viajar y tener experiencias en diferentes países, culturas e idiomas. Además, tenía una pareja maravillosa a la que amaba y un buen puñado de personas en las que podía confiar y a las que podía considerar verdaderos amigos.

El punto de inflexión en mi vida sucedió una madrugada; eran las 2:00 h de un 23 de agosto de 2011 y me encontraba solo en mi apartamento en Bahrein. Estaba preparando una demostración de un sistema informático que debía presentar a las 8:00 h del día siguiente; a la cita acudirían nada menos que el ministro de Defensa, el ministro de Sanidad y toda la junta directiva del hospital militar en el que por aquel entonces trabajaba como proveedor. Esa presentación era crucial: si salía bien, seguiríamos adelante con el proyecto; si salía mal, nos íbamos todos para casa y un equipo de casi cien personas se quedaría sin carga de trabajo. Estuve preparando esa presentación durante dos meses, durmiendo muy poco y sin disfrutar de tan siquiera un día libre.

Bien, esa madrugada me encontraba ultimando detalles cuando repentinamente el sistema informático dejó de funcionar. No me lo podía creer. ¡Solo quedaban unas pocas horas para que la presentación diese comienzo! Un sentimiento de impotencia me invadió por completo. Me puse tremendamente nervioso. Estaba tan agotado, perturbado y hastiado que mi reacción fue montar en cólera, y en un arrebato de ira y profunda enajenación hice añicos un palo de escoba golpeándolo contra todas las paredes de aquel apartamento, al tiempo que lanzaba gritos verdaderamente desgarradores mezcla de rabia, frustración y auténtico dolor. Si en ese momento hubiese tenido la oportunidad de verme por un agujerito, habría tenido miedo de mí mismo. Tras volver en mí y ser consciente de la situación, solté asustado el trozo de escoba que me quedaba en la mano y tras unos instantes de absoluto desconcierto me eché a llorar.

Solo Dios sabe lo que lloré aquella noche.

Es más, ahora mientras escribo tengo que parar y recomponerme un poco ya que las lágrimas vuelven a nublar la pantalla de mi ordenador portátil.

Aquella llorera sería la primera de muchas que seguirían en sucesivas semanas. No obstante, algo había cambiado en mí para siempre. Me di cuenta de que mi vida había pasado en un abrir y cerrar de ojos; fui consciente de que cuanto más dinero tenía en mi cuenta bancaria, más vacío me sentía por dentro; y lo que más me inquietaba: el futuro estaba envuelto en una nebulosa donde, por más que lo intentaba, no atisbaba a encontrarme. Todo eso que creía que tenía, trabajo, dinero o seguridad, se desvaneció ante mis ojos del mismo modo que el arcoíris se desvanece mientras lo admiras... Y es que me faltaba lo más importante: mi integridad, mi coherencia y la satisfacción de estar haciendo lo correcto. En definitiva: me había pasado treinta y un años dejando de lado todo aquello que alimentaba mi felicidad.

Poco a poco, sin prisa, sin pausa, fui siendo más y más consciente de que mi vida había sido una sucesión de decisiones auto-impuestas, de que me había pasado todo el tiempo haciendo lo correcto, lo sensato…, en lugar de hacer lo que me pedía el corazón. Estas auto-imposiciones me habían negado la posibilidad de conocerme a mí mismo y expresarme en el mundo del modo que consideraba más coherente. Del mismo modo, fui consciente de que yo solito me había metido en aquel lío; es decir, nadie en ningún momento me obligó a estudiar esto o lo otro, tampoco nadie me forzó en contra de mi voluntad a trabajar en una multinacional; yo mismo había tomado todas las decisiones. Asumir este punto fue probablemente lo más complicado, y es que también descubrí que estaba demasiado acostumbrado a echarle la culpa a otros de mi insatisfacción, de mi malestar, de mis problemas. Estaba tan condicionado a hacer lo que se esperaba de mí y a obedecer que había delegado toda la responsabilidad de mi situación en otros: familia, sistema, empresa, jefes, políticos y un largo etcétera. La lista de culpables era bastante grande.

Hasta ese día.

Aquel día D fue tremendamente duro a muchos niveles; te engañaría si te dijese lo contrario. Así y todo, siempre recuerdo aquella experiencia con profundo respeto y gratitud: fue la semilla que poco a poco iría germinando hasta ponerme en la dirección vital que de verdad tenía sentido para mí. A partir de ese día me empeñé en contestar a la siguiente pregunta: ¿a qué me dedicaría si no tuviese la obligación de hacer nada en la vida y me garantizasen que me iba a ir bien económicamente con la actividad profesional que eligiese? Así, comencé a crear el espacio necesario y me comprometí a conocer mis talentos, pasiones, aspiraciones y anhelos; cambié el rumbo priorizando aquellas actividades donde no solo marcaba una diferencia, sino que también disfrutaba y sentía que el mundo se beneficiaba de algún modo. Comencé a hacer mucho ensayo y error en otras disciplinas y contextos siempre comprometido con mi hambre de conocer cómo podía aportar más a los demás al tiempo que me aportaba a mí mismo. En definitiva: me comprometí a descubrir mi verdadera vocación profesional.

Sabes que has encontrado tu vocación profesional cuando por la mañana te sientes con ganas de levantarte; sabes que estás en el camino porque tomas el despertador como aliado, no como enemigo, y sientes que esa causa a la que contribuyes a través de la máxima expresión de ti mismo –tus talentos y pasiones– es algo importante y necesario. Cuando amas tu trabajo, despertarse por la mañana se convierte en un regalo, una oportunidad más para salir ahí fuera, expresarte y hacer algo que merezca la pena para ti y para el mundo. En cierto modo, el viaje al encuentro de tu vocación profesional tiene un punto espiritual muy fuerte: tienes que sentirte parte de algo más grande.

Con todos los aprendizajes y herramientas que utilicé en todo este proceso, escribí mi primer libro, *Apasiónate: herramientas para encontrar tu vocación*; herramientas que luego utilicé para mis cursos, talleres, y también procesos de acompañamiento individual en los que ayudo a decenas de personas al año a encontrar sus talentos, pasiones y maneras de contribuir ahí fuera. Durante mis cursos y procesos individuales me di cuenta de la importancia de utilizar ejemplos de personas reales que ya hayan encontrado su vocación profesional, de modo que mis clientes pudieran verse reflejados en otros seres humanos. Bien, los ejemplos que abundan sobre personas que hacen cosas extraordinarias suelen ser de grandes pensadores, líderes espirituales, mentes privilegiadas con súper poderes, superdotados que han cambiado el mundo, o seres tan ricos que podrían pagar un sueldo a cada habitante de mi ciudad; además, sus vidas suelen venir acompañadas de buenas dosis de fuegos artificiales. Es decir: personas extraordinarias que han hecho grandes cosas de las que podemos aprender, no lo niego, pero tan inalcanzables que nos cuesta vernos reflejados en ellas.

Sin embargo, yo siempre he creído que esto de vivir de tu pasión no está reservado solo a unos pocos con unas capacidades fuera de lo normal. Al contrario: tenía el convencimiento de que todos podíamos hacerlo. Yo mismo, un tipo normal, había conseguido ponerme en la senda. Total, que por aquel verano del año 2017 me decidí a buscar en mi entorno personas corrientes que hubiesen llegado a ese punto vital tan maravilloso. Lo que tienes ahora en tus manos es el resultado de muchísimas horas de investigación a lo largo de más de dos años de trabajo, decenas de entrevistas formales e informales y, por supuesto, de mucho amor. Amor por tratar de hacer llegar al mundo las historias de personas que están viviendo de corazón la vida que quieren vivir.

Con este libro pretendo acercar al lector diez vidas, diez historias, diez personas corrientes que han decidido vivir de acuerdo a lo que sienten que tiene más sentido para ellas. Diez almas libres que de un modo natural también han encontrado su vocación profesional haciendo lo que aman de forma brillante, a la par que resuelven problemas que sienten que merece la pena resolver; y se ganan la vida con ello. He tratado de hacer un texto lo más heterogéneo posible. ¿Por qué? Porque quiero (de)mostrar al mundo que llevar una vida con sentido en el largo plazo no depende ni de tu sexo, ni de si has nacido en una barriada obrera o en una familia acomodada; por supuesto tampoco depende de si eres más o menos inteligente ya que, gracias a Howard Gardner y su aceptada teoría de las Inteligencias Múltiples —sobre todo en el mundo educativo—, ya sabemos que existen un montón de contextos en los que podemos brillar, más allá de las disciplinas o inteligencias troncales del sistema educativo tradicional, que se centra principalmente en la lógica, las matemáticas y la lingüística dejando de lado otras inteligencias como la musical, la espacial, la corporal, la interpersonal, la intrapersonal o la naturalista.

Los protagonistas de este libro son personas corrientes que desayunan en la misma cafetería que nosotros; personas accesibles que podrías ir a ver físicamente, si ese es tu deseo, a sus puestos de trabajo o a alguno de los lugares donde desempeñan su profesión de forma vocacional. Personas, en definitiva, que viven sin más pretensión que seguir haciendo lo que hacen cada vez mejor.

Con la intención de darle un cariz práctico a esta investigación, he añadido un pequeño estudio comparativo con todos los puntos en común que poseen todas estas personas: quiero que todo el que lea este libro pueda no solo dejarse inspirar por sus vidas, sino también aprender de ellas y comenzar a poner en práctica aquello que tenga más sentido. Para ello te mostraré cuáles son las actitudes que tienen ante la vida, ante ellos mismos y ante los demás; espero que te ayuden. También encontrarás un apartado reservado a explicar la metodología que seguí para escribir estas historias, qué técnicas sociológicas utilicé, cuántos contactos tuve con los entrevistados, así como todo el material consultado, el más importante y relevante para no aburrir al que lee.

La paridad de sexos en las historias que estás a punto de descubrir fue desde el primer momento algo importante; y es que algo también curioso y que he constatado es que la mayoría de los libros sobre estos «genios» inaccesibles se basan en hombres, ¡como si no existiesen mujeres maravillosas de las que aprender y por las que dejarse inspirar!

Por último, te invito a que leas este libro con calma, sin prisa. Mi recomendación es que no leas más de uno o dos personajes seguidos para poder así disfrutar e interiorizar la esencia de cada uno de ellos. Así, no te apures, permítete saborear cada historia de modo que no se te escape nada de lo que ha venido a enseñarte. Lo que tienes en tus manos ha sido cocinado a fuego muy lento, de modo que la ingesta, deglución y digestión han de ir también por esa línea. Sobre todo quédate con aquello que te pueda ayudar y no tengas reparo en desechar aquello que en este momento no te encaje; en este sentido, tienes mi permiso para subrayar lo que consideres oportuno.

En el peor de los casos, espero emocionarte con estas historias. En el mejor de los casos, espero que este libro te inspire para comenzar el viaje al encuentro de una vida con más sentido tanto en el plano profesional como en el personal.

En cualquier caso, mi deseo es que disfrutes la lectura de estas historias lo mismo que yo disfruté escribiéndolas. Que comience el viaje.

EL FUTURO EN BUENAS MANOS

Así como haces algo pequeño, así harás algo grande. No puedes ayudar a cien mujeres en Tanzania si no eres capaz de ayudar a un amigo cercano.

María Caso

Cuando trabajas en equipo, la energía que se genera es mucho mayor así que el impacto que consigues ahí fuera es mucho más grande

odo se encuentra en constante transformación. Ahora mismo, mientras lees esta frase, 500.000 células de tu cuerpo aproximadamente se han muerto y han sido reemplazadas por otras[1]. Las modas, la tecnología, las ideologías, la política, los países, los líderes, la música, los trabajos, o incluso tus gustos han ido cambiando —y lo seguirán haciendo— a lo largo de los años. Hasta tal punto estamos en constante evolución que incluso nuestra manera de entender muchos conceptos importantes también cambia con el tiempo. Por ejemplo: ¿cómo entendíamos la felicidad cuando contábamos con tan solo cinco años?, ¿y cuando teníamos quince?, ¿y hoy en día? Todo cambia. Es así.

Existen a su vez dos maneras de estar en el mundo: puedes elegir *adaptarte* a los cambios e ir a rebufo del cambio impulsado por otros, o bien *formar parte* del cambio, esto es, ser el impulsor del mismo. Los protagonistas de este libro han decidido lo segundo: ser agentes del cambio, y para ello están constantemente reciclando su manera de ver el mundo y sus objetivos en base a su propia experiencia; huyen del apego a decisiones u objetivos pasados si concluyen que ese objetivo está caduco o ya no les aporta. Esto justamente es lo que aprenderemos en esta primera historia: es más importante seguir siempre a tu corazón en las decisiones importantes del presente que aferrarte a criterios de actuación pasados. ¿Por qué? Porque esto hace que al cabo de los años tengas la profunda convicción de que tu vida te pertenece y que, aunque las cosas no salgan como esperabas, al menos cuentas con la seguridad de que has hecho lo que consideraste correcto en cada momento, viviendo una vida alejada de los sentimientos de arrepentimiento.

---

1 El número aproximado de células que mueren y nacen en el cuerpo humano fue sacado de este artículo del periódico El País: https://elpais.com/elpais/2017/04/19/buenavida/1492611746_017597.html

Quédate cerca.

Un día de primavera del 2018 llegó a mis manos la revista Club Renfe, donde el titular de un pequeño artículo llamó mi atención: *Nunca es pronto para cambiar el mundo*[2]. El artículo hablaba de una ONG muy particular formada solo por estudiantes que creían en la educación como medio para cambiar el mundo; su presidenta, María Caso, de veinte años de edad por aquel entonces, sentenciaba al final de la entrevista: «*Nos dedicamos a la educación porque construye sociedades más libres y otorga poder a los que no lo tienen*».

No pude evitar sentirme atraído por esta frase ya que, como iremos viendo a lo largo de todas estas maravillosas historias, las personas que han encontrado su vocación siempre ponen el foco en el impacto positivo de sus profesiones allí donde las desempeñan.

Tras una investigación preliminar donde concluí que María era candidata para este estudio, me puse manos a la obra: conseguí su contacto a través de la ONG que ella misma fundó, Inakuwa, y tras una breve conversación telefónica decidimos vernos en Madrid y continuar con la charla. Nuestro primer contacto fue en una cafetería *vintage* del barrio de Malasaña. «*Normalmente no me pongo nerviosa cuando tengo que hablar de Inakuwa* —me dice María al poco de entablar la conversación—, *¡pero si tengo que hablar de mí puedo convertirme en un manojo de nervios!*». Eso significaba que tenía ante mis ojos a una persona corriente. Poco después de comenzar aquella charla también concluiría que María no solo era corriente... también era extraordinaria.

María Caso Escudero nació en Madrid en 1998 en el seno de una familia mixta de seis hermanos; en el momen-

---

2 El artículo por el que supe de María por primera vez se encuentra en el número 27 de la revista Club Renfe; puedes ojear ese número en este enlace: https://issuu.com/prisarevistas/docs/renfe27

to en el que mantuve mi primera entrevista con ella –mayo del 2018– estudiaba primer curso del grado de Medicina. Sus padres tuvieron una relación, digamos, poco avenida, lo que provocó que desde la adolescencia ella se centrase en sus estudios como medio para refugiarse de la situación que vivía en casa. Esta situación dio rienda suelta a su pasión por aprender cosas nuevas. Así, María se quedaba a menudo después de clase en el instituto estudiando y ayudando a otros compañeros con las tareas del día.

Desde muy pequeña, María jugaba a las mamás y a las tiendas como otras niñas, pero pronto comenzaría a sentir inquietud por el mundo y por cómo funcionaba este. Me cuenta emocionada que a los siete años se encontraba con sus padres de vacaciones en un pueblecito de Asturias, Póo. Allí, en un hotel, sus hermanos mayores le preguntaron: «*Y tú, ¿qué quieres ser de mayor?*». A lo que María contestó: «*¡Presidenta del Gobierno!*». Se le ilumina la cara y continúa. «*Recuerdo perfectamente que el último día de las vacaciones una mujer se acercó a mí con una tarjeta en la mano y me dijo: 'Escríbeme una carta explicándome por qué quieres ser presidenta del Gobierno. Estoy convencida de que lo serás algún día'. ¿Sabes? Más adelante supe que se trataba de una diputada del Congreso; no solo le escribí una carta, sino varias a lo largo de los siguientes meses –continúa ligeramente emocionada–; el hecho de que alguien confiara en mí y le diese valor a lo que yo quería ser de mayor, aunque sonase extravagante, hizo que despertase más mi interés sobre aquello y que de verdad creyese que podía ser presidenta del Gobierno, ¿por qué no?*».

En este punto, María reflexiona: «*Siempre me interesó la política, incluso antes de decantarme por estudiar Medicina me planteé seriamente estudiar Ciencias Políticas... Aunque por el hecho de ser mujer y buena estudiante siempre tuve el peso del entorno que, directa o indirectamente, me instaba a estudiar algo diferente como si la política fuese una cosa solo de hombres* –y continúa con un halo de indignación–. *Lo peor es que, consciente o inconscientemente, te lo acabas creyendo. ¿Cómo se explica que llevemos más de 40 años de democracia en España y todavía no hayamos tenido una mujer presidenta del Gobierno? Es ridículo».* María en este instante no puede ocultar su frustración, su indignación... Y no es para menos. Aún nos queda un buen trecho para que exista una verdadera igualdad entre mujeres y hombres. Además, soy de los que piensa que el mundo necesita más mujeres líderes, más mujeres ocupando puestos de responsabilidad; en definitiva: que la igualdad de género se vea reflejada en todos los estratos de la sociedad. Como descubriremos más adelante, esa indignación llevaría a María muy pronto a dar un giro vital de 180°. Esto es importante: los protagonistas de este libro no se quejan sin más. Es decir, señalan con el dedo aquello que consideran injusto, y no se quedan ahí, sino que pasan a la acción. No esperan a que los problemas se resuelvan: hacen por resolverlos.

Quisiera compartir una reflexión al hilo de la presión social que muchas veces ejercemos en los jóvenes instándoles a estudiar esto o lo otro, y de cómo en realidad les estamos haciendo un flaco favor aún cuando creemos que nuestra intención es noble. Padres y madres suelen llamarme cuando sus hijos no rinden en sus estudios: *«A ver si consigues que estudie, porque no hay manera».* Es curioso cómo muchas veces somos los adultos los que tiramos balones fuera echando la culpa al joven cuando en muchas ocasiones es tan solo una cuestión de trabajar desde las motivaciones del estudiante y no desde las motivaciones del adulto. Curiosamente, lo que más les ayuda a retomar la ilusión es que alguien les escuche de corazón, que tenga en cuenta sus inquietudes, gustos, opiniones y deseos de futuro. Una vez que se sienten verdaderamente escuchados, estos jóvenes pueden ponerse manos a la obra para formarse como medio para conseguir eso que anhelan, o al menos como manera de dar un primer pero importante paso.

De esto sabe mucho Elisa Beltrán, otra protagonista de este libro que tiene una máxima: «*Enseñar a los niños desde sus intereses*». Recuerdo la anécdota que me contó acerca de cómo enganchó a la lectura a un niño que quería ser *youtuber* y que no mostraba interés por aprender a leer porque «*no es necesario saber leer para ser youtuber*». Elisa le dijo: «*¿Y cómo vas a entender los comentarios que te hagan? ¡A lo mejor te están diciendo algo malo y no lo sabes!*». Desde ese día aquel niño se volvió de los más aplicados de clase. Eso justo es lo que le sucedió a María cuando aquella diputada le dijo «*Puedes ser presidenta del Gobierno*»; alguien escuchó sus palabras, las acogió y las tomó muy en serio, realimentando así el deseo de conseguirlo y la convicción de que era algo posible. Personalmente siento que los jóvenes –y los niños, recordemos que María tenía siete años cuando vivió esta experiencia– necesitan ser escuchados, necesitan que les comprendamos y que les dediquemos el tiempo necesario; si solo les damos órdenes no creo que les estemos enseñando demasiado..., salvo acostumbrarles a recibir órdenes y a obedecer. Es curioso; nos quejamos del auge de los populismos cuando los adultos solo instamos a los niños a que nos hagan caso sin invertir el tiempo necesario en explicar el fin último de esa instrucción. Recordemos que estos mismos niños serán los adultos del mañana y que, seguramente, continuarán esperando a alguien a quien seguir ciegamente, salvadores a los que obedecer sin rechistar. Es lo que han aprendido. Es lo que saben hacer. Pero... ¿es esa la sociedad que queremos?

Al poco de cumplir los diecisiete años y tras concluir el curso académico, María decidió hacer voluntariado en África para poder pensar y encontrarse: «*Quería tener es-*

pacio para mí y como siempre había sentido algo especial por África, decidí dar el paso y vivir la experiencia como voluntaria; al mismo tiempo quería lanzar una señal de alerta a mis padres para que fuesen conscientes de que algo tenía que cambiar; la situación en casa comenzaba a ser insostenible». Aquí vemos una habilidad intrapersonal enorme de María: la capacidad para comprender situaciones y llegar a sus propias conclusiones derrochando madurez y responsabilidad.

Pero, ¿cómo se las ingenió María para hacer aquel voluntariado? Nos lo explica: *«Siendo menor de edad sabía que a priori ninguna embajada me emitiría un visado y que ninguna asociación ni ONG en España querría responsabilizarse de mí –y continúa–; no sé muy bien cómo pero conseguí finalmente ir a un colegio en Acra, capital de Ghana, a través de una asociación local que hizo todo el papeleo legal. Pasé un mes sin estar en contacto con mis padres viviendo con una familia de allí... Ahora lo pienso y no sé ni cómo lo hice exactamente. Fue una locura que a día de hoy creo que no repetiría. ¡Ni siquiera sabría decirte cómo mi madre me permitió ir!».* Tesón. Esta es otra de las características de María. Cualquier persona en su situación hubiese dicho: «Eso es imposible», «no hay manera de ir» o «¡quítate eso de la cabeza!». Pero no, María removió cielo y tierra y finalmente consiguió colaborar con un colegio de Acra a través de una ONG local que la ayudó con la logística. En el libro *The luck factor,* el autor Richard Wiseman comenta una de las cualidades de las personas que se consideran afortunadas: su habilidad para verse consiguiendo sus objetivos y perseverar en las acciones que sienten que les conducen a conseguirlos. Así, el empeño de nuestra protagonista de gozar de un espacio para encontrarse hizo que agotase todas las posibilidades para poder viajar aquel verano a África.

A la vuelta, María se encontró con que sus padres se habían separado. Esto me hace pensar que en realidad todos los seres humanos podemos ser maestros y aprendices; puedes aprender de tu pareja, de tus progenitores e incluso de tus propios hijos.

Tras digerir todo lo acontecido en Acra, donde estuvo impartiendo clases a niños de la calle, María tuvo una revelación: experimentó en primera persona cómo la educación proporciona empoderamiento y libertad a las personas que la reciben. Del mismo modo, se dio cuenta de que aquello que vivió fue un grano de arena en el desierto y que quería llevar a cabo más acciones y de mayor calado: «*Me di cuenta de que podía tomar una parte más activa y marcar una verdadera diferencia. Pensé que podía hacerse un voluntariado bien organizado donde sí tuviese un verdadero impacto en el entorno en el que se decidiese actuar*». África marcaría a María, siendo el germen de la ONG que hoy preside: Inakuwa.

Con todas estas experiencias María vuelve al instituto. Un profesor de segundo de Bachillerato resultó ser un reclutador de la Phillips Academy Andover en Massachusetts, Estados Unidos, y le propuso presentar la solicitud para estudiar allí un año antes de entrar en la universidad con una beca que cubriría el 100% de sus gastos[3]. María recuerda que se trabajó la solicitud a conciencia y con mucha ilusión, aunque sin ninguna expectativa ya que solo cuatro alumnos de toda Europa eran becados; de hecho, ella no tenía demasiadas esperanzas: «*No buscan cerebritos que saquen buenas notas sin más; buscan gente que, además de ser buenos es-*

---

3   La Phillips Academy Andover es probablemente el colegio de alto rendimiento más prestigioso de Estados Unidos especializado en cursos preparatorios para la universidad; prestigioso hasta el punto de que las universidades más importantes se fijan en sus alumnos para comenzar los procesos de selección y reclutamiento.

tudiantes, puedan aportar un valor añadido a los demás con su forma de ser, de ver el mundo y de relacionarse. ¡No sabía lo que yo podía aportarles!». Presentó la solicitud con toda la ilusión y la profesionalidad del mundo y al mismo tiempo, aún deseando que llegase a buen puerto, no tenía demasiado apego a si se la concedían o no; ella hizo su parte sabiendo que no podía controlar lo que pasase a partir de ese momento. ¿La clave de su éxito? Plantearse un objetivo deseable y centrarse en lo que hacía y disfrutarlo para conseguir ejecutar esa tarea de la manera más brillante posible y, al mismo tiempo, olvidarse de lo que trataba de conseguir a cambio mientras la llevaba a cabo. Finalmente le concedieron la beca.

«Fue una experiencia fantástica —me cuenta sobre su estancia en la Phillips Academy—; *allí hice buenas amistades con chicas de Francia, Italia e incluso de Bahrein. Trabajar en un entorno multicultural me ayudó a comprender que detrás de cada ser humano hay una persona con la capacidad de aportar valor. Cuando teníamos que sacar un proyecto adelante simplemente nos olvidábamos de nuestro lugar de origen o religión: lo que veíamos era otro ser humano que podía aportar algo valioso y completar la tarea; era curioso ver cómo al final el trabajo de la otra persona lo acababas haciendo tuyo y viceversa. Fui consciente de que los prejuicios son probablemente una de las grandes lacras del desarrollo y la convivencia* —y continúa—; *además, me empapé de lo bueno de la cultura americana: están convencidos de que todos tenemos algún talento para algo; se esmeran en que experimentes para que puedas destapar ese talento y apostar por él en la vida profesional»*.

Durante su estancia en EEUU, a María le ofrecieron ingresar en varias universidades americanas, aunque declinó todas las ofertas: *«Me apetecía disfrutar al 100% la experiencia de la Phillips Academy, y el hecho de comenzar el proceso de selección para entrar en la universidad de turno me hubiese despistado mucho. Además, aunque aquel mundo universitario me atraía, sentía que de momento mi sitio estaba en Madrid; quería aportar mi granito de arena al mundo actuando desde una cultura y un entorno conocidos, para tener así más impacto, y eso era imposible si me iba a vivir a Estados Unidos».* Intuición y contribución, dos sentimientos aliados en las personas corrientes que viven vidas extraordinarias. Aquella decisión le permitió vivir ese año muy centrada donde, además del evidente aporte académico, conoció a un montón de gente con la que pudo intimar y fortalecer lazos. Su experiencia en la Phillips Academy también le hizo vivir la otra cara de la cultura norteamericana: *«Están demasiado centrados en producir y en obtener beneficios, en detrimento del aporte social de tu idea»* concluye María con un tono más serio.

En este punto quise retarla un poco y le pregunté acerca de la posible oportunidad perdida por no estudiar en EEUU, si no perdió un tren que solo pasa una vez. María me mira a los ojos y con voz firme me dice: *«Creo que si eres bueno haciendo lo que haces te abrirás camino allá donde estés. En este sentido creo que es más importante encontrar tu sitio donde realizarte como persona que el hecho de estudiar en una determinada universidad».* María tiene confianza plena en que conseguirá llegar a buen puerto siempre que siga el camino marcado por su corazón, por su intuición y por su buen hacer; es su forma particular de proporcionarse confianza, motivación y suerte. Aquello no fue una oportunidad perdida. Aquello no fue un tren al que había que subirse simplemente porque pasaba. ¿Sabes? Los trenes están pasando constantemente, a todas horas. Más importante que subirte al primer tren que se cruce en tu vida es preguntarte: ¿a dónde quieres ir? Y luego súbete al tren que va en esa dirección.

PROYECTO INAKUWA[4]

Un mundo de verdad, eso es lo que quiero

Era mayo del 2017. Estando todavía cn Estados Unidos, Ma ría recibió una llamada. Al otro lado del teléfono estaba Jesca, una abogada tanzana que había dado con ella a través de una conocida común que sabía de su experiencia educativa en Ghana. Jesca tenía una propuesta para María: liderar un

─────────────

4 Puedes saber más de Inakuwa aquí: http://inakuwa.org

proyecto ese mismo verano que perseguía aumentar la independencia de un grupo de unas setenta mujeres utilizando la educación como medio para conseguirlo. La idea de organizar esas formaciones cautivó a nuestra protagonista: «*Tuve la sensación de que aquello era importante, así que acepté la propuesta. Para llevarlo a cabo tenía claro que no solo necesitaba volver a Madrid para darle verdadera forma a ese proyecto, sino que también haría falta más tiempo para montar un equipo serio y competente que afrontase ese reto con garantías; finalmente le propuse a Jesca tenerlo todo listo para el verano del año 2018*». A su regreso a España en septiembre del 2017, nuestra protagonista se matricula en Medicina y a su vez siente la necesidad de reconectarse con el mundo de la cooperación directa: «*Aunque había colaborado puntualmente con Cruz Roja en EEUU, quise volver a vivir una experiencia como voluntaria así que pasé varios días en el centro BASIDA de un pueblecito de Ávila donde reconecté con la Humanidad a través de historias asombrosas, y algunas también trágicas, pero que representan el mundo en el que vivimos*». María me cuenta por ejemplo que en aquel centro conoció el caso de una persona de Burundi que atravesó toda África, cruzó el Mediterráneo y al llegar a España contrajo el SIDA y terminó en una silla de ruedas. Historias como esta avivaron en ella la llama del voluntariado y la cooperación, así que tras aquella temporada como voluntaria decidió volcarse en el proyecto de formación en Tanzania que posteriormente daría nacimiento a Inakuwa.

En todas sus experiencias previas –África, EEUU, Bachillerato o BASIDA– se había percatado de que a la hora de resolver un problema, siempre surgen más ideas, enfoques diferentes y más soluciones trabajando conjuntamente con otras personas: «*Cuando trabajas en equipo todo se multiplica; la energía que se genera es mucho mayor así que el impacto que consigues ahí fuera es mucho más grande.*

Además, trabajar en equipo hace que no te sientas solo y convierte la experiencia en algo mucho más enriquecedor y divertido. Solo le veo ventajas». Con esta filosofía lo primero que hizo María fue reclutar gente para su proyecto de formación en Tanzania: *«Empecé a explicar el proyecto a un montón de personas de confianza y me alucinó la aceptación que tuvo* –cambia la voz a un tono más agudo y hablando más rápido me dice–: *Yo no entendía nada, ¿cómo podían confiar en mí cuando les decía que íbamos a impartir formación en materias de las que todavía no teníamos ni tan siquiera temario y a través de una organización que por entonces era inexistente? Ante mi sorpresa muchas personas se sumaron al proyecto».* Esta es otra de las cualidades de los protagonistas de este libro: inspiran. ¿Por qué? Porque la causa a la que sirven es tan importante para ellas que consiguen convencer –y conmover– a otros para que los acompañen en el viaje. Son 100% pasión y energía, y eso basta para embelesar a las personas y conseguir animarlas y hacerlas partícipes del proyecto.

En uno de mis viajes a Madrid tuve la oportunidad de compartir una comida con algunos de los vocales de la ONG y les hice esa misma pregunta: *«¿qué hizo que os subieseis al carro?».* He aquí la respuesta: *«Por un lado me parecía una locura, aunque por otro veía a María tan entregada y entusiasmada que quise unirme al proyecto».* Una vocal me dijo: *«Me parecía todo un tanto precipitado, una locura, aunque viniendo de María ni me lo pensé. Si María creía que aquello era factible es que efectivamente se podía llevar a cabo».* Así, una vez que aunó un equipo mínimo, comenzaron a presentar el proyecto en clases de la universidad para captar a voluntarios que los ayudasen a dar los primeros pasos: constituir la ONG, crear la web, captar y gestionar fondos, administrar redes sociales y un largo etcétera.

Durante la creación de la ONG, María tenía claro que los formadores tenían que ser jóvenes estudiantes: «*Parte de lo que quiero demostrar es que los jóvenes podemos aportar mucho a la sociedad; con este proyecto ponemos en valor y en el centro del mapa la función de los jóvenes ya que siento que en general no nos tienen demasiado en cuenta* –y continúa–: *la acogida desde la universidad fue fantástica y nos dejaron presentar el proyecto en Madrid, Barcelona y otras ciudades donde contábamos la importancia de la educación para conseguir sociedades más libres. Era alucinante ver cómo las personas se acercaban tras la presentación para saber más y ofrecerse para colaborar*». María hace hincapié en que su objetivo era no solo implicar a estudiantes, sino también demostrar que se podía hacer una labor profesional y directa: «*Creo que el problema actual con la cooperación es que no se sabe muy bien lo que se hace cuando donas dinero; en organizaciones como Inakuwa damos la posibilidad de hacer una cooperación directa, bien haciendo trabajo de campo como formador o bien como gestor de alguno de los departamentos*».

¿Qué labor hace exactamente Inakuwa? En muchas culturas, la mujer juega un papel vertebrador: es quien cría a las nuevas generaciones y, si consigue mejorar su calidad de vida a la par que gana confianza y autonomía –por ejemplo, aprendiendo a leer y escribir o accediendo a un trabajo digno–, estas mejoras se proyectarán también sobre el resto de la comunidad. En el momento en que escribo estas líneas –verano del 2019– María se encontraba en el pueblo de Rau, en Tanzania; «*Les damos formación básica en aquellos ámbitos que, tras una investigación previa con Jiendeleze, una ONG local, consideramos que pueden tener más impacto en la vida de estas mujeres y de la sociedad en general en el corto plazo. Por ejemplo, educación sexual para que comprendan mejor su cuerpo, alfabetización y matemáticas para que puedan gozar de un grado mínimo de independencia y confianza en sí mismas, nutrición para que mejoren su dieta con los productos que tienen a su alcance, clases de cerámica para que puedan tener utensilios de cocina básica con la tierra de su propia aldea, o clases de costura, para que aprendan un oficio y ganen autonomía accediendo a un trabajo digno».* María me habla de otras formaciones como la agricultura, importantísima para el sustento de la población: *«Hasta el año pasado los huertos se echaban a perder en la época de lluvias; tras una investigación previa, decidimos enseñar la técnica del bancal profundo y la comunidad la aplicó al huerto común; su rendimiento ha mejorado muchísimo y esto ha animado a más mujeres a asistir al curso este año para que esos conocimientos los puedan aplicar a sus huertos individuales –continúa animada–. Estamos muy contentos, la verdad. El primer año estuvimos un mes en Tanzania, pero este año, el 2019, ya hemos tenido que crear dos grupos para cubrir julio y agosto. El trabajo del primer año generó mucho interés en las mujeres y este segundo año muchas más se han interesado por los cursos que ofrecemos, incluso ya estamos instruyendo a personas locales para que continúen la formación en algunos aspectos críticos que impactan en su economía y confianza personal como son la alfabetización, las matemáticas, la costura o la economía básica para montar un negocio».* En realidad, Inakuwa consigue algo maravilloso: crear un lugar de encuentro entre las mujeres –más allá de un espacio de formación–, donde hablan de sus verdaderos problemas, inquietudes y necesidades que a su vez se materializan en nuevas iniciativas y proyectos.

María me cuenta que su objetivo no es solo ayudar a la población, sino también crear un protocolo de actuación que se pueda exportar a más lugares del planeta incluyendo el análisis de necesidades de formación, colaboración con autoridades y asociaciones locales y labores de concienciación social. Uno de los aspectos más importantes del programa es conseguir la autosuficiencia de la población en el menor tiempo posible: «*Uno de los objetivos es que las labores de desarrollo continúen en nuestra ausencia; por eso formamos personas locales en las competencias clave detectadas de modo que estas a su vez puedan continuar, de forma remunerada, la labor formativa en esa comunidad y también en comunidades vecinas; de ahí la importancia de colaborar estrechamente con las autoridades regionales, para que comprendan la importancia y el impacto positivo de esta intervención y fomenten la expansión del proyecto a otras comunidades*». Para Inakuwa, la figura del formador no es un mero transmisor de conocimiento: «*Para nosotros va mucho más allá de impartir la materia: los formadores están atentos a la aparición de nuevas necesidades dentro de su especialidad que tal vez solo ellos pueden ver, investigan posibles mejoras, hacen labores de campo para mejorar sobre la marcha el curso o bien crear las bases para otro diferente más potente*».

Inakuwa quiere de verdad marcar una diferencia en la autonomía de las mujeres, por eso hace estudios sobre qué oficios o maneras de ganarse la vida pueden ser más viables y accesibles para la comunidad, siempre partiendo de iniciativas de las propias mujeres y poniendo las decisiones importantes en sus manos: «*Queremos ser facilitadores, catalizadores; no queremos que la comunidad dependa directamente de nuestra actuación*». Así, María me cuenta que plantearon crear una piscifactoría; Inakuwa visitó hasta quince que se encontraban en una zona similar para valorar su viabilidad atendiendo al clima, el terreno o las comunicaciones. Tras el estudio constataron que no solo era viable económicamente, sino que también respondía a una necesidad real como suministro de proteínas de origen animal:

«Ya estamos creando la piscifactoría y son ellas quienes deciden el tamaño de las piscinas, las especies de peces o la organización del mantenimiento. Ellas controlan el proceso, nosotros las ayudamos en el camino y nos aseguramos de que esas mismas mujeres locales que están adquiriendo este conocimiento lo pasen al resto de la población cuando ya no estemos». María me cuenta la importancia de trabajar con las autoridades locales: *«Evidentemente esto no podría tener tanto impacto sin contar con el apoyo del gobierno local; en este caso, además, las autoridades accedieron a proporcionar el agua para la piscifactoría de forma gratuita siempre y cuando el espacio se utilizase también para dar formación de emprendimiento a otras personas que deseen aprender de su experiencia –continúa más seria–. Son los gobiernos los que deberían estar haciendo esta labor; para concienciarlos creamos sinergias y relaciones profundas donde en reuniones semanales nos pedimos colaboración mutua y aprendemos unos de otros; les damos información de campo sobre las necesidades reales de las mujeres con las que trabajamos a nivel sanitario, económico, etc., para que conozcan mejor el perfil de su población y puedan así planificar políticas de desarrollo útiles».*

María me cuenta que uno de los objetivos colaterales de Inakuwa es fomentar la concienciación social en el mundo occidental –en particular en Madrid y en España– a través de diferentes iniciativas: jornadas de puertas abiertas, mostrar África en positivo a través de documentales, *«para que la gente sepa que África no es esa imagen oscura; al contrario, África es luz, color, ideas, iniciativas, cultura».* Inakuwa también está en contacto con la Universidad Complutense de Madrid para tratar de introducir asignaturas relacionadas con la Agenda 2030 de la ONU para el desarrollo sostenible, así como en colegios e institutos: *«Si conseguimos que los jóvenes en particular y la sociedad en general tengan en cuenta otros factores más humanos, conscientes, contributivos además de los económicos, tendremos un impacto muy grande en todo el mundo ya que esa humanidad y ese deseo de contribución lo podrán difundir en los contextos donde ejerzan».*

Sí, querido lector, ¡yo también me he enamorado de María! Qué duda cabe de que la sociedad del futuro, como bien dice Jordi Pigem en su libro *Buena crisis*, será «postmaterialista»... O no será. Construir la sociedad del futuro requerirá ir más allá del fin puramente instrumental de tu profesión; requerirá hacerse la pregunta: ¿en qué sentido el mundo puede ser un lugar mejor a través de mi trabajo?

En una de nuestras últimas entrevistas personales, en mayo del 2019, María estaba terminando el segundo curso del grado de Medicina y habíamos acordado vernos para revisar mis notas de su historia. Había pasado un año aproximadamente desde nuestro primer encuentro en aquella cafetería en Madrid cuando, al poco de comenzar nuestra charla me dice: «*Iván, hay algo importante que quiero decirte... ¡Espero que no me mates!*». Aquí, sin lugar a dudas, comienza una de las grandes lecciones que nos transmite esta historia: «*¿Qué sucede?*» pregunté intrigado. «*Pues, verás, con todas las vivencias que he tenido en los últimos meses tanto personales como con Inakuwa, he tomado una decisión importante* —María continúa con una sonrisa de oreja a oreja—. *He decidido comenzar el curso que viene un doble grado de Ciencias Políticas y Filosofía y dejar Medicina en un segundo plano*».

¡Bum!

¿Mi reacción? Felicitarla por la decisión. «*En cierto modo no me sorprende* —le dije sonriendo—; *esta es justamente una cualidad que me he encontrado en todos vosotros: estáis constantemente haciendo ensayo y error, reciclando vuestros objetivos y tomando nuevas decisiones acordes a vuestra experiencia. ¡Enhorabuena por la decisión!».* María se echó a reír. *«No te creas, ¡no ha sido una decisión fácil! Mis allegados me han insistido en que continúe estudiando Medicina; así y todo, la decisión está tomada y ya he movido todos los hilos para comenzar el doble grado en septiembre».* Como el lector irá descubriendo, son justamente estas decisiones difíciles las que a la larga hacen que nuestros protagonistas terminen encontrándose a sí mismos y aportando a los demás desde su verdadera esencia como seres humanos.

Las personas de este libro se dedican a lo que aman y son talentosas porque siempre han sabido escuchar a su corazón y centrarse en aquello que sentían que tenía más sentido a cada instante; esto es justamente lo que hace que no les cueste y que hagan fácil lo difícil. Así, María no comenzó a estudiar Medicina solamente porque se le daba bien, ni mucho menos porque tenía salida. A María le apasiona aprender, le encanta trabajar en equipo y, además, a cada momento estudia algo que siente que es importante para marcar una diferencia en el mundo. Esto, amigos, es lo que hace que, en realidad no le cueste estudiar. María había alineado su pasión –aprender– con su deseo de contribuir a través de una profesión de acción directa como ser profesional de la salud. *«Al principio creía que estudiando Medicina también podía aportar mi parte al mundo ya que siempre he creído en la acción directa; tenía la sensación de poder salvaguardar directamente el bien más preciado e inalienable: la vida. Finalmente me di cuenta de que si lo que quería era hacer llegar una ayuda de calado a la población debía estudiar algo más enfocado a poder actuar desde instituciones públicas; ahí es donde creo que hay más medios y más rango de maniobra. Hay una cosa de la que estoy convencida: estos dos años en la universidad han sido muy importantes para tener más seguridad en mí misma cuando hago labores de voluntariado de campo»*. Así, debido al modo tan holístico y abierto que tiene María de ver la vida, no solamente estudia en la universidad, sino que en paralelo se forma en la Escuela de Liderazgo Universitario para aprender más sobre sí misma y cómo relacionarse eficientemente con otras personas a través del conocimiento de la historia, la antropología, los derechos humanos o la espiritualidad.

María ha resuelto por sí sola el enigma de la motivación y el sentido de la vida: moverte siempre en contextos donde sientes que disfrutas, que eres excelente y que además tienes un sentido contributivo que va más allá de lo que tú vas a sacar a cambio. Si tienes poder de influencia sobre adolescentes, entenderás por qué un simple «estudia para ganarte la vida» o «estudia para tener opciones» no es para nada motivador cuando tienes trece o catorce años. ¿Por qué? Porque no se entiende. Es demasiado abstracto. Estás tratando de que alguien invierta un montón de horas de su tiempo en algo que solo le dará, teóricamente, frutos en el largo plazo. Tal vez estos mensajes tienen mucho sentido para quien los dice, no lo niego, pero tienen bastante poco o nulo impacto en un joven. Te hará caso —en el mejor de los casos— porque tienes autoridad sobre él y depende de ti, pero no porque crea en lo que le estás diciendo. O, peor aún, se lo creerá, pero, ¡ay de ti como no obtenga ese trabajo o remuneración deseados! Está emergiendo una nueva forma de comprender la educación de modo que cambiemos el anticuado paradigma actual por uno más encaminado a conseguir que cada vez más personas lleguen a la situación en la que está María: disfrutar del camino sabiendo que eso le ayudará a marcar una diferencia en el mundo.

María se ve a sí misma involucrada activamente en la política y también en la acción social en países más pobres. *«Seguramente acabaré creando un partido político* —me dice sonriendo, aunque no por ello menos convencida—; *sien-*

to que también estaré volcada en África todo lo que me dé la vida. Estoy convencida de que para conseguir un futuro mejor para todos tenemos que nivelar los derechos de las personas en general y de las mujeres en particular en los países más desfavorecidos». En este momento le pregunto qué mundo le gustaría ver ahí fuera; la respuesta no tiene desperdicio: *«En realidad sueño con un mundo más 'de verdad'; un mundo donde la gente no se ponga máscaras, un mundo donde nadie pueda sentirse legitimado a mentir o a cometer actos de dudosa ética para vivir. Mi mundo ideal es un mundo donde cada persona elige su profesión y su manera de vivir y ganarse la vida. Un mundo donde los médicos lo sean porque sienten que es su vocación, no solo porque sea prestigioso o porque proporcione acceso a una remuneración determinada, por ejemplo. Y lo mismo con cualquier otra profesión: ¿para qué estudias Derecho? ¿Para poder tener un título determinado que te pueda dar más opciones laborales o para defender los derechos de las personas en algún ámbito en concreto? Lo segundo es lo deseable ya que será una decisión vocacional y con hambre de contribución; lo primero te mete en una competición donde solo estudiarás para ganar prestigio y merecimiento social* –y concluye–: *un mundo de verdad, eso es lo que quiero. Para conseguirlo necesitamos más personas que decidan la dirección de su vida atendiendo a su vocación y a su deseo de ayudar a otros».* Simple y llanamente maravilloso. No se imagina el lector lo que he disfrutado escribiendo el párrafo anterior sabiendo que no son palabras mías –aunque podrían serlo perfectamente ya que suscribo hasta la última coma–, sino que vienen de una generación que ya está empujando y retando a algunas mentes anquilosadas y ancladas en maneras caducas de comprender la vida en general y el trabajo en particular.

«*Entonces, ¿cómo estás contribuyendo tú a crear ese mundo?*» le pregunté a María. He aquí su brillante respuesta–: «*Pues… haciendo. Soy de las que piensa que una acción vale más que mil palabras; los libros son necesarios y las palabras también, aunque no tienen el mismo impacto que el ejemplo directo de una acción concreta. Y no hablo de hacer grandes cosas, ¡qué va! La ética y el ejemplo están en las cosas pequeñas, en tu día a día, en todos los contactos que tienes con el mundo desde que te levantas por la mañana… No puedes aspirar a ser ético y contribuir para cambiar el mundo si no atiendes a las pequeñas acciones del día a día. El ejemplo que proyectas sobre los demás, esa es la mejor manera de contribuir a crear un mundo mejor*». María conoce a la perfección las leyes de la coherencia, la contribución y la educación. ¿Cómo aspiras a liderar un equipo de trabajo si tú mismo no sabes liderarte? ¿Cómo esperas ayudar en África si no puedes ayudar a tu allegado o a tu vecino? Del mismo modo, María y los protagonistas de este libro no ven el trabajo simplemente como un medio para ganarse la vida, ¡nada de eso! Ganarse la vida a través de lo que hacen es tan solo una recompensa o un efecto secundario de la verdadera razón por la que trabajan: poder aportar su granito de arena para que el mundo sea un lugar mejor en aquellos contextos donde actúan. Así, mimar su entorno y echar un cable siempre que puede es algo importante también en la vida de María: «*Me encanta pasar tiempo con mis amigos y la gente que quiero; procuro quedar y charlar con las personas para tratar de mejorar sus vidas, sobre todo si están pasando un mal momento. Creo que es importante estar ahí y crear el mundo desde las cosas pequeñas* –y concluye–: *tengo la convicción de que, así como haces algo pequeño, así harás algo grande. No puedes ayudar a cien mujeres en Tanzania si no eres capaz de ayudar a un amigo cercano*».

En el momento en el que mantuve las entrevistas con María, Inakuwa estaba creciendo mucho y muy rápido. En julio del 2018 eran quince voluntarios y en enero del 2019 ya eran más de ochenta, de modo que lo que funcionaba a nivel organizativo hacía unos meses comenzaba a dar síntomas de agotamiento... De algún modo María sentía que Inakuwa se le podía escurrir entre los dedos. Como no podía ser de otro modo, yo quería ayudarla en su maravilloso proyecto, así que le propuse echarles una mano del modo que creí más valioso en ese momento. A través de unas sesiones de *coaching* de equipo, los directivos y vocales de la ONG podrían decidir cómo querían trabajar y organizarse para sostener ese crecimiento con éxito, amén de reconectar con sus valores e identidad como organización. María no se lo pensó ni un instante: adelante. Total, hablé con una compañera, Andrea Caride, con la que ya había trabajado en Anantapur, India, en el otoño del 2018 para los directivos de la Fundación Vicente Ferrer, y preparamos dos sesiones. Aquella experiencia fue alucinante tanto para Andrea como para mí –y me consta que también lo fue para Inakuwa–. Aprendimos lo que no está escrito. Descubrimos en primera persona el empuje, las ganas, la seriedad, la intensidad, la madurez, la profesionalidad, la claridad y el deseo de contribución de todo el equipo de líderes de la organización. Quince jóvenes en su mayoría universitarios que nos alegraban el día tras cada sesión. Tras ver en acción a estas almas libres supimos que hay esperanza. Supimos que el mundo está en buenas manos. Personalmente confirmé que existen dos realidades: la que te cuentan en los medios de comunicación y la que experimentas en la vida real. No digo que no haya todavía mucho por hacer ahí fuera para mejorar este mundo; queda por hacer, y mucho. Por eso existen organizaciones como Inakuwa. Hay muchas personas que están haciendo cosas bellísimas y absolutamente necesarias ahí fuera; tan solo tenemos que permitirnos verlas. Y eso también forma parte del mundo. Te invito a que también centres tu atención en ellas.

Termino con una reflexión personal: señalar lo que no nos gusta con el dedo está bien, aunque no soluciona nada. No cambia nada el hecho de que te guste o no una determinada realidad. Te invito a que pienses: ¿cómo puedo contribuir a mejorar esa situación? ¿Qué acciones concretas puedo llevar a cabo para objetivamente ser parte de un cambio positivo de esa realidad que no me gusta? Te animo a que pases a la acción, y, si no sabes por dónde empezar, busca iniciativas que ya estén en marcha y colabora con ellas.

¿Sabes? Soy de los que piensa que el mundo no se cambia: el mundo se crea. A cada instante estás creando el mundo en el que vives. Lo creas en cada contacto con otro ser humano, en cada conversación. Lo creas cuando te levantas por la mañana y das los buenos días a tu pareja. Lo creas cuando das las gracias al camarero que te sirve ese café calentito y humeante por la mañana. Lo creas cuando agradeces una ducha a presión, porque, créeme, la echas de menos cuando no la tienes. Lo creas cuando buscas tu propio beneficio a la par que el beneficio de los demás. Porque la vida no trata de elegir una cosa u otra... ¡Qué va! Se trata de comprender que las dos partes deben tenerse siempre en cuenta.

Tú. Y los demás.

· ·

Si quieres escuchar a la protagonista contando su historia en primera persona, puedes hacerlo con ayuda de este bidi:

LA VIDA ES UN VIAJE, NO UN DESTINO

Escucha a la vida, pues ella te dirá siempre
dónde debes estar.
David Carricondo

Lo importante en la vida no es llegar al destino,
sino andar y disfrutar del camino

«¡¡Yepaaa!! Anoche dormí en un albergue único; se respiraba paz, era mágico, Iván. Me acordé mucho de ti. El hospitalero, David, un tío alucinante; éramos su familia, todos éramos una familia... Nos dio de cenar, nos habló de la vida y de su propio viaje, de cómo él vive el Camino de Santiago... Luego nos invitó a que nos presentásemos y les contásemos a los demás las razones que nos empujaron a hacer el Camino. Iván, la noche más mágica de mi vida; por algo dicen que este albergue te marca el Camino. Éramos veinte personas, de seis nacionalidades y todos emocionados, llorando... Indescriptible. Tienes que venir. Ya te lo contaré. Un abrazo».

Este fue el mensaje de Whatsapp que recibí de mi buen amigo Andrés Fernández un 4 de julio del año 2017. Durante el proceso de investigación para escribir este libro comprobé que las personas corrientes y extraordinarias tienen el don de inspirar en las distancias cortas. Tal vez no sean famosas o no hayan ganado ningún premio. Puede que tampoco sean hijos predilectos de ninguna ciudad. No importa, tienen la capacidad de provocar emoción gracias a la pasión que ponen en todo lo que hacen. Tras investigar un poquito más acerca de David y su albergue, solo encontré buenos comentarios, cálidas experiencias y enormes sentimientos de gratitud por parte de decenas de peregrinos que habían pasado la noche con este hospitalero del Camino de Santiago. Total, me decidí a contactarle y, como esperaba, se mostró encantado a la par que incrédulo con la idea: «Claro que acepto tu proposición de charla y entrevista. Solo decirte que no hay ninguna intencionalidad en lo que se crea cada día en mi casa, solo atender a las personas del modo en el que me han atendido o me gustaría que me cuidaran a mí en el Camino». Y es que las personas que han encontrado su vocación profesional por norma general no buscan la gloria o el reconocimiento: simplemente hacen lo que sienten que está bien para ellos y para el mundo y se dejan llevar desde la humildad y la modestia. «*...Cuido a las personas como me gustaría que lo hiciesen conmigo*», dice David. Más adelante nuestro protagonista me reconocería que a raíz de nuestros encuentros empezó a ser verdaderamente consciente del impacto que tiene en la gente.

El Camino de Santiago es probablemente uno de los recursos de crecimiento personal más alucinantes que existen en el mundo. ¿Lo mejor de todo? Los españoles lo tenemos al alcance de nuestra mano. Bien, para entrevistar a David quise vivir la experiencia en primera persona como peregrino, así que metí en la mochila algo de ropa para sobrevivir unos pocos días, un saco de dormir y me puse en ruta. El albergue de David se encuentra en el pueblecito de Bodenaya, dentro del Camino Primitivo —el que conecta Oviedo con Santiago de Compostela— y como resido en Oviedo fue sencillo: tan solo tenía que echar a andar hasta llegar a su albergue.

Cuando le llamé por teléfono para decirle que estaba en ruta no dudó en darme pequeños consejos: «*No tengas prisa; el Camino está ahí las veinticuatro horas —me decía—. Puedes hacer una parada en Salas para retomar fuerzas antes de las dos horas de ascensión a Bodenaya. ¡Ah! Si puedes, desvíate para ver la cascada de Nonaya; con las lluvias de este invierno tiene que estar preciosa*». Es increíble cómo David está recibiéndote y allanando el camino mucho antes de que llegues a su casa, invitándote no solo a caminar, sino también a disfrutar mientras caminas.

Finalmente, hacia las 16:00 h llegué a su albergue. Estaba cansado, había caminado más de veinte kilómetros y los últimos ocho fueron de ascensión continua con un desnivel de 400 metros. Según entré y sin decir ni una sola palabra —¡estaba tan cansado que no tenía ni fuerzas para hablar!— él notó mi presencia y con una sonrisa sincera me dio la bienvenida de palabra, luego se acercó a mí y me entregó un sentido abrazo de cinco segundos.

Cinco segundos.

Imagina por un instante que abrazas a tu pareja o a un allegado. Bien, ahora hazte a la idea de que estás cinco segundos abrazándole. En serio, haz la prueba; cronométralo.

Uno... dos... tres... cuatro... cinco.

Cinco segundos abrazando es mucho más que un abrazo. Es una muestra incondicional de amor. En realidad ese abrazo significa muchas cosas: has llegado, te veo. Eres bienvenido. Eres valioso. Estás en tu casa. Estás bien.

Sí, he sido testigo de que es posible transmitir todo eso con un simple abrazo. *«El ser humano necesita varios abrazos al día para estar bien –me dice–, así que los abrazos es algo que entregamos de manera natural en esta casa. De este modo consigo pasar ese cariño a los peregrinos y al mismo tiempo yo también me cargo las pilas».* ¡Qué sabio es David! Sabe que el mayor premio que recibe uno al ser generoso –en este caso abrazando– es justamente eso: el placer y la energía derivados del disfrute incondicional de la generosidad. *«¡Es más! –continúa–, algunos peregrinos me piden hacer hospitalidad, esto es, ayudar voluntariamente en las tareas del albergue, aunque me dicen que no saben cocinar ni hacer las labores típicas de la casa... Entonces les pregunto: '¿Sabes dar abrazos?' Dar abrazos no es menos importante que el resto de tareas de esta casa. Si sabes dar abrazos, eres bienvenido; seguro que puedes ayudarme».*

David nació en 1978 y se crió en el seno de una familia obrera en Aranjuez; trabajó desde los dieciocho años en labores de mantenimiento, quince años en una multinacional donde asumió diferentes responsabilidades y después un año en otra empresa más pequeña. *«Nunca me atrajo la idea de estudiar –me cuenta–, así que a los catorce años hice un módulo de Formación Profesional y a los diecisiete comencé a trabajar aquí y allá, repartiendo pizzas y cosas por el estilo. A los dieciocho años entré a trabajar en Unilever donde llegué a ser responsable de mantenimiento; además estudié un grado superior al tiempo que trabajaba».* En cualquier caso, a David no le desagradaba su trabajo ya que de algún modo notaba que aquello de reparar máquinas con sus propias manos se le daba bien. *«Arreglaba todo lo que se me ponía por delante»* me dice orgulloso.

Allá por el 2008 y tras pasar varios momentos complicados —algunos de ellos incluso donde su vida estuvo en entredicho—, decidió hacer el Camino de Santiago del Norte donde conoció a personas maravillosas y, lo más importante, experimentó otra manera de ver, de sentir y de vivir. *«El Camino es una línea de realidad dentro de un mundo loco e irreal —me dice—. En el Camino todo el mundo te sonríe, comparte lo que tiene y te escucha».*

David no quiere hablar demasiado de los momentos difíciles de su vida; solo deja vislumbrar un desengaño amoroso con profundas consecuencias, y sobre todo aprendizajes. Es curioso cómo sin excepción todos los protagonistas de este libro miran hacia atrás y observan los momentos difíciles —incluso peligrosos, como fue en este caso—, recogiéndolos con paz y sentimientos de gratitud; y es que han entendido la situación, han sabido mirarse desde fuera con desapego y perspectiva para seguir adelante con la lección aprendida. David no es una excepción: *«Mi pareja decidió tomar sus propias decisiones. Me costó mucho, pero al final entendí que fui yo el que no supo entender ni atisbar por dónde estaba yendo la relación; comprendí que yo era tan responsable de lo que estaba pasando como la otra parte y que no estaba en condiciones de exigirle ningún tipo de comportamiento a nadie. Un día entendí que nadie tiene por qué cumplir mis expectativas, y al mismo tiempo nadie tie-*

ne el poder de hacerme daño. Hasta que no interioricé esto, lo pasé francamente mal».

Hay una frase que leí en Internet que me encanta: «Nunca nada te abandona realmente hasta que no aprendes lo que ha venido a enseñarte». Es decir, cada envite que te da la vida es una oportunidad para crecer, para comprenderte mejor, para ser más sabio; si pasas página sin hacer el ademán de aprender o simplemente huyes mil kilómetros para alejarte de ese obstáculo, ese mismo problema te estará esperando allá donde vayas; se volverá a manifestar en tu vida con nuevos nombres, nuevas formas. La actitud que todas estas personas maravillosas muestran en la vida es la de abrirse a los problemas en lugar de taparlos u obviarlos, permitiéndose vivir y experimentar lo que sucede en lugar de compadecerse a sí mismos creyendo que en otro lugar estarán mejor.

En el 2008 y haciendo el Camino, David conoció a una persona que le marcaría para siempre: Álex. Álex regentaba entonces el albergue que hoy David lleva con humildad, orgullo y tesón en el pueblo de Bodenaya. Con él aprendió a compartir y vivió en sus propias carnes que una manera diferente de vivir era posible. David me explica cómo le conoció: *«En realidad no tenía intención de ir a Bodenaya —me cuenta—. Iba a pasar la noche en Salas, a ocho kilómetros de Bodenaya, cuando fortuitamente conocí a un peregrino, Ángel, que me dijo que iba a continuar unos kilómetros más. Por aquel entonces estaba muy abierto a cambiar de planes, a dejarme llevar y a escuchar a la vida, así que por alguna razón intuitiva decidí también seguir a Ángel hasta Bodenaya. Esta decisión ha sido muy importante en mi vida: es la responsable de que hoy esté disfrutando de la vida de hospitalero en el Camino de Santiago».*

Muchas cosas podemos aprender de esta experiencia. Por un lado, ¡qué importantes son las personas en nuestra vida! Y qué importante es recordarlas y guardarles el respeto y la gratitud que merecen; tanto Ángel como Álex son personas que guarda en su corazón. Por otro lado, observamos esa actitud para estar abierto a nuevas experiencias, nuevos retos. Qué duda cabe de que lo más sencillo para David hubiese sido quedarse en el pueblo de Salas y ahorrarse los ocho kilómetros de subida, pero decidió abrirse a lo desconocido, a la incertidumbre. Y acertó... ¡Vaya si acertó! No solo conoció a una de las personas más influyentes de su vida –Álex–, sino que acabó tomando las riendas de su albergue de peregrinos donde hoy ayuda a miles de personas al año a que encuentren su camino al tiempo que se ayuda a sí mismo. Y lo más importante: disfruta de cada instante de su vida; es decir, no lo considera un trabajo. Siente que es ahí donde tiene que estar; así consigue vivir cada día y cada instante al máximo.

Einstein dijo una vez que si no cambias nada, nada cambia; también dijo aquello de que eres un loco si pretendes tener mejores resultados en la vida haciendo y repitiendo lo mismo que te ha llevado a la vida que tienes hoy –y que quieres mejorar–. Así, tomar la decisión de caminar ocho kilómetros más cambió la vida de David para siempre. Abrirse a nuevas y diferentes experiencias es algo que hace de manera habitual porque sabe que tal vez en la siguiente esquina esté la siguiente lección, la siguiente persona, la próxima vivencia que le abra las puertas a un lugar inimaginable y maravilloso hasta ahora desconocido. Sin ir más lejos, la noche que estuve con él entrevistándole le pedí que me regalase unos minutos más de su tiempo a la mañana siguiente ya que quería tener la posibilidad de ordenar mis notas, y tal vez hacerle más preguntas. Tras pensárselo unos instantes me contestó: «*¿Sabes qué, Iván? Como vas a volver a Cornellana, puedo acompañarte hasta Salas y compartir Camino contigo, ¿qué te parece?*». Postergó sus quehaceres de la mañana siguiente para hacer el Camino durante un par de horas conmigo. ¿Por qué? Porque David se ha abierto a la vida, está siempre con el objetivo de cuidar a las personas en su albergue y al mismo tiempo con el corazón en el presente, tomando las decisiones oportunas a cada momento; la vida le habla y él contesta. En ese momento sintió que tenía más sentido seguir charlando conmigo, aunque luego tuviese que apurar las tareas del día para dejar el albergue listo para los nuevos peregrinos.

Siguiendo con su historia, en el año 2012 la empresa en la que trabajaba decidió echar el cierre; entonces vio esa situación como una oportunidad: *«Cuando nos comunicaron la noticia, los trabajadores nos movilizamos para protestar por el despido. Recuerdo estar acampado en una protesta con mis compañeros cuando de pronto tuve un momento de lucidez y pensé: ¿y si esto es justamente lo que necesito?, ¿y si esta situación es en realidad una oportunidad que me está dando la vida para ir en la dirección marcada por mi corazón?»*. David supo convertir un problema, un despido en este caso, en una oportunidad: la posibilidad de dedicarse a algo más acorde con su manera de comprender la vida y el trabajo. De nuevo, esto es algo común a todos nuestros protagonistas: convierten los problemas en oportunidades que les permiten aprender y abrirse a nuevas posibilidades que de otro modo seguirían ocultas. Saben que los problemas en realidad son síntomas que deben ser escuchados y honrados para posteriormente actuar sobre la verdadera causa que los creó.

Tras el despido decidió hacer de nuevo el Camino del Norte –variación del Camino que, como él mismo reconoce, siempre le ha marcado muchísimo–, optando sobre la marcha tomar el Camino Primitivo en Oviedo para hacer noche en el albergue de Álex, en Bodenaya. En lugar de terminar en Santiago, caminó hasta Finisterre pasando previamente por Muxía –Muxía es también un centro importante de peregrinaje–. Al llegar a Finisterre tuvo la idea de volver caminando a Aranjuez: *«Una vez en Finisterre sentí que volver en algún transporte a casa me sobrepasaba; no podía simplemente subirme a un autobús después de todo lo que había vivido, así que decidí hacer la vuelta a casa a pie –y continúa–: Ese viaje de vuelta a Aranjuez dio un vuelco a mi vida. Verás, aunque viajes solo, en el Camino hay mucha convivencia; en los albergues acabas hablando y conociendo a gente con la que de manera natural terminas compartiendo Camino. Si haces el regreso caminando, eso no sucede: vas en dirección contraria al resto así que el viaje es tremendamente introspectivo. Recuerdo haber caminado los más de 700 kilómetros que separaban Finisterre de Aranjuez con la mente súper lúcida, muy consciente».*

Al llegar a Aranjuez, David ya no era el mismo; la semilla que había depositado en el año 2008 había germinado en su interior y poco a poco iba descubriendo el tipo de vida que estaba destinado a tener; así, estuvo trabajando en otra empresa similar hasta el año 2015, año en el que decide hacerse cargo de su propio albergue siguiendo los valores tradicionales del Camino: respetar –todos somos iguales en el Camino– , ayudar –los peregrinos se ayudan unos a otros– y compartir –se comparte todo lo que se tiene–.

La vida de algún modo le había llevado a hacer un cambio importante de rumbo, sobre todo a nivel profesional. *«Por aquel entonces Álex quería dejar el albergue así que hablé con él y decidí que era el momento de hacer lo que sentía que tenía que hacer. Así, invertí todos mis ahorros y le compré la casita donde muy pronto comenzaría a dormir con mis peregrinos».* Cuando le pregunto acerca de cómo supo que podría ser capaz de llevar un albergue de peregrinos, David me contesta: *«Yo ya había hecho hospitalidad anteriormente; además, ya había aprendido de otros hospitaleros a escuchar y atender a los peregrinos, a curar ampollas, etc.».* Muchas de estas habilidades David las traía de serie, como veremos enseguida. En realidad, en este momento David siguió su instinto: sabía que darle continuidad al albergue de Bodenaya, que tantas alegrías le había reportado a sí mismo y a los peregrinos, era una decisión sensata y más cercana a su concepto de vivir una vida con sentido.

Pero no todo siempre es de color de rosa. «*¿Sabes qué? Recuerdo que cuando llegué el primer día sabiendo que solamente me quedaban 300 € en el banco, me eché a llorar. Es inevitable ponerse a veces en lo peor, así que me asaltaron muchas dudas*». Claro. Dejar tu vida conocida y sencilla, salir de tu entorno, dejar tu familia, gastar todos tus ahorros e irte a más de 500 kilómetros de tu casa para atender a peregrinos, por muy convencido que uno esté, es una decisión difícil, lo mires por donde lo mires. No puedo dejar de reconocerme en su decisión; y es que yo dejé un buen puesto de trabajo para cambiar radicalmente de sector. Un sector en el que nadie me conocía, y sabía que iba a tener que emplearme a fondo para poder ser un referente, para que la gente entendiese todo lo que les podía aportar. Llegar a la conclusión de que esa es tu mejor opción es un momento glorioso, es cierto, pero también hay momentos de dudas, de miedos, de «¿estoy haciendo lo correcto?, ¿y si todo esto no es más que un capricho que me va a traer más disgustos que alegrías?». Entiendo perfectamente a David y por eso es tan importante haber allanado el camino previamente. Por eso es crucial que la decisión se haya fraguado desde lo más profundo de tu ser a lo largo de una buena temporada; no se trata de que huyas tomando esa decisión, se trata de que te pongas en la dirección adecuada: tu verdadero camino, el que tú elijas, o como diría David, «*me puse donde la vida quiso que estuviese*». Habrá momentos complicados y ahí es donde tendrás que tirar de saber que estás ayudando de algún modo a crear un mundo mejor, de saber que estás ahí por convicciones propias, por un deseo que sale del fondo de tu corazón. «Hazlo por nosotros», esto es lo que algunos de sus compañeros de trabajo le dijeron cuando les comentó sus intenciones. Esta frase le ayudó mucho a montar el albergue, pues fue consciente de que el mero hecho de que uno tome tus propias decisiones ya es de por sí una acción inspiradora para otras personas.

El ser humano necesita varios abrazos al día para estar bien

Tomar decisiones: esa es otra de las lecciones que nos enseña David. Muchas veces vamos por la vida simplemente dejándonos llevar y en la mayoría de los casos no estamos del todo conformes. Tomar decisiones hace que te acerques allá a donde quieres ir, poco a poco, sin prisa, sin pausa, pero acercándote. Eso sí, para que la vida te vaya colocando donde quieres estar es fundamental que esa decisión parta de uno mismo. Déjame decirte algo: siempre hay opciones. Tal vez hoy no puedas tomar esa decisión que consideras importante. En este caso te preguntaría: ¿qué puedes hacer diferente hoy para que dentro de un tiempo sí que puedas tomarla?, ¿cuál es el primer paso necesario que podrías dar para acercarte a donde realmente quieres estar el día de mañana? No es necesario que sea algo de calado en tu vida: puede ser algo tan simple y accesible como comenzar a leer un libro antes de acostarte, darte quince minutos más para comer o ir una vez a la semana a clases de pintura. David no tomó la decisión de comprar una casa en Bodenaya de la noche al día: fue la conclusión última al desarrollo natural de una serie de acciones conscientes. ¿Quieres tomar una decisión que cambie tu vida para bien? Empieza decidiendo qué vas a hacer diferente en el día de hoy, ¡aunque sea algo pequeño! Cuando tengas integrado ese pequeño cambio positivo, vuelve a hacerte la misma pregunta y, una vez más, vuelve a integrarlo. Al cabo de un tiempo te verás a ti mismo con una mejora sustancial en tu calidad de vida, incluso manteniendo el grueso de tus quehaceres y rutinas.

Así, desde el año 2015 David tiene lo que podía llamarse un albergue de los que apenas quedan: te recibe con un sentido abrazo ofreciéndote bebidas calientes en invierno y frescas en verano, te lava la ropa y hace la cena para que todos los peregrinos se junten alrededor de la misma mesa a la misma hora. Cuando le pregunto qué le empuja a obrar de este modo, me contesta: «*Creo que en general pensamos* mucho y sentimos poco; con mi albergue pretendo que la familia que llega cada día pase más tiempo compartiendo y sintiendo, por eso les lavamos la ropa y les hacemos la cena y el desayuno. Lo importante es lo que el peregrino está viviendo en este momento, así que yo me pongo a su servicio».* Es decir, libera a los peregrinos de las tareas domésticas para que puedan sentarse o relajarse en el porche y compartir experiencias; en definitiva, para que puedan vivir el Camino de Santiago. *«Un día vino un peregrino del norte de Europa, era verano. Cuando llegó le ofrecí una cerveza y la aceptó. Salió al porche y tras tumbarse en el suelo comenzó a reír y a revolcarse... ¡Parecía un niño! Hablando más tarde con él resultó que era un alto ejecutivo, padre de familia, que parecía que siempre tenía que tener una careta puesta en su vida: la del padre de familia responsable, la del jefe serio... Por unos instantes simplemente se dejó llevar. A eso me refiero con que pensamos mucho y sentimos poco. Esa persona durante unos instantes hizo simplemente lo que le pidió el cuerpo; en cierto modo fue plenamente feliz. ¡Y con una cerveza de 0,30 céntimos!».*

En todo este proceso de auto-descubrimiento David tuvo una relación sentimental que también le marcó profundamente: *«Mi pareja me hacía preguntas retadoras, preguntas que me invitaban a cuestionarme mi vida y mis necesidades. Me enseñó a entender las cosas que me habían pasado y también a escuchar a la vida; es más, en mi lista de contactos la tengo por la eme de maestra».* Una vez más apreciamos ese sentimiento de gratitud que David profesa a las personas que de un modo u otro le ayudaron a lo largo de los años.

La labor de David pasa también por ayudar a las personas a ser ellas mismas, aunque no lo hace de un modo demasiado explícito; él simplemente crea las condiciones de tranquilidad, confianza y sosiego para que la magia suceda.

«Siento que en el alberque cada día estamos creando un mundo mejor; gota a gota se pueden crear océanos. Trato de que cada persona que venga aquí sienta más y piense menos, ya que pienso que la felicidad tiene más que ver con ser, con estar, con sentir y con disfrutar. Cuando pensamos mucho a veces nos negamos el derecho a disfrutar y ser libres».

David no entiende cada grupo de peregrinos como seres individuales, él los ve como su familia: *«Cada día tengo una familia diferente; una familia con la que crecer, compartir, sentir y aprender. En definitiva, una familia a la que querer. Cada noche confirmo que en realidad somos todos lo mismo; he tenido en la misma mesa a musulmanes, ateos, cristianos y budistas y todos hemos compartido, reído y llorado. Las personas estamos todas hechas de lo mismo, de Amor».* Me cuenta con una lucidez tremenda que tiene su propia verdad sobre un montón de cosas y al mismo tiempo sabe que cada uno tiene la suya: *«Cuando te das cuenta de que cada uno tiene su manera particular de entender lo mismo y de que hay que respetarlo, entonces pasa algo mágico: dejas de enfadarte con el mundo pues dejas de intentar convencer a nadie con tu punto de vista».*

Durante la cena David explica los tremendos y maravillosos paralelismos que tiene el Camino de Santiago con la vida: *«En realidad no necesitamos gran cosa para vivir –me dice–; para hacer el Camino solo necesitas una mochila y ponerte a andar».* Hace hincapié en que lo importante tanto en el Camino como en la vida no es llegar a Santiago de Compostela: lo importante es andar el camino. *«Me gusta recordar al peregrino que al día siguiente de llegar a Santiago tan solo será un turista más. Le invito a que no tenga prisa y a que sienta y disfrute de corazón cada paso que da».*

Tras la cena todos charlamos sobre nuestra vida, nuestros pensamientos, nuestras inquietudes y nuestras prioridades. Debatimos, y sobre todo nos escuchamos unos a otros.

Es curioso cómo en el Camino no es importante a lo que te dedicas en la vida; no es relevante. A nadie le importa tu profesión ni tu estatus social o económico: todos somos lo mismo, nadie es mejor que nadie. Entre tanto, David nos cuenta la historia del Camino, de sus variantes y el origen del pueblo de Pola de Allande −creado para facilitar la peregrinación en invierno−; nos habla del origen de la flecha amarilla que guía al peregrino o del porqué de la palabra «hospitalero»; nos cuenta también que los antiguos peregrinos tenían dos bolsas, una con la comida para ellos y otra con comida para compartir. Como curiosidad, David guarda con cariño una bandera que un peregrino le regaló como recuerdo tras haber terminado el Camino en 1976: «*Ese año solo terminaron el Camino 74 peregrinos*» me contó orgulloso.

Aquel frío día de febrero −aquel año el invierno fue especialmente duro en Asturias− éramos cinco peregrinos cenando juntos, además de David, el padre de David, que se encontraba de visita, y su compañera Celia, Marc −sudafricano−, Anthony −finlandés criado en Inglaterra−, Daniel −colombiano− y Catherina −alemana−. Hablamos de temas profundos como los objetivos en la vida, de cuestiones políticas como la independencia de territorios que dependen de un Estado mayor, de temas más banales como los estereotipos de las diferentes zonas de España, ¡incluso Marc y yo estuvimos tocando un rato la guitarra! Como curiosidad, Daniel y Catherina se conocieron en el Camino y llevaban veinte días caminando juntos y esa misma tarde, en el albergue, se besaron por primera vez. Al día siguiente se lo comenté a David; me miró con una sonrisa y dijo: «*¿En serio? ¡Qué bueno! ¡Pensaba que eran pareja cuando llegaron!*». David se queda un rato pensativo y termina diciéndome: «*Es normal que pasen estas cosas en el Camino*». Magia, amigos. Y eso solo sucede cuando todos nos sentimos acogidos, recibidos, respetados y en paz.

Andrés Fernández, la persona que me envío el mensaje de Whatsapp con el que abrí esta historia, me trasladó una anécdota maravillosa que presenció la noche que pasó en el albergue de David: «*Durante la cena había dos mujeres coreanas, madre e hija; todos contamos los motivos por los que decidimos hacer el Camino y cuando le tocó el turno a la madre, su hija hacía de intérprete traduciendo del coreano al inglés. Bien, en un momento dado la madre nos contó visiblemente emocionada que gracias al Camino estaba conociendo de verdad a su hija. Claro, su hija, que era la traductora, se emocionaba muchísimo al intentar traducir algo tan especial, bonito y personal. Acabamos todos con lágrimas de emoción y abrazándonos. Recuerdo que a la mañana siguiente y antes de continuar, David tuvo palabras en privado para todos nosotros; todavía recuerdo lo que me dijo: 'Somos naranjas enteras, Andrés, no medias naranjas'. Es algo que todavía sigue resonando en mí*».

Al llegar la hora de acostarse y para asegurar el descanso, David nos invita a que nadie se ponga la alarma, en lugar de eso, consensuamos una hora en la que él nos despertaría: en nuestro caso decidimos que a las 8:00 h. Total, nos fuimos a dormir y adivinad qué sucedió a las ocho de la mañana: despertamos escuchando el *Ave María* de Schubert al tiempo que un fantástico olor a café con especias inundaba la habitación. Al bajar a la cocina me encontré café recién hecho, tostadas y todo lo necesario para alimentar el cuerpo y el espíritu antes de la siguiente etapa del Camino.

David no tiene tarifas en su albergue, cobra la voluntad: «*Es la filosofía original del Camino –me dice–; así todo el mundo sin excepción puede tener la posibilidad de disfrutar de este fantástico viaje de descubrimiento personal*».

Cuando le pregunto acerca de su anterior trabajo se deshace en palabras de agradecimiento: «*Gracias a aquel trabajo aprendí a tirar para adelante en la vida y pude aho-*

rrar para comprarme esta casita en Bodenaya; además, todo lo que aprendí sobre reparaciones lo estoy aplicando en mi día a día para mantener el albergue en perfecto estado».

David ama lo que hace. Tiene un don especial para escuchar a la gente y para hacer que todos los que llegamos a su albergue nos sintamos como en casa. Le hablé de la persona que me recomendó conocerle y me dijo inmediatamente: *«Ah, Andrés; sí, ya me acuerdo; te podría decir incluso dónde se sentó en la cena».* Increíble: hacía casi un año desde la última vez que se habían visto. Solo alojándote una noche ahí entenderás por qué a las 17:00 h eres un peregrino rodeado de desconocidos, pero a las 23:00 h ya eres parte de la familia de ese día.

«¿Sabes otra cosa que he aprendido? —me dice animado—, *vivir es mucho más sencillo de lo que durante muchos años había creído; me he dado cuenta de que me había creado necesidades, necesidades que ya he dejado atrás. Estoy convencido de que todos podemos vivir con muchísimo menos de lo que creemos que necesitamos».* Gran lección; me viene a la mente Francine, otra protagonista de este libro a la que enseguida conocerás y que tan solo necesita un pueblecito abandonado y tesón para disponer de lo necesario, para vivir plenamente y feliz.

En un momento dado quise hacerle una pregunta retadora a David: *«David, ¿no te cansas de dar abrazos a tantos desconocidos todos los días?, ¿no hay días en los que no te apetece abrazar a nadie?»* le pregunté. Mientras se le ilumina la cara me contesta: *«Mira, en realidad, ¡los hospitaleros tradicionales somos vampiros! Nos alimentamos de la energía de los peregrinos, de vuestras historias, de vuestro amor. Yo lo único que hago es devolverle al mundo ese amor en forma de abrazos».* Abrazos que, dicho sea de paso, también le cargan las pilas a él. Brillante. David no se plantea aburrirse de dar abrazos a sus peregrinos, justamente porque esa es la razón última de su albergue; recibe y luego redistribuye el amor del que se guarda una parte para seguir adelante.

Cuando le pregunto acerca de su habilidad para escuchar y para que los demás se sientan escuchados y entendidos me dice: «*Pues no sé, la verdad. Lo cierto es que en el grupo de amigos de Aranjuez yo siempre hacía de pegamento... Me sentía cómodo logrando hacer piña en el grupo*». Una habilidad innata que había pasado desapercibida durante muchos años –¡aunque nunca dejó de ponerla en práctica!– se convertiría *a posteriori* en una de las piezas angulares de la actividad de David: ponerse en la piel de la otra persona y escucharla con el corazón. Consigue que la escucha no sea algo liviano o banal; al contrario: logra que sea una experiencia reparadora, sobre todo para el peregrino.

David cuenta con más habilidades: «*A veces solo con ver al peregrino entrar por la puerta ya sé si tiene algo que contar, un lastre que soltar o un problema que resolver*». Qué duda cabe que David ha ido limando y desarrollando ese talento con el paso del tiempo, recibiendo en su albergue a una media de catorce personas diarias. Cien personas a la semana con las que poner en práctica estas habilidades hacen que las haya pulido –tal vez de forma natural e involuntaria– hasta la excelencia. Tengo la firme creencia de que todos tenemos talento en algo; es más, seguramente ya estemos brillando en algo, aunque es posible que o bien lo estemos expresando inconscientemente –como en el caso de David–, o bien creamos que no podemos profesionalizarlo. Como ves, hacer de «pegamento» tal vez sea algo que no tenga una salida profesional por sí misma, aunque a David le sirve para ayudar a muchos peregrinos y que a su vez estos recomienden su albergue, pudiendo así ganarse la vida con ello.

En su día a día David está expuesto a una carga emocional fortísima. Imagina atender cada día a un montón de personas, cada una de ellas con una historia detrás y normalmente en búsqueda de alivio o de respuestas. ¿Cómo hace para que no le afecten las historias de los peregrinos? ¿Cómo se las arregla para no sufrir tras conocer a una persona especial y saber que tal vez no volverá a verla nunca más? Me responde sin dudarlo: «*Con el ritual del desapego* –ríe un poco y continúa–. *Todas las mañanas cambio las sábanas; ese es el momento que utilizo para limpiar el albergue de la energía de la familia anterior para dejar así espacio a la familia que está por llegar. Realizo esta tarea muy despacio, conscientemente y procuro también limpiarme de emociones y estar así listo para el primer peregrino y el primer abrazo de la mañana*». Me cuenta cómo este ritual lo hace especialmente consciente durante el verano: «*Trato siempre de cargarme las pilas hasta mayo para aguantar al máximo los meses de más ajetreo; normalmente en verano la energía del peregrino es diferente, además de que son más durante muchos días seguidos*». David siempre abre la caja de las donaciones cada tres días para evitar conocer el dinero que ha donado cada familia, «*así me aseguro de no asociar familias y emociones con el dinero que han aportado*». David consigue detectar qué es lo que más le conviene desde un punto de vista anímico y emocional, y actuar en consecuencia; así, el ritual del desapego, saber que tiene que cargarse las pilas hasta mayo o cómo entiende la gestión económica del albergue son buenos ejemplos de ello. Nadie se lo ha dicho: él simplemente ha ido observando en sí mismo qué es lo que mejor le funciona a cada momento.

En un momento dado le pregunto si esta charla tan amena y constructiva que yo viví en su albergue con los otros peregrinos era algo habitual o no. De nuevo, ríe y contesta: «*En todo el tiempo que llevo de hospitalero he observado esto: cada familia parece estar destinada a encontrarse ese día; creo que vosotros no habríais encajado del todo con las personas que estuvieron la noche anterior, por ejemplo... Sin embargo, la noche anterior sí que estuvieron fantásticamente bien entre ellos».* Es conmovedor observar la fe que tiene David en el Camino y en su poder para ordenar las energías y los estados de ánimo, consiguiendo que las personas adecuadas se encuentren. Te regalo otra explicación posible a raíz de mi experiencia en su albergue: David crea un contexto tan maravilloso que enseguida uno se siente como en casa y con ganas de hablar, compartir y escuchar. Al sentirte escuchado tienes la sana necesidad de escuchar al otro, lo que crea un clima de entendimiento, respeto y amor.

Le pregunto dónde se ve a sí mismo en, digamos, diez años, a lo que contesta: *«Me veo en el Camino, aunque sin apegos a este u otro albergue. Sé que quiero seguir viviendo una buena temporada en esta línea de realidad».* Me cuenta que cada vez que vuelve al mundo irreal nota que su energía y su estado de ánimo cambian; para realmente disfrutar de un periodo de descanso y cargarse las pilas, sus vacaciones se basan en realizar alguna variación del Camino, esta vez como peregrino. Nuestros protagonistas se dedican a aquello que les carga las pilas; para saber si eso que están haciendo es lo que deben estar haciendo realizan un simple chequeo: si se sienten bien haciéndolo, siguen, si no, prueban algo diferente.

¿Cómo se ve David de viejecito?: *«Pues no sé, ni idea; supongo que lo iré vislumbrando por el camino. Tal vez en algún lugar tranquilo, la India, por ejemplo, disfrutando y viviendo en paz».* Como vemos, las aspiraciones de David son muy claras: escuchar a la vida, ayudar a otros a que disfruten y sientan más al tiempo que él vive tranquilo sin ningún afán de protagonismo. Y es que David no quiere medallas, tan solo quiere continuar disfrutando mientras él ayuda a otros a estar bien y sentirse acogidos: «*Mi sitio está aquí. Ahora me debo a mis peregrinos*». En realidad, en este momento me reconoce que le causó cierto desasosiego el hecho de que alguien quisiera entrevistarle para un libro, «*no acabo de creerme que mi historia sea tan importante, de verdad*». Es curioso cómo nuestros protagonistas derrochan humildad; no sienten que estén haciendo nada extraordinario, no alardean de nada, no se sienten más que nada ni nadie. Simplemente hacen lo que sienten con amor, responsabilidad, tesón y sin olvidarse nunca de disfrutar.

David ha dejado de lado sus miedos: «*Si algún día dejo de poder afrontar los gastos con las donaciones significa que la vida me quiere en otro sitio... ¡Pues me iré a otro sitio! La vida te pone siempre donde debes estar y siempre estaré escuchándola para tomar la siguiente decisión*». Al mismo tiempo, David se siente afortunado; afortunado por haber sabido escucharse, por haber entendido el mensaje y por haber puesto el rumbo adecuado a su existencia. Así, vive en constante aceptación de lo que le sucede, entendiendo que en realidad es un afortunado y que las pequeñas desavenencias de la vida son solo pequeñas motas de polvo en un universo impoluto.

Además, sabe que la felicidad no es algo que se consiga: «*Va contigo —me dice—; el truco es blindarla, nutrirla*». Y es que David ha descubierto uno de los secretos mejor guardados para vivir una vida plena y feliz. ¿Estás listo para escucharlo? Ahí va:

La felicidad es un estado de ánimo que está por encima de tus emociones y de tus expectativas; además, es algo que ya tienes; es decir, no tienes que hacer nada para ser feliz. Tan solo tienes que preocuparte por no darle palos a tu felicidad.

¿Cómo?

Haz un plan para dejar de hacer las cosas que no quieres hacer y llena ese espacio con actividades que sí quieres hacer: actividades que disfrutas, que te cargan las pilas y que sientes que ayudan a crear el mundo que quieres ver ahí fuera.

En definitiva: deja de perseguir la felicidad.

Ya la tienes.

Tan solo tienes que protegerla.

- -

Si quieres escuchar al protagonista contando su historia en primera persona, puedes hacerlo con ayuda de este bidi:

EL ARTE DE VIVIR VARIAS VIDAS EN UNA

El que no comparte lo que sabe es un malvado.
JOAN CARULLA

*El corazón y las buenas intenciones
llegan donde no llegan ni los tanques*

Soy poco amigo de ver la televisión; la simple idea de que mi tiempo esté secuestrado a lo que otros decidan y a merced de intereses por los que no he decidido activamente preocuparme, me causa como mínimo desasosiego. Bien, un día por la tarde en otoño del año 2017 estaba esperando a mi pareja en casa para cenar cuando hice lo impensable: encendí el televisor y comencé a hacer *zapping*. Lo sé, lo sé. Esto entra en conflicto directo con las primeras líneas, aunque uno con el tiempo se va dando cuenta de que parte del viaje de la vida consiste en ir percatándose de estas pequeñas incongruencias de modo que pueda reconocerlas, poner el foco en ellas y así hacer algo al respecto. Pero, en fin, sigamos.

Aquella tarde di con un programa donde un señor de avanzada edad, aunque alegre y activo, aparecía en la azotea de su casa respondiendo a preguntas diversas al tiempo que mostraba orgulloso su bien avenido huerto urbano. Ahí crecía de todo: parras, tomateras, árboles frutales... De pronto escuché las siguientes palabras: «*Mi familia, con una hectárea y media de tierra, sobrevivió después de la guerra y no morimos de hambre; esto es para amar la tierra, igual que se ama a la madre. Es así, yo la amo, me dé resultado o no me dé. Aunque me salgan los frutos más caros, es igual; y aunque a veces pierda dinero cultivando cereales en el campo, es igual, porque yo disfruto viendo el campo verde, lleno de vida y alimentando a la Humanidad*». El programa de televisión se llamaba *Aquí la Tierra*[5] y aquel señor Joan Carulla. Sus palabras me resultaron tan sinceras y cargadas de amor y significado que no dudé en localizarlo y saber más de él; tenía el presentimiento de que Joan sería una de esas almas extraordinarias disfrazada de persona corriente. ¡Qué

---

5 El vídeo con el que descubrí a Joan está disponible en http://www.rtve.es/alacarta/videos/aqui-la-tierra/aqui-tierra-22-09-17/4238410/

cosas! Aquella imprudencia –encender la televisión– me había dado la oportunidad de indagar en la historia del protagonista de este capítulo.

En mi primer contacto telefónico con Joan le expliqué el proyecto, así como las razones por las que creía que su historia y su vida podían encajar en mi estudio. Esto es lo que me contestó: «*Claro, venga usted a casa; ya sabe el refrán: el que no comparte lo que sabe es un malvado*». «¡Empezamos bien!» pensé yo. Además, durante esa breve conversación telefónica ya estuvo contándome muchos aspectos interesantes de su vida que auguraban una conversación intensa y cargada de aprendizajes. Lo más interesante de la historia de Joan, como veremos, es su habilidad natural para disfrutar de todas las etapas de su vida, incluidas las más duras. ¿Cómo lo consigue? Te lo adelanto: comprendiendo que eso que va a hacer sirve a un fin mayor al tiempo que expresa altas dosis de amor, gratitud y generosidad.

Comencemos pues con esta maravillosa y entrañable historia.

El día que me presenté en su casa por primera vez, Joan se encontraba con la tez pálida y algo delicado de salud; no pude por menos que proponerle posponer nuestro encuentro, aunque él declinó mi ofrecimiento alegando: «*No, no, sigamos. Yo hasta el último momento quiero trabajar, hacer el bien y dejar algo bueno para la Humanidad*». Así, al comienzo de la entrevista él hablaba y, como se estaba marcando, tenía que parar y poner los pies en alto. Esta situación duró solo unos pocos minutos ya que en cuanto comenzó a dar rienda suelta a su sabiduría recuperó el color y los mareos desaparecieron como por arte de magia. «*Te estás curando hablando con el chico*» le decía su mujer, que nos acompañó unos minutos al principio. Él reía.

Joan Carulla nació en 1923, en Juneda, un pueblo cercano a Lleida; sus padres –y en realidad toda su familia– vivían del campo, así que a diario y en sus primeros años llevaban al pequeño Joan con sus abuelos, y a su vez estos le solían dejar al cobijo de un olivo mientras faenaban la tierra. Joan recuerda con ternura aquellas horas que pasaba solo, simplemente contemplando el paisaje sin sentimientos de reproche porque le dejasen apartado; al contrario, se le ilumina la cara recordando aquellos tiempos donde siendo muy chiquito no hacía más que observar a sus abuelos labrando el campo, los árboles y en general la naturaleza que le rodeaba. *«Como ve, este amor mío por la naturaleza ya lo llevaba en la sangre»* me decía.

Desde pequeño Joan también mostraba curiosidad por la lectura. Le encantaba leer y también escribir: *«La mitad de lo que soy se lo debo a un dietario que había por casa; en ese dietario había muchos refranes que todavía hoy resuenan en mí y me han ayudado a ser la persona que he sido y que soy»*. En su infancia leía mucho *Páginas vividas*, del escritor Josep Maria Folch i Torres, una publicación infantil en catalán de la revista *En Patufet*; tanto le marcaron aquellos textos que una vez hizo por encontrarse con el hijo del autor, Ramón Folch i Camarasa –también escritor– para que supiese cuánto habían influido su padre y aquella obra en su infancia y en general en su vida. El agradecimiento a las personas que de algún modo le marcaron o ayudaron, como iremos viendo, es una pieza angular en la vida de Joan.

El hecho de haber nacido en el año 1923 y de haber vivido tan intensamente hace que la conversación con él sea amena, rica y cargada de mucha, mucha emoción; y es que entre otras cosas Joan ha vivido tres regímenes diferentes en España: república, dictadura y monarquía parlamentaria. Así, recuerda la proclamación de la segunda república cuando tenía ocho años en 1931. También me cuenta cómo con unos trece años, veía a los ancianos de su pueblo con lástima: «*Pobres ancianos, no pueden hacer nada; no pueden jugar al fútbol, no pueden ir a bailar, no pueden tener pareja...* –me mira con un brillo en los ojos y continúa–. *Entonces se me ocurrió lo que podrían hacer: ser generadores de amor*». «*¿Cómo? ¿Generadores de amor?*». Joan me lo explica: «*Claro, si fuesen generadores de amor recibirían en primer lugar los beneficios en sí mismos, porque cuando amas estás siempre en paz, emitiendo buenas vibraciones; y luego también beneficias a las personas a las que amas... ¡Porque a todos nos gusta sentirnos amados y queridos!*».

Generadores de amor.

A los trece años el pequeño Joan ya tenía una comprensión fuerte del significado del amor y de los beneficios de amar y ser amado. «*El amor es sanador* –continúa animado–; *tenemos que llenar nuestra vida de buenos pensamientos, de buenas vibraciones y de buenas acciones. Tenemos que amar, así como agradecer a la vida y también a las personas buenas que nos vamos encontrando por el camino. ¡Estoy convencido de que esto ha sido la causa por la que a mi edad sigo cultivando mi huerto y estando tan activo!*».

Durante la guerra civil los campos aledaños a su pueblo fueron abandonados debido a que muchos hombres y jóvenes habían sido enviados al frente; recuerda aquellos campos verdes y exuberantes con la hierba creciendo salvaje, libre, y me cuenta con el rostro iluminado cómo veía florecer los perales y los manzanos mientras pensaba: «*¡Esto es el Paraíso! ¡Vivimos en el Paraíso!*». Qué duda cabe de que es un enamorado de la Naturaleza; siente que la vida, o la Creación, como él prefiere llamarla, es un auténtico milagro y que merece todo nuestro respeto, dedicación, amor, gratitud y consideración.

A los catorce años ya estaba trabajando la tierra, siempre con ilusión y absolutamente entusiasmado por crear vida y poder salir adelante simplemente con una azada. Joan tiene un nogal en la azotea de su casa que representa muy bien su apego a la vida y ese amor por la naturaleza: «*En Juneda había un nogal del que ya comía de niño. De ese nogal llevé semillas y planté árboles en el Vallès —comarca natural catalana— y, finalmente, de los frutos de estos árboles nacidos en el Vallès planté un nuevo nogal en mi huerto en Barcelona*». Es brillante la idea de continuidad, trascendencia y sentido de las acciones a largo plazo que tiene. Como veremos, no solo es capaz de disfrutar cada acción que emprende, sino que normalmente asocia esa acción con un bien futuro para sí mismo o para su entorno.

Joan me cuenta con lágrimas en los ojos cómo su pueblo fue bombardeado por aviones italianos en 1938; recibieron el aviso unos días antes, con lo que pudieron huir al monte, aunque eso no quitó que las bombas se llevasen la vida de cinco personas aquel día. «*Habría que añadir un cero o dos a esa cifra si no nos llegan a haber avisado ya que por aquel entonces Juneda tenía unos 3.000 habitantes*». Toma aliento al tiempo que clava una mirada perdida en el horizonte y continúa: «*Vivimos en el Paraíso, sí, pero la sabiduría mal empleada del hombre ha conducido a la Humanidad a la amarga tierra. Total, allí mismo y con mi pueblo humeando por el efecto de las bombas, decidí y acuñé en mi alma esta palabra: Hacer-el-máximo-de-bien-posible-a-la-Humanidad-y-a-la-Creación*».

Sobrecogido: así me encontré después de escuchar esto; así me encuentro ahora tras escribir esta anécdota. Me impresiona profundamente pensar cómo un evento tan terrible no destapó sentimientos de ira, odio o venganza, sino todo lo contrario: deseos de contribuir a que eso no se produjese de nuevo. Sus convicciones no solo permanecieron inalteradas, sino que salieron reforzadas de aquella experiencia límite.

Y es que Joan es pacifista. Me cuenta cómo su padre tuvo que luchar en la Guerra del Rif —también llamada Guerra de África– porque su abuelo no tenía dinero para pagar la «redención a metálico» y sustitución, un dinero que normalmente solo podían abonar las familias nobles o de clases pudientes para que sus hijos no fuesen a la guerra.

500 pesetas.

El hecho de no disponer de ese dinero es lo que hizo a su padre coger un fusil e ir a la guerra a mediados del año 1910. Su padre volvió de África también convertido al pacifismo y le hizo leer cuando aún era un niño el libro *Abajo las armas* de la baronesa Bertha von Suttner, uno de los primeros libros naturalistas y pacifistas por excelencia y a cuya autora se le debe la existencia del premio Nobel de la Paz, establecido en 1901.

Al poco de concluir la guerra civil en España le tocó realizar el servicio militar obligatorio de tres años de duración; en aquel momento la situación en Europa era terrible a causa de la Segunda Guerra Mundial, y en general había muchísimo temor a que dicha guerra también afectase a España. Se sabía que muchos militares españoles iban al frente internacional para luchar del lado de Hitler, por lo que Joan decidió alistarse como voluntario en Sanidad Militar para trabajar en hospitales y diferentes centros de salud del Ejército. Amaba la vida –y la sigue amando– y el mero pensamiento o idea de tener que quitarle la vida a otro ser humano le revolvía por dentro: *«Qué tristeza más grande morir matando; si tengo que morir, al menos que sea salvando vidas»* me dijo emocionado mientras recordaba aquel momento. Todo lo que me cuenta gira alrededor de la misma idea: amarse a sí mismo y a los demás; él lo llama directamente amor universal. Respetar la vida de los demás y también respetar y cuidar al máximo el entorno, aprovechando todo lo que puedes conseguir sin tener que desperdiciar recursos. La Vida –durante la revisión del texto Joan me obliga a escribirla aquí con letra mayúscula– y la Naturaleza son lo mismo para él: «*Si amas tu entorno, si amas hasta una brizna de hierba, entonces significa que amas la vida; y si amas la vida entonces también amas al resto de personas ya que también forman parte de la Creación*». Y es que Joan sabe que el amor está en las pequeñas cosas; si amas lo pequeño, también amarás lo grande.

La gratitud está presente en todas las historias de este libro, aunque tal vez Joan sea la viva representación del verdadero significado de esta palabra. Por ejemplo, me contó que estuvo a las órdenes de un coronel médico en su estancia en el hospital militar de Girona, del que solo guarda palabras de reconocimiento: «*Era una persona buena, no robaba, buscaba el bien común. Por ejemplo, no quería el transporte oficial para que los soldados y el hospital gozasen de ese dinero extra –y añade–: Un día me vio ojeando un libro de Física y Química; a partir de ese día me llamaba a su despacho después de cenar para tener charlas instructivas donde aprendí muchísimo; nos hacíamos compañía mutuamente –y concluye–: cuando paso por delante de su casa me pongo firme y pienso: '¡A sus órdenes mi coronel!' Es una persona a la que quiero de verdad*». Qué duda cabe de que aquel mando, aquel coronel, hizo de mentor; una persona a la que Joan se quería parecer y con la que podía dar rienda suelta a su constante hambre de aprendizaje. Y es que nuestro protagonista estaba siempre listo para absorber conocimientos de cualquier persona de buen corazón, independientemente de su condición, credo o profesión: «*La gente buena es gente buena, no importa la careta, uniforme o bandera con la que esté supuestamente envuelta*». Los prejuicios, claro está, no forman parte de su vocabulario. Nuestro protagonista sabe que el hecho de tener ideas preconcebidas e intransigentes sobre las cosas puede limitar su experiencia y la aparición de oportunidades; así, una actitud más abierta y curiosa resulta por norma general muchísimo más práctica y enriquecedora.

Si los niños aprenden a amar la Tierra y el milagro de la vida,
será más fácil que de mayores sean hombres y mujeres buenos y buenas

La posguerra fue dura: «*Mi crecimiento fue a base de patata hervida; no podíamos hacer pan ya que toda la producción de cereal se la teníamos que dar al Servicio Nacional del Trigo, que luego redistribuían según su propio criterio; tan solo hacíamos pan de cuando en cuando con lo que íbamos ocultando aquí y allá*». Tras concluir el servicio militar obligatorio se pasó la posguerra azada en mano y agradecido por tener la posibilidad de cultivar y poder llevarse algo a la boca. En este sentido, Joan siempre tuvo especial habilidad para entender la tierra y sus estadios, así como para aprender de sus éxitos y sus fracasos. Observaba los efectos que producían unas determinadas causas, independientemente de si se trataba de la naturaleza, la sociedad o su propio organismo. La puesta en práctica de esta habilidad le ayudaría a tomar grandes y buenas decisiones: «*Yo he tenido la suerte de gozar de la hermana pobre de la clarividencia: la intuición. Siempre me ha funcionado. Estoy agradecido a la vida por darme intuición e ir abriéndome camino en la vida*».

Un tiempo más adelante, en 1950, se casa; un amigo de Barcelona le prestó el dinero que necesitaba para llevar a cabo el enlace y me cuenta con lágrimas en los ojos el día en el que volvía a casa tras recoger el giro postal, envuelto en una nube de felicidad y pensando: «*¡Qué bonito es el mundo cuando la gente es buena!*». En este momento de la historia no puede aguantarse y, mirándome fijamente y con voz firme, vuelve a decirme: «*Yo vivo siempre con amor, con buenos sentimientos; ¡estoy convencido de que alarga la vida!*».

Tras casarse deciden ir a Barcelona para tratar de mejorar su calidad de vida; durante diez años se las arreglaron en un altillo de un piso donde, por falta de espacio, no había más remedio que vestirse encima de la cama. Es curiosa la facilidad con la que Joan se ríe de su propia miseria y de los momentos duros; así, me cuenta cómo al principio se dedicaba a hacer y transportar objetos hechos a base de celofán y posteriormente de corredor repartiendo jabones y embutidos: «*Iba cuesta arriba, cuesta abajo... cuesta arriba, cuesta abajo*» me dice con una sonrisa tenue mezcla de melancolía y ternura. No abandonarían ese altillo hasta 1960, año en el que se les presentó la oportunidad de comprar una casita que reformarían para convertirla en su actual vivienda.

Otra de las cualidades de los protagonistas de este libro es justamente esta: aceptación de todo lo que llega y no pueden cambiar, aunque sea incómodo o no deseado. Y no solo eso; también sienten una profunda gratitud por todo lo vivido, incluyendo los malos momentos, ya que estos últimos les ayudan a poner en valor todas las cosas buenas: «*Iván, mire, he dado con la fórmula para ser feliz: anhelo sin envidiar y todo lo que he hecho siempre lo he disfrutado, siempre lo he vivido al máximo, siempre he estado enamorado de mi trabajo. Cuando tocaba azada y trabajar la tierra, azada con alegría; cuando tocaba hacer de corredor, subía y bajaba las calles de Barcelona con entusiasmo... ¡Qué feliz era con la bicicleta! Eso sí, sabiendo que estaba ayudando a mi familia. Después trabajé en un supermercado al mismo tiempo que impartía clases de Formación Profesional y a la vez construía la casa donde vivo; apenas me quedaba tiempo para ninguna otra actividad. Aún así lo hacía todo con profunda satisfacción*». ¿Cómo se las arreglaba para ser feliz sin apenas tiempo libre? Atención a la respuesta: «*Hay que hacer las cosas que hay que hacer, sean agradables o no; eso sí, siempre me ocupé de asegurarme de que lo que hacía era bueno para mí mismo, para mi familia y para el mundo. Al pensar esto siempre volvía al trabajo con más y más entusiasmo; saber que mi vida estaba sirviendo para aportar algo a la Humanidad hacía que todo el trabajo lo llevase a cabo con amor y placer*». El hecho de saber que lo que hacía servía a una causa mayor —su familia, sus clientes o incluso la Humanidad— convertía el trabajo en algo ilusionante por lo que merecía la pena levantarse por las mañanas. En el momento en el que escribo estas líneas, el nieto de Joan regenta el restaurante *Toca Teca*, en Barcelona. Tras una de las entrevistas, Joan me invitó a comer en dicho restaurante y ahí tuve la oportunidad de charlar informalmente con uno de sus hijos que estaba echando una mano al nieto de Joan en la faena: «*Aquí estamos, ayudando y haciendo las cosas siempre lo mejor que se pueden hacer. Es lo que hemos vivido en casa; esta era siempre la manera de encarar los quehaceres en particular y la vida en general».*

Debo mencionar que todo el dinero que ganaba dando clases de Formación Profesional en los años 80 iba directamente para los fondos comunes del Gremio de Detallistas de Alimentación en Barcelona del que él fue presidente muchos años, un gremio que protegía los intereses del distribuidor y el vendedor minorista. Además, todos los domingos iba a *hacer gremio*, esto es, se dedicaba a dar charlas por toda Cataluña para defender los intereses del sector que representaba. En este sentido me cuenta que cuando llegó a la presidencia había una deuda de cuatro millones de pesetas y cuando se retiró había un superávit de unos ochenta millones más un espacio de trabajo en propiedad. Todo lo consiguió quitando aguinaldos excesivos a empresarios, ahorrando en viajes y prescindiendo de comidas oficiales en los desplazamientos: *«Para disminuir gastos, en mis viajes a Madrid siempre volvía a Barcelona inmediatamente después de la reunión; para ahorrar el dinero de la comida llevaba conmigo un paquete de galletas Chiquilín que me servían de almuerzo en el viaje de regreso».* En el año 1975 fundó la revista GREMI y durante cuarenta años se encargó de recopilar artículos, buscar patrocinadores y escribir ideas que ayudaban no solo al gremio que representaba, sino también a la sociedad en su conjunto.

Joan siempre se las ha ingeniado para salir adelante y prosperar. En 1970 montó su primer supermercado, supermercado que a día de hoy sigue abierto y funcionando. Me cuenta su fórmula para el éxito: *«Al final siempre me ha ido bien... Y siempre me ha ido bien porque siempre he pensado en los demás. Recuerdo que cuando monté el supermercado veía a las mujeres haciendo la compra yendo de una punta a otra de Barcelona buscando siempre los mejores precios de los distintos enseres; total que pensé: si bajo el precio de todos los productos a la mitad del margen y consigo que los clientes hagan toda la compra en mi supermercado, entonces a la par que dinero, también ahorrarán tiempo; de paso también conseguiré mi propio beneficio sin esquilmar al productor ni al consumidor».* De la noche al día y durante una buena temporada los productos de Joan fueron los más baratos y, al tratarse de alimentación de calidad, su tienda se convirtió en un hervidero: multitud de gente hacía toda la compra —o casi toda— en su supermercado. No es magia: es simplemente observar la realidad y pasar a la acción. La acción es lo que cambia todo; es lo que hace que las conclusiones de la observación se manifiesten en el mundo real para poder comparar, ajustar y tomar cada vez mejores decisiones a partir de nuevas observaciones.

Con el tiempo Joan ha ido adquiriendo terrenos en su pueblo y siempre ha tratado de que esas tierras fuesen útiles a la comunidad. Incluso se las ofreció al Ayuntamiento de Barcelona durante la guerra de los Balcanes y también quiso ceder sus tierras y fincas a los refugiados de la guerra de Siria. *«Quería hacer un movimiento social ejemplar —me cuenta—, quería que las personas jubiladas del pueblo enseñasen a estas personas a cultivar, a hacer pan y, en definitiva, a ser auto-suficientes».* La idea era brillante: dar a los refugiados un lugar donde vivir y ganarse la vida por sus propios medios, al tiempo que las personas mayores del pueblo podían sentirse útiles ayudando en las tareas cotidianas del día a día. *«Había vivienda digna para unas quince personas y para más de 50 si se adaptaba parte de la finca; también había leña para varios inviernos ya cortada. A su disposición estaba también la tierra que necesitasen y también trigo suficiente con la condición de que tenían que hacerse ellos mismos la harina y el pan».* Desgraciadamente, por cuestiones de burocracia política la cosa no pudo ser, aunque esta anécdota nos sirve para constatar cómo la entrega y la búsqueda de mejorar la vida de los demás es un denominador común en la vida de nuestro protagonista.

En el momento de escribir estas líneas Joan cuenta con 95 años a sus espaldas y reconoce que muchas noches no consigue conciliar el sueño; cuando esto sucede se levanta y va a pasear por su huerto, sea la hora que sea. Mientras pasea comienza a pensar en todas las personas buenas que tuvo el privilegio de conocer: «*Cada vez soy más viejo; es cierto que con el tiempo he podido comprar tierras y construir esta casa que ves ahora; aún así, cada vez soy más pobre* –me clava una mirada tierna y melancólica–. *Cada vez tengo menos porque muchas de las personas buenas que he tenido en mi vida ya no están, se han ido quedando por el camino*». Me cuenta cómo agradece a sus abuelos, a sus padres, a su querido amigo Antoni Gallego i Calaf, al que no duda en definir como el hombre más bueno del mundo; recuerda a los amigos y personas que le han querido mucho a lo largo de la vida; también tiene pensamientos para sus suegros y para una de sus tías: «*Qué corazón tenía... La Humanidad cabía en su corazón*» me decía. Asimismo les dedica palabras a sus hijos que aún viven: «*Mis hijos valen un imperio*». Más adelante, en otra de mis visitas para seguir trabajando en su historia, Joan me diría algo profundamente conmovedor: «*Es cierto que cada vez soy más pobre, pero gracias a personas como tú puedo seguir levantándome y sentir que sigo aportando a los demás*».

Respiré hondo y a continuación le regalé una sonrisa de complicidad y después nos fundimos en un abrazo. Yo creía que la gratitud se la debía solo yo a él por regalarme su vida, sus anécdotas, su sabiduría, así que aquello me pilló desprevenido. Ahí descubrí el impacto positivo que podemos tener en los demás, aún sin pretenderlo. Fue en ese preciso instante donde comprendí el verdadero valor de la gratitud: liberador para el que la entrega y reconfortante para el que la recoge. Agradecer es una de las prácticas habituales de nuestros protagonistas, que honran a todas esas personas que en mayor o menor medida influyen –o influyeron– positivamente en sus vidas.

El amor por la naturaleza y su deseo de preservarla le hizo ser un pionero en ecología. En 1969 comenzó lo que él llama *La obra ecológica* y como colaborador con la UNESCO, comenzó a impartir conferencias sobre ecología junto a su amigo y maestro Antoni cuando apenas había información ni estudios que demostrasen que el mundo estaba abocado a sufrir un cambio climático de efectos devastadores. Joan escribió varios artículos de importancia con su particular visión ecologista y buscando siempre el bien de la Humanidad y del planeta; algunos de ellos como *Anticipación social* o *El sentido universal de la economía y el bien*[6] llegaron incluso al ministro de Comercio y jefe de Abastecimientos y Transportes de España en 1978, el cual le escribió una carta –carta que Joan me enseñó con mucho orgullo– pidiéndole permiso para hablar de aquellas ideas en un programa de televisión. Él se tomó aquello como un cumplido, como una oportunidad de que buenas y necesarias ideas llegasen a la comunidad, a la gente... ¿Cómo iba a negarse?

Siempre se las ingenió para ser escuchado; sus ideas y su bondad prevalecían por encima de cualquier régimen de gobierno. En una ocasión se encontraba de cabecilla en una manifestación del gremio que presidía en Barcelona; se trataba de protestar contra las grandes multinacionales, aunque por diversas cuestiones no pudieron conseguir la autorización para llevarla a cabo. Aún así, decidieron salir a la calle igualmente. Me cuenta cómo sucedió: «*Vino la Policía y me dijo que sin la autorización no podíamos comenzar. Le*

---

6 El artículo *El sentido universal de la economía y el bien* se encuentra, con permiso de Joan, disponibles en mi blog: (http://www.elmundotenecesita. com). Muchos conceptos siguen vigentes, lamentablemente, décadas después.

expliqué que esta manifestación era para que no le quita-sen su medio de vida a toda esa gente que tenía detrás; le imploré que nos dejase expresar nuestro pesar. Aquel capi-tán no sabía dónde meterse y no supo negarse. Al empezar aquella pequeña manifestación le dije al señor capitán de la Policía: '¡Los primeros aplausos son para la policía!'. Y lo mismo dije al terminar: '¡Los últimos aplausos para la Policía!'. El hombre se quedó sin palabras. Sin conocernos hasta ese momento, aún somos amigos». Debo llamar la atención al lector acerca de que, en aquella época, muchos consideraban que el Cuerpo de Policía tendía a ser beligeran-te y poco comprensivo, pero, como él dice: *«El corazón y las buenas intenciones llegan donde no llegan ni los tanques».* Conseguir este tipo de respuesta en aquel capitán de Policía era algo absolutamente impensable, de ahí la importancia de la historia para que el lector comprenda la capacidad que te-nía Joan para hacerse oír y entender. En otra ocasión el go-bernador civil de Barcelona, el Sr. Belloch, que incluso quiso tenerlo en la Junta de Precios de Cataluña, le dijo: *«Juan[7], hable, porque los regímenes cambian, las personas pasan, pero las buenas ideas quedan».*

Volviendo a su pasión y amor por la naturaleza, su vi-sión es clara: *«La Naturaleza es vida; las plantas son todo corazón, ¡claro! Por eso se te pasan todos los males cuando vas a la naturaleza, porque te dan sus buenas vibraciones. Total, si el hombre es capaz de amar la naturaleza, también amará la vida y respetará al resto de seres humanos».* Des-de hace más de cuarenta años tiene en su azotea y en varias terrazas de su piso un huerto urbano con más de setenta toneladas de tierra que utilizó durante muchos años con fi-nes pedagógicos, mostrándoselo a curiosos, y sobre todo a

---

7 El nombre «Juan» en lugar de «Joan» no es una errata. Por aquel enton-ces era habitual dirigirse a las personas de nombre catalán con su equivalen-te en castellano, dependiendo de cada persona y el contexto.

profesores (y alumnos) interesados; además, el huerto cuenta con un sistema de recogida de agua de lluvia con el que riega todo el año: «*Si los niños aprenden a amar la tierra y el milagro de la vida, será más fácil que de mayores sean hombres y mujeres buenos y buenas*». A Joan le molesta que digan que en su huerto existen malas hierbas. «*Todas las hierbas son buenas, son hijas de Dios, de la naturaleza. Además, según sale la supuesta mala hierba ya te está entregando algo: ¡oxígeno!*». A continuación, me cuenta con ternura cómo arranca las malas hierbas y las devuelve a la propia tierra pidiéndoles perdón. ¡Qué bonita metáfora también aplicable a los seres humanos! Todos merecemos crecer y desarrollarnos, independientemente de dónde hayamos nacido, de nuestra condición.

Su amor por la tierra hace que todos los años plante maíz y otros cereales para poder aportar su granito de arena para alimentar a la Humanidad. Aunque, como él dice, muchas veces no le salga a cuenta.

Joan es feliz. No teme a la muerte. Ha vivido cada instante tan plenamente –incluso los momentos en los que se iba de noche al campo y volvía de noche a casa– que siente una paz tremenda cuando hablamos del paso del tiempo, del regalo que significa estar vivo y del hecho de que estamos tan solo de paso por esta existencia física: «*¡Claro que me da lástima dejar este mundo! Me gusta levantarme por la mañana, respirar y formar parte de la Creación. Ahora tengo 95 años, pero siento que he vivido 180, así que no tengo ningún miedo a dejar este mundo. Todo lo he hecho con tesón y placer. Siento que he aprovechado la vida viviéndola intensamente y haciendo a cada instante lo que me ha parecido correcto*».

En mi última entrevista personal en su casa, Joan se empeñó en invitarme a comer; por supuesto, no pude negarme. No me permitió ayudarle a preparar la comida: «*Siéntese, siéntese*» me decía mientras ponía a mi disposición una navaja y un suculento fuet. Fue una auténtica maravilla observarle mientras cocinaba de forma grácil y decidida un arroz con verduras, al tiempo que un servidor daba cuenta de aquel exquisito embutido. También partió un tomate en trozos, y en un momento dado salió a su huerto volviendo con un puñado de hierbas: «*Estas hierbas son silvestres, las comíamos en Juneda y ahora, por alguna razón, también salen aquí, ¡vaya usted a saber por qué!*».

Una de las últimas entrevistas que tuve con nuestro protagonista fue en julio del 2019. Tenía 96 años y acababa de regresar del médico: «*Vengo del médico y me ha dicho que me encuentro muy bien, todos los análisis están bien. El doctor, que me lleva desde que tengo 80 años, no entiende muy bien cómo a mi edad puedo conservar mi salud a todos los niveles –ríe y me da su explicación–: es el amor. Así se lo dije al doctor: siempre he querido mucho a la gente y a toda la Creación. Ese amor, claro, también me lo devuelven a mí; ¡siempre me he sentido muy querido! Así que vivo en una burbuja maravillosa en la que soy emisor y receptor de amor... ¡Por eso me encuentro tan bien!*».

Qué sabio es Joan. Y qué generoso por regalarnos el secreto para una vida longeva y gozosa que podría resumirse en una frase: ocupa tu mente con amor y sueños y llena tu agenda de acciones para no dejar espacio a los miedos.

Sobre todo ama. Ama como si no hubiese un mañana.

Ama hasta conseguir vivir en esa maravillosa burbuja de amor.

Si quieres escuchar al protagonista contando su historia en primera persona, puedes hacerlo con ayuda de este bidi:

MÚSICA PARA LA TOLERANCIA

La felicidad está en ayudar a que otras personas hagan cosas maravillosas por sí mismas.
MANUEL PAZ

*El secreto para que la vida te sonría es montar muchos castillos en el aire
(unos saldrán, otros no saldrán... y algunos se convertirán en imperios)*

Este libro se ha escrito a lo largo de dos años, sin pausa, sin prisa. Mi planteamiento se basó en evitar la búsqueda activa de personas candidatas y esperar a que apareciesen por sí mismas. Esa era parte de la gracia: estamos rodeados de estos seres maravillosos, así que no hay que devanarse los sesos para encontrarlos, solo hay que estar alerta, vigilante. Así, un día estaba cenando con Patricia, mi pareja, cuando me dijo: «*¿Por qué no hablas con Manuel Paz? No sé muy bien su historia, pero sé que está siempre metido en un montón de proyectos*».

Empecé a investigar a Manuel y... ¡qué maravilloso descubrimiento! Tras leer varios artículos de su blog *La historia de un dedo,* ya casi me había convencido para contactarle. Aún así traté de escucharle de viva voz y tras investigar un poco conseguí verle en una entrevista de un canal de televisión local[8]; en un momento dado, escuché de su boca la siguiente frase: «*Por ejemplo, cuando hago las giras internacionales con la OCAS –Orquesta de Cámara de Siero– dentro del proyecto 'Vínculos', mi trabajo no es dirigir una orquesta; mi cometido es, aunque solo sea durante unos minutos, aportar dignidad a las personas en aquellas zonas donde es difícil que llegue este tipo de música. Tengo el pleno convencimiento de que la música, allá donde va, dignifica*». Desde ese instante lo tuve claro: tenía otro candidato a la vista. Como comentábamos en la historia de María Caso, las personas que aman y disfrutan su profesión son aquellas que cuando explican aquello a lo que se dedican normalmente no te dicen cómo lo hacen, sino para qué lo hacen. Como veremos, Manuel no es guitarrista, profesor o director de orquesta: su función es aportar dignidad y huma-

---

8 Escuché a Manuel en una entrevista en televisión, en el programa *Vidas públicas, vidas privadas*: https://www.rtpa.es/video:Vidas%20publicas,%20vidas%20privadas_551497396725.html

nidad a los rincones más perdidos del mundo, democratizar la música para que llegue a las nuevas generaciones –en especial la música clásica–, así como al corazón de las personas y animarlas a que sigan su propio camino a través de la educación. En cualquier caso, pronto descubriremos que la función de Manuel abarca esto y mucho más, siempre guiado por su particular filosofía de vida: el poder del optimismo, la importancia de iniciar muchos proyectos en la vida, así como la inutilidad de la preocupación en cuestiones sobre las que no se tiene poder de acción.

Antes de contactar personalmente con él, descubrí que en realidad conocía a su hermana Luisa María Paz. Cuando le comenté el proyecto a Paz –así llamamos a Luisa–, se le iluminó la cara: me empezó a hablar de la generosidad de Manuel, de la multitud de proyectos en los que está metido y de su capacidad para recuperarse ante las adversidades; me habló de su compromiso, de su determinación con todo lo que hace y también de su empeño en tratar de aportar su particular visión al mundo de la enseñanza. En fin, noté a Paz orgullosa de su hermano, lo cual añadió todavía más fuerza a mi decisión de entrevistarlo. Conseguí su teléfono y tras explicarle un poquito el proyecto, accedió a que nos viésemos para una charla diciéndome: «*Podemos quedar cerca de mi casa; conozco un sitio donde ponen un vino verde portugués muy rico*». «*¡Vaya!* –me dije a mí mismo–, *creo que esto va a ir muy bien*».

Manuel nació en Ujo, un pueblecito del interior de Asturias en el año 1960. «*Nací en un bar* –me dice–, *pero vamos, literal*». Sus padres regentaban uno de los bares del pueblo y esta condición marcaría enormemente su infancia y juventud. «*Trabajar en un bar fue una escuela alucinante: representó un curso acelerado y permanente para entender a las personas. Al minuto de llegar un cliente ya era capaz de entrever la actitud y el carácter de esa persona: si se encon-*

traba de buen humor, de mal humor o de si tenía que estar más o menos precavido». Qué duda cabe de que Manuel ya tenía de serie cierta habilidad empática, habilidad que desarrolló de manera natural en el bar y que más adelante utilizaría como herramienta para conectar con sus alumnos en el conservatorio y también para expresar sus ideas y proyectos a colegas de profesión. *«Además* –continúa–, *vivir en un bar hace que en realidad no tengas casa propia: tu casa y todo lo que hay dentro te pertenece a ti y a todo el que entra. No hay intimidad. Eso te obliga a hacer análisis psicológicos de urgencia a las personas, porque, claro, ¡están entrando en tu casa!»*.

Atendiendo exclusivamente a su trayectoria académica y a vista de pájaro, podríamos decir que Manuel no sobresalía, más bien al contrario: tuvo que repetir el quinto grado de la educación formal a los quince años, y además suspendió la prueba de acceso a la universidad a los diecisiete. Pero, como iremos viendo, Manuel tenía –y sigue teniendo– una mente lúcida y brillante.

Siempre sintió interés por la música: a la edad de ocho años construyó una especie de xilófono con botellas del bar que había rellenado con agua a su manera, logrando que sonasen afinadas. Su padre –una figura que Manuel respeta, aprecia y admira– enseguida supo ver sus aptitudes para la música y quiso que tocase algún instrumento. *«¿Quieres ir a clases de piano?»* le preguntó al entonces niño de ocho años. Manuel me cuenta animado que daba saltos de alegría y entonces le preguntó a su padre: *«¿Con quién?»*, a lo que él respondió: *«Con Mari Luz, la monja»*. Entonces la respuesta del pequeño Manuel fue tajante: *«¡Una monja! ¡Ni hablar!»*. Los dos reímos y entonces me explica: *«Dar clase con una monja dañaba irreversiblemente mi dignidad de hombre, así que no consiguieron llevarme a aquellas clases»*. Es tremendamente curioso cómo posteriormente sí que iría a clases –esta vez de guitarra– con Mari Luz, y que en lo sucesivo tendría a esta monja dominica –ya fallecida– por una persona fascinante, un ser sabio al que siempre recordará con profunda ternura ya que ella fue la primera en percatarse de su habilidad para impartir clases y empatizar con los demás, amén de destapar sus virtudes como músico y guitarrista.

Lo interesante de este momento vital de Manuel es la capacidad de pensar y de introspección que ya presentaba: no solo construyó un instrumento musical por pura intuición cuando solo contaba con ocho años sin ninguna formación musical, sino que cuando le plantearon la opción de estudiar piano, él llegó a sus propias conclusiones declinando la oferta. *«Quién sabe, de haber aceptado la oferta de mi padre tal vez ahora sería un feliz concertista de piano –me dijo–; de todos modos no me arrepiento; en aquel momento, incluso siendo muy pequeño, sentí que aquella decisión tenía todo el sentido del mundo».*

Esto es algo que se repite en la historia de Manuel y de nuestros protagonistas: ausencia de arrepentimiento. Y lo consiguen tomando a cada instante la decisión que consideran más sensata, aunque el resultado obtenido no sea el esperado. Otro rasgo también muy importante que comparten es la aceptación: aceptar el devenir de las decisiones y de los hechos que nos suceden y que no podemos cambiar. Nos lo explica mejor Manuel: *«En cierto modo soy un conformista. Cuando me llegan cosas que no deseo y no tengo la capacidad de cambiar, las acepto y me adapto –aunque también añade–: Al mismo tiempo sé que para que lleguen a mi vida cosas deseables tengo que construir castillos en el aire; algunos castillos saldrán, otros no, y otros, en lugar de castillos, se transformarán en imperios, en algo que ni había imaginado en una primera instancia».* Esto es una lección muy valiosa: Manuel no se apega al resultado de los proyectos que inicia; claro que quiere y desea que todos salgan, pero sabe que no todo depende de él y que lo único que puede hacer es crear las condiciones para que las cosas sucedan…, el resto es simplemente confiar. Hacer y soltar. Comprometerse con la acción y desapegarse del resultado, esto es lo que hace que cada proyecto tenga su propio recorrido y que le lleve a lugares insospechados. Lo importante en realidad es empezar muchas cosas, ser muy activos, pacientes y perseverar con esas ideas; esto provoca que un objetivo inicial se transforme en un imperio inimaginable. Me recuerda a la frase de otro de nuestros protagonistas que pronto descubriremos, Lama Dondrub: «*Mis objetivos son limitados; por eso lo importante es ponerse en el camino y tomar muchas decisiones para que cosas imprevisibles y maravillosas sucedan*».

De pronto, Manuel me dice: «*Mi arma favorita es la intuición. Y es básica. A veces te equivocas, pero a base de engrasarla acabas teniendo una potente arma a tu disposición*». Es curioso cómo la intuición suele ser algo de lo que se aprovechan Manuel y otros protagonistas de este libro. Pero, ¿cómo puede uno mejorar su intuición? Te dejo el secreto: con muchísimo ensayo y error en aquellos contextos en los que uno tiene talento. Así, con el paso del tiempo la destreza se convierte en maestría y te vuelves capaz de averiguar de antemano qué cosa puede o no funcionar; eso sí, reconociendo que la posibilidad de equivocarte siempre está presente.

Como decíamos, Manuel repitió quinto grado. En el año 1975 en España y a la edad de quince años solo se podían suspender dos asignaturas para pasar al curso siguiente. Así, me cuenta: «*Recuerdo perfectamente la razón por la que repetí aquel curso: repetí por no hacerle una pregunta al profesor durante un examen de Dibujo. ¡Y quién sabe! Probablemente si hubiese aprobado Dibujo también habría pasado de curso y probablemente habría aprobado el examen de acceso a la universidad… ¡Y habría estudiado Geo-*

logía!». En cualquier caso, aquello nunca sucedería; el año siguiente lo pasó en el denominado curso residual, un aula donde metían a todos los que habían suspendido más de dos asignaturas en el quinto curso de aquel bachillerato. «*Curso residual, ¿no es vergonzoso?*» me decía. Y es que Manuel muestra su profunda frustración con el sistema educativo de entonces: «*Aquel año respondía correctamente a casi todo en clase, así que los profesores de este curso residual me decían: '¿Tú que haces aquí?'. Yo les respondía: 'Pregunta en la sala de profesores'*».

En este punto de la historia sale a relucir su capacidad para quedarse siempre con lo positivo de cada situación: «*De los cuatro o cinco cursos que hubo aquel año de quinto, repetimos curso unas veinte personas; así, en la clase había gente de todas las ramas: ciencias, letras... Fue maravilloso. El crisol de personas fue alucinante; el hecho de estar descolgados del resto provocó que hiciésemos mucha piña y nos apoyásemos unos a otros para superar el estigma de ser los repetidores con un curso propio y residual*». Ese año pasó algo revelador, y es que tuvo por primera vez en su vida la asignatura de Ética. «*Aquella profesora, Maribel, era absolutamente brillante —me cuenta—; empezamos a razonar por primera vez en nuestra vida sobre el machismo y la situación de la mujer, sobre la pena de muerte o el terrorismo de ETA. Creo que en ese momento entendí el verdadero poder y la capacidad que tiene un profesor para abrir los ojos e inspirar a sus alumnos*». Esto lo sabe muy bien Elisa Beltrán, profesora y otra de las protagonistas de este libro: ella encontró su tabla de salvación en una maestra a los cinco años.

En este momento le pregunto a Manuel qué papel juega para él la ética: «*¡La ética lo es todo!* —me dice contundente—; *tengo el convencimiento de que todos los problemas del mundo, especialmente los políticos e institucionales, se han generado por una falta de ética; por no querer ver o* *comprender la repercusión negativa que una acción, un pensamiento o una decisión puede tener sobre los demás».* En realidad, como veremos, la vida de Manuel gira en torno a este concepto: generar más sentido de ética en el mundo. Una vez más aparece el empeño de crear un mundo mejor como pieza angular; en el caso de Manuel, dejar a su paso un mundo más ético y tolerante a través de las armas más importantes que conoce: la educación y la música.

Nuestro protagonista siguió estudiando y terminó el Bachillerato; se examinó de la prueba de acceso a la universidad y adivinad; eso mismo: suspendió. *«Yo no entendía nada. Me consideraba una persona activa, con capacidad para razonar, interesada; además me encantaban las Matemáticas, la Física... Pero recuerdo que aquellos profesores, algunos nefastos, como la de Mates y Física, que me suspendió en quinto y que iba sin ganas a dar clase, sin hacerse entender, sin empatía. O la de Lengua, que intentaba fallidamente explicarnos la nueva lingüística de Saussure cuando ni ella misma la entendía; en su clase perdíamos el tiempo y no aprendíamos. Así fuimos a la Selectividad, como quien va al matadero».*

Un año antes, cursando con diecisiete años el último curso del Bachillerato se encontró por primera vez con las tardes libres así que su madre, tal vez preocupada por ocupar su tiempo libre, le preguntó: *«¿Por qué no coges la guitarra de tu hermano y te vas a clase con Mari Luz?».* Dicho y hecho. Aquellas clases extraescolares marcarían su devenir —aún sin saberlo— ya que a la postre le abrirían el camino de la música cuando se le cerró el de la universidad. Nuestros protagonistas están siempre aprovechando las oportunidades que la vida les brinda para explorar; así, están en constante ensayo y error, en una permanente toma de decisiones —y acciones—, de modo que puedan crear diferentes circunstancias a su vida e ir abriéndose camino. Incluso ven los envites de la vida como oportunidades; en este caso, tener las tardes libres o suspender la prueba de acceso a la universidad le dio la oportunidad de profundizar en la música. Se queda pensativo y me dice: «*Recuerdo exactamente el día que fui por primera vez a clase con Mari Luz. Iba por la vía del tren para acortar camino y, al tiempo que iba viendo las traviesas de las vías, me dije a mí mismo: 'memoriza esta fecha porque hoy es un día importante'. Aquello fue el 2 de noviembre del año 1977*». Hay pues un convencimiento profundo de que esa era la decisión que más sentido tenía dadas las circunstancias.

Manuel ha sido uno de tantísimos seres incomprendidos, maniatados, encorsetados, y me atrevería a decir que ninguneados, por aquel sistema educativo. A los diecisiete años ya había repetido un curso y no había aprobado la Selectividad y sin embargo tenía unas dotes brillantes para la música, la expresión oral y escrita, la introspección y el razonamiento creativo, entre otros, porque también mostraba sensibilidad y talento para las ciencias y la geología, cuestiones que por desgracia muchas veces no se tienen en cuenta a la hora de evaluar a un alumno. No me equivocaría si dijera que cada vez existen más profesionales de la enseñanza tratando de hacer una educación más enfocada en descubrir y potenciar talentos naturales. Así y todo, necesitamos un cambio integral, no solo dentro de las aulas, sino también fuera de ellas. No sirve de nada que un maestro se deje la piel en descubrir las pasiones de un alumno si ello no viene acompañado de acciones para fomentarlas cuando el alumno termina su horario escolar.

Yo mismo recuerdo que solía hacer de negociador y pacificador entre mis amigos cuando era adolescente. Además, mis allegados y conocidos desde que tengo uso de razón acudían a mí de manera natural para contarme sus problemas de cualquier índole; por desgracia en aquel momento no tuve la oportunidad de atar cabos ni de vislumbrar que aquello era un talento natural para la escucha y la empatía. Tampoco el sistema en general y mi entorno en particular valoraban estas cualidades ni mucho menos se molestaban en observarlas y potenciarlas. Del mismo modo, tenía cierta facilidad para la escritura; a los quince años escribí un cuento para clase de Lengua y a mi profesora al principio le costó creer que lo había escrito yo: «*¿De dónde sale este lenguaje, Iván?*» me preguntaba. «*Simplemente me sale*» decía yo. Mi entorno no se preocupó por darme más estímulos o tratar de fomentar aquello, ¿por qué? Porque no era importante. No formaba parte del temario. Fomentar la creatividad a la hora de escribir no tenía cabida en aquellas aulas porque alguien había decidido que no serviría para que yo me labrara un futuro en el mundo que me esperaba ahí fuera. Lo importante era aprender morfología y gramática, el resto era ignorado. Ni siquiera tuve la oportunidad de mostrar mis dotes de expresión oral, habilidad que descubriría muchísimo más adelante en mi vida como algo valioso que podría utilizar profesionalmente.

Si eres un profesional de la enseñanza, te admiro. Admiro tu valentía. Admiro tu determinación para tratar de cambiar el sistema desde dentro. Has de saber esto: es muy probable que cada alumno al que das clase pase más tiempo contigo que con sus propios padres, sobre todo si hablamos de educación infantil y primaria; tu manera de entender la enseñanza, tus actos y tu modo de ser son posiblemente mucho más influyentes e inspiradores que los de cualquier otro ser humano en la vida de esas personas. Te invito a que te tomes cada día como una responsabilidad y una oportunidad: la oportunidad para permitir que las personas que están a tu cargo se expresen y sean como realmente quieren ser, para que puedan salir ahí fuera con ganas de comerse el mundo y solucionar problemas con sus talentos y fortalezas. La clave para un cambio sustancial no es tanto cambiar los métodos o el temario, sino que repensemos para qué queremos un sistema educativo más allá de «para que aprueben los exámenes y estudien algo con lo que ganarse la vida». Yo no lo sé todo; tan solo soy un simple humano empeñado en que las personas vivan de verdad la vida que quieren y no la vida que se supone que tienen que vivir, estudiando lo que se supone que deben estudiar para finalmente vender la mitad de su vida consciente por un salario realizando tareas que ni les van ni les vienen. Y esto pasa por entender que hay otras maneras de entender la educación más allá del fin puramente instrumental de conseguir un empleo o labrarse un futuro. En mi opinión, el sistema debe servir al individuo de manera que le ayude a conocerse mejor y a descubrir no solo sus debilidades, sino también las áreas donde destaca. Las aulas deberían ser ese lugar donde podamos convertirnos en personas brillantes y realizadas, y eso pasa por aprender a utilizar ese potencial innato que todos tenemos para resolver problemas. Educar para brillar y para contribuir. Solo a través de la contribución vendrán los profundos sentimientos de felicidad y realización.

«*Recuerdo aquel profesor siniestro, el hermano Luis* —continúa Manuel, recordando su paso por la escuela—; *se inventaba normas de todo tipo y cuando no cumplías con alguna de ellas te estrellaba diez veces sus dos manos contra la cara. Mi sensación era que aquel hombre disfrutaba mientras contaba cada vez que las manos alcanzaban la cabeza de alguno de nosotros: ¡Uno!... ¡Dos!... ¡Tres!... Y esto con diez y once años, ¿eh? Recuerdo que tras esa violencia tan indigna y vejatoria llegaba a mi casa con esa misma violencia metida en el cuerpo... ¡Acababas siendo violento tú! Claro, es lo que bebías en tu día a día* —y concluye—: *El año que suspendí la Selectividad también la suspendió otro compañero que todos considerábamos brillante; siempre me pregunté qué demonios le pasaba a ese sistema que hacía suspender al brillante».* Tremendo testimonio. Dejo las conclusiones al lector.

Indagando en cuál cree que es su rol en el mundo, Manuel me contesta: *«Ante todo, soy profesor. Además, lo que creo que de verdad hago bien es dar clase».* En realidad, lo que siente Manuel que hace bien es empatizar con la persona que tiene delante a cada momento, bien impartiendo clases en el Conservatorio, bien dirigiendo una orquesta, y siempre con el compromiso y la obligación de destapar el potencial de la persona, acogiendo y respetando sus propios ritmos y aptitudes. Mucho de su interés por la enseñanza partió del absoluto desencuentro con la educación formal recibida, tanto del sistema como de algunos de los ejecutores del mismo: los profesores. Las personas apasionadas con su trabajo no tienen reparos en señalar con el dedo aquello que no les gusta, aquello que les causa rabia o frustración. Lo identifican y luego tratan de aportar valor o de resolver algún tipo de problema en esa área para aliviar dicha frustración; cuando lo consiguen, la sensación de placer y contribución son enormes, inconmensurables. Esa es precisamente una de las bases de su felicidad: sienten que sus acciones y su trabajo sirven a un fin más grande, a una causa mayor que tiene muchísimo valor para ellas. En el momento en el que escribo estas líneas Manuel es profesor de guitarra del Conservatorio de Música del Nalón: *«Justamente vengo de un encuentro que mantuvimos algunos colegas músicos donde siempre digo que lo que tenemos delante no son pentagramas, son personas. Los pentagramas tan solo son herramientas para llegar a las personas».*

Esta manera tan particular de llegar a los alumnos la ejemplifica Seila González, alumna suya que contaba con treinta y un años cuando la entrevisté: *«Manuel me cambió la vida —me dice convencida—. A los doce años dudaba*

entre ir al Conservatorio de Oviedo o al del Valle del Nalón; Manu estaba en el tribunal cuando hice el examen de acceso y después de hacer la prueba me dijo: 'A ti tocar la guitarra te gusta mucho, ¿verdad?'. Al día siguiente recibí una llamada de teléfono: era Manuel. Habló conmigo y con mis padres sugiriéndonos que me inscribiese en el Valle del Nalón, donde él era profesor. ¡Incluso vino a nuestra casa!
—Seila sigue, animada—: *No entendíamos por qué este señor, un desconocido, nos llamó para aconsejarnos. En cualquier caso, recuerdo que lo hablé con mis padres y tuvimos la corazonada de hacerle caso.... ¡Menos mal! Su forma de dar clase, basándose en mis intereses, en mi propio carácter y en mis propios tiempos, hizo que me interesase muchísimo por la música y la guitarra, por aprender. Él supo darme la confianza que necesitaba en los momentos clave para mantenerme siempre motivada; hasta tal punto me llegó su filosofía a la hora de dar clase que ahora me dedico también profesionalmente a la música y a la docencia, tratando de emular su estilo: respetando los tiempos de los alumnos, dándoles espacio y confianza para motivarles y siempre priorizando la enseñanza desde la ilusión y el disfrute».*
Cuando le pregunto en qué sentido le influyó más allá de lo puramente académico, Seila no se lo piensa ni un instante: «*Manu no solo me inculcó el amor a la música; también me influyó muy positivamente en los momentos más críticos de mi vida durante mi adolescencia. Es la actitud positiva personificada: las palabras 'no' o 'no se puede' no entran en su cabeza. Lo más curioso es que luego conseguía las cosas que se proponía, así que yo también hice mía esa filosofía de vida. Su positividad era y sigue siendo contagiosa. A Manu le debo no solo dedicarme a la música y a la docencia, sino también una parte importante de mi forma de entender y enfocar la vida*».

Su rol como docente trasciende el Conservatorio y lo exporta a su faceta como director de orquesta. Saray Macías, violinista de la OCAS, me cuenta: «*Él ve tus virtudes y tus destrezas; también te anima siempre con ese 'tú puedes hacerlo'. Te ayuda a tomar las decisiones que quieres tomar, motivándote cuando tienes una idea y dándote la valentía que te falta para llevarla a cabo. Lo mejor es que él predica con el ejemplo; y si no encuentra un ejemplo en sí mismo para convencerte, entonces busca el ejemplo de otra persona cercana*». Tuve la oportunidad también de hablar con Silvia Carbajal, violinista que tocó cuatro años en la OCAS y que desde el 2011 abandonó el mundo clásico para abrirse camino explorando otros contextos musicales modernos, incluyendo el jazz, el pop, el rock, el folk e incluso la música electrónica: «*Manuel supo ver mi destreza con el violín y la improvisación cuando interpretábamos temas de otras culturas; aquel reconocimiento fue muy importante en un momento de mi vida donde estaba muy baja anímicamente y a veces ni siquiera quería saber nada de mi instrumento. Él me ayudó a reconectar con la música y con el violín; me animó a dar el paso y honrar mi particular forma de concebir los instrumentos clásicos dentro de la música moderna, convirtiéndolo en un modo de ganarme la vida*».

Ahora entenderá el que lee por qué Manuel cree que en realidad lo que siente que se le da bien es dar clase.

Volviendo atrás en el tiempo, con diecisiete años comenzó a estudiar guitarra con Mari Luz a la vez que despachaba vinos en el bar de sus padres: «*Estudiar guitarra y atender un bar al mismo tiempo tiene mérito —me dice—; por las mañanas era difícil tener más de diez minutos seguidos para estudiar, y eso con suerte; lo normal era tener solo intervalos sueltos de cinco minutos o menos —y me cuenta con un brillo en los ojos—: Recuerdo aquel día en el bar ensayando el 'Romance de los Pinos de Torroba' con diecinue-*

ve años; repasaba algunos pasajes y finalmente conseguí ejecutar aquella pieza del tirón y cuando volví a la barra había un cliente esperando que me dijo: 'no me pongas vino corriente, Manuel; lo que acabo de escuchar bien merece un vino corchao'»[9].

A lo largo de su vida, las personas que aman aquello a lo que se dedican han sabido escuchar la opinión de las personas con las que se cruzan, han sabido recoger ese refuerzo positivo sincero y necesario para entender que eso que estaban haciendo de algún modo estaba bien hecho; así, había gente que apreciaba y admiraba la destreza de Manuel tocando la guitarra. La mayoría de las veces restamos importancia o ignoramos de manera sistemática los elogios o el reconocimiento del trabajo bien hecho por parte de terceros; tendemos a decir eso de «Cualquiera puede hacerlo» o «No es para tanto, ¡si no he hecho nada!».

Craso error. Las personas que aman su profesión han ido escuchando las opiniones naturales de apoyo de su entorno y en lugar de obviarlas o ignorarlas, las han abrazado para confirmar que eso que estaban haciendo de algún modo marcaba una diferencia.

Por esa época y a la edad de veintidós años tuvo su primera experiencia docente; su querida maestra Mari Luz le propuso impartir unas clases de música en un curso de educación especial con el objetivo de montar una rondalla, esto es, una banda de música que interpreta temas populares. *«Yo le dije a Mari Luz: '¿De verdad crees que podré con algo así?'. Y aquella noble mujer me contestó: 'No me cabe la menor duda'. Así que acepté la propuesta»*. Cuando las personas de alrededor se fijan en nuestras habilidades, de-

---

9   Piense el lector que en los bares de aquellos tiempos −1983− y sobre todo en los de pueblo, solo había dos clases de vino: el corriente, que se envasaba en botellas de litro con tapón de plástico, y el «corchao», un vino no tan peleón que se servía en botella con tapón de corcho.

bemos escucharlas y acoger todo lo que nos dicen. Te invito a que nunca desmerezcas la confianza que otros ponen en ti; al contrario: indaga y profundiza en aquello tuyo que otros ponen en valor. Recuerda esto: es mucho más fácil que otros vean lo que se te da bien. Así, Manuel trabajó con chavales con síndrome de Down y otras discapacidades: «*Lo cierto es que en algún momento pensé en tirar la toalla porque las expectativas del centro eran demasiado altas; al final adecuamos las expectativas, nos pasamos a instrumentos de percusión y resultó un éxito en todos los sentidos. Aquello fue una escuela fabulosa; de lejos, aprendí yo más de ellos que ellos de mí*».

Manuel entonces se tomó en serio su carrera como guitarrista y se fue al Conservatorio de Madrid a estudiar el grado superior de guitarra clásica. En cuatro años tuvo que sacar los seis cursos del grado medio de guitarra; «*...y es que empecé muy tarde, así que tuve que correr un poco*». Uno de los secretos para ir más rápido en el camino del aprendizaje es justamente eso: moverte siempre en contextos donde eso que haces te resulta sencillo, fácil; es por eso que, aunque Manuel tuvo que correr mucho estudiando guitarra, en ningún caso habla de pasarlo mal o de sacrificarse.

Me viene a la mente una entrevista que le hicieron a Steve Vai, guitarrista de rock norteamericano[10]. Le preguntaban acerca de cómo recuerda las horas estudiando técnica con su guitarra eléctrica, a lo que él responde: «*Avancé muy rápido, pero no porque fuese más rápido aprendiendo, sino porque disfrutaba cada minuto y cada hora con la guitarra. Esto hacía que la estuviese tocando a todas horas*». Algo parecido le contestó David Ferrer a Andreu Buenafuente en

---

10 En este vídeo, en el minuto 3:55, el guitarrista Steve Vai cuenta cómo disfrutaba cada instante que se pasó estudiando guitarra: https://youtu.be/7G3zDCf8Mzc

su programa[11] de TV: «*¿Sacrificarme jugando al tenis? No, yo nunca me he sacrificado. Te sacrificas cuando no quieres hacer algo, pero lo haces porque crees que no tienes más opción que hacerlo. No era mi caso*». Las personas que han encontrado su verdadera vocación no se sacrifican desempeñando su trabajo. Es así. Por eso es tan importante descubrir aquellas actividades que nos apasionan para que podamos desarrollarlas al tiempo que disfrutamos ejecutándolas.

En paralelo a todo esto y a los veinticuatro años, Manuel también comenzó con el cuarteto de guitarras Entrequatre. «*Llevamos con el cuarteto treinta y cinco años y en este tiempo hemos tocado en lugares como La Chureca en Nicaragua y la favela de Cantagalo hasta el Carnegie Hall de Nueva York. ¡Incluso fuimos nominados a los Grammy latinos en el año 2009!*».

Nuestros protagonistas saben que todo lleva un tiempo, que las cosas probablemente tardan más de lo que crees. Saben que para que algo tenga consistencia tiene que fundarse sobre unos cimientos sólidos: «*Para llegar a la cima tienes que tener una buena base —me dice—; es como una pirámide. Si construyes una base estrecha tal vez llegues arriba antes, pero la cúspide será tan inestable que caer también resultará fácil. Cuando has llegado a la cima de forma asentada entonces es más sencillo permanecer ahí arriba*». Es un secreto a voces, sí, pero que merece la pena volver a recordar: lo que llega rápido, se va con la misma velocidad. Sin embargo, lo que llega de manera pensada y consciente se queda para siempre; o al menos el tiempo suficiente.

---

11 Audio del programa de Andreu Buenafuente donde entrevista a David Ferrer y este, en el minuto 37:15, explica que él nunca se sacrificó entrenando al tenis: https://www.ivoox.com/29387790

Hacer y soltar

Tuve la oportunidad de ver a Manuel dirigiendo la OCAS en un concierto didáctico donde se celebraba el aniversario del IES Río Nora de Pola de Siero. Manuel organizó un concierto de música moderna donde algunos de los solistas –cantantes, guitarristas, pianistas y otros instrumentos– eran alumnos del instituto. Trabajó codo con codo con las profesoras de música para preparar dicho concierto donde interpretaron desde un fado portugués, pasando por Céline

Dion, un *rock and roll* de Chuck Berry hasta terminar con el metal pesado de la banda española Sôber. Era una delicia verle en los ensayos sacando lo mejor de todo el mundo. Me llamó la atención la sintonía fantástica que mantenía con todos los músicos de la orquesta; estos se dirigían a él con tremenda confianza, contribuyendo y aportando ideas sobre la marcha, ideas que él recibía con humildad y ponía en marcha, para comprobar si funcionaban o no. Carlos García, violinista de la OCAS, me dijo a este respecto: «*El ambiente de la OCAS es buenísimo y tan distendido que acaba formando parte de tu vida; más que una orquesta, diría que es un espacio de encuentro... A veces incluso un salvavidas, ya que ayudó a muchos a sobrellevar momentos anímicamente complicados. Manuel es el artífice de todo esto, ayudándonos a descubrirnos, a explorar nuevas formas de entender la música y a abrir nuestra mente; más que un director de orquesta diría que es un director de personas*». Saray Macías, otra violinista, apunta: «*Manuel nos hace ver que lo más importante es disfrutar; todo lo demás llega después; gracias a él sabemos que es imposible que el público disfrute si primero no disfrutamos nosotros. Su carácter tranquilo también invita a que reine el buen ambiente; es más, siento que mi carácter se ha atenuado en los últimos años para bien en parte gracias a él. En situaciones complicadas a veces pienso, '¿cómo lo haría Manu?'. Él nos da libertad y confianza*».

Ya durante la actuación, llevó a un público de aproximadamente 300 personas una cantidad ingente de experiencias y vivencias: trabajo en equipo, conocer músicas del mundo, acercar la música sinfónica a la juventud, compañerismo —en un momento dado a uno de los chicos que cantaba se le olvidó la letra y el ambiente era tan bueno que todos comenzaron a aplaudirle para animarle—, expresión artística y musical, sentido del ritmo y del baile...[12] ¡Incluso artes escénicas! En un momento dado subió al escenario a varios niños de entre tres y seis años a bailar el *Johnny B. Goode* de Chuck Berry y les explicó los pasos básicos delante de todos los presentes y como parte del espectáculo. En este punto lo entendí: estar en contacto con la gente joven y con su entorno hace que Manuel mantenga siempre una vinculación real con la sociedad donde vive, más allá de compartir espacio y tiempo con personas de su generación; este punto es especialmente importante si quieres llegar a muchas personas en tus conciertos o si quieres ser un buen profesor: solo a través del contacto directo y del ensayo y error consigues reinventarte y adquirir las nuevas competencias que vas necesitando según cambian los tiempos. Es decir, comprender las verdaderas necesidades de las personas a las que tratas de aportarles algo, para posteriormente adecuar las competencias que necesitas para crear un impacto de valor en ellas.

Pude entrevistar a Florentina Cuadriello, profesora de música de los alumnos del instituto que tocaron con la OCAS en aquel concierto: «*Fue una experiencia única para los chavales, una gozada –me cuenta–; con esta actividad vivieron una experiencia vital exclusiva; algunos incluso se interesaron mucho más por sus instrumentos después de aquello*». Cuando le pregunto acerca de cómo lo vivieron los compañeros que asistieron como público, esto es lo que responde: «*Valoraron muchísimo la actitud y el trabajo que supone subirse a un escenario. Alguno de los cantantes, por ejemplo, no sacaba buenas notas en clase, pero sus compañeros apreciaron y respetaron mucho esta otra faceta*

---

12   Manuel Paz ha dirigido con la OCAS conciertos conjuntamente con bandas de otros estilos como Sôber –*heavy metal*–, Víctor Manuel –cantautor–, Kase.O –rap–, o fadistas portuguesas, entre muchos otros artistas y estilos, con los que siempre está encantado de colaborar para acercar la música clásica a los seguidores de otros estilos musicales.

artística; de algún modo les ayudó a ver que existen más contextos, además del académico o el deporte, en el que uno puede desarrollarse y hacer las cosas bien». En este momento le conté a Florentina la anécdota del chico al que se le olvidó la letra y el posterior apoyo del público: *«Sí, sí, lo recuerdo. Fue alucinante, ¿verdad? Sus compañeros le apoyaron incondicionalmente, sabiendo que subirse ahí arriba y cantar con una orquesta es algo difícil. Este tipo de experiencias fomentaron el trabajo colaborativo y la empatía de los unos con los otros* –Florentina concluye–: *Manuel fue el artífice de todo. Nosotros pusimos la idea de hacer algo musical y, tras una visita al instituto, se le ocurrió que los chavales tocasen en la orquesta y hacer un concierto didáctico. Él sabe muy bien cómo llegar a los jóvenes y también cómo hacerles llegar la música clásica en un idioma que puedan comprender y apreciar. Fue algo guapísimo».*

PROYECTO VÍNCULOS

Todos los años Manuel y su orquesta viajan a algún lugar del mundo donde poder dar a conocer la música sinfónica, aunque lo hacen siguiendo unas pautas muy precisas y de un modo tremendamente particular. *«'Vínculos' es alucinante* –me dice Saray, gestora actual del proyecto en la OCAS–; *es el verdadero núcleo y alma de la orquesta; la idea es acercar este tipo de música a lugares donde debido a limitaciones geográficas, económicas o sociales, las personas no tienen acceso a escuchar una orquesta».* La OCAS acerca la música a colectivos vulnerables que tal vez nunca tengan los medios o la oportunidad de presenciar un concierto de música clásica, siempre trabajando codo con codo con las autoridades locales u ONGs que actúan en estas zonas más desfavorecidas. Saray continúa animada: *«Al mismo tiempo, buscamos que se produzca un intercambio cultural tocando con músicos locales, trayéndonos luego su música... ¡Incluso a veces también a algún músico!».* Saray me cuenta que un año fueron a Boca Chica, República Dominicana, y allí tocaron con una chica que cantaba muy bien, de nombre Saina, y que luego a través de una ONG consiguieron que viajase a España a cantar unos conciertos con la OCAS[13]. *«Lo bueno de estas experiencias es que no solamente hay intercambio cultural, sino que también conseguimos sacar a las personas, en su mayoría de colectivos vulnerables, de su día a día muchas veces demoledor. En el caso del viaje a República Dominicana, y tras la experiencia vivida, se creó allí una escuela de música».* Con este proyecto la OCAS no solo saca temporalmente a estas personas vulnerables de su día a día, haciéndoles disfrutar o aportándoles dignidad, sino que también es catalizadora de nuevas iniciativas que mejoran sus vidas.

En el año 2018 la OCAS estuvo en Indonesia[14]; allí trabajaron y tocaron con Adra Karim, un organista de jazz al que tuve la oportunidad de entrevistar: *«Manuel es un tipo aventurero y con un corazón que no le cabe en el pecho —me comenta Adra—; creo que todo el mundo tiene derecho a escuchar todo tipo de música y a determinados rincones del planeta la música clásica ni siquiera ha llegado: la OCAS consigue romper esa barrera».* Adra se deshace en elogios a los músicos, la iniciativa del proyecto Vínculos y al tremendo valor de intercambio cultural que se produce al introducir músicos locales haciendo hincapié en la labor docente, pues-

---

13 Puedes ver en este enlace el concierto que la OCAS impartió con Saina y también con el artista Imanol Núñez del grupo TrueQuedart: https://www.facebook.com/aeasolidariaespana/videos/1863103947271669/

14 Una muestra de lo que Adra Karim y la OCAS vivieron en Palu lo puedes ver en este vídeo: https://www.facebook.com/OCASVinculos/videos/1705237816241690/

to que la OCAS no se limita a tocar, sino que también imparte clases magistrales de diferentes instrumentos en sus viajes. Pero, ¿cuál es el verdadero impacto de este proyecto en la gente local? Adra nos lo cuenta: «*En todos los lugares donde toqué con la OCAS en Indonesia, la gente estaba realmente emocionada por poder ver y disfrutar de una orquesta sinfónica; es una oportunidad realmente única y se mostraban eufóricos y orgullosos, sobre todo cuando escuchaban sus canciones tradicionales interpretadas por la orquesta. Esas vivencias no tienen precio para estas personas... Estoy convencido de que siempre estarán en la memoria de la gente*». Lo que llama la atención de este proyecto es que en la OCAS se toman muy en serio su labor de intercambio cultural y de llevar la música allá donde van, incluyendo por ejemplo *flashmobs* en aeropuertos donde interpretan canciones de la cultura a la que viajan. Como ejemplo, una versión de *La bilirrubina* de Juan Luis Guerra que tocaron en el aeropuerto de República Dominicana[15] fue compartida por el propio artista y en el momento de escribir estas líneas cuenta con casi diez millones de reproducciones. Esto sí es hacer llegar la música clásica al mundo.

Dentro de la música, Manuel es un apasionado del jazz, y muy especialmente de la música barroca; el caso es que le resultaba muy complicado estudiar e interpretar este último estilo de música ya que los instrumentos barrocos como la tiorba, el laúd barroco o el clave eran muy difíciles de conseguir. Así, en el año 1993 surgió la oportunidad de hacer un curso de fabricación de instrumentos barrocos en Madrid de la mano de Carlos González y el curso garantizaba la construcción de un instrumento que te podías llevar a

---

15 Puedes ver aquí el *flashmob* que la OCAS llevó a cabo en el aeropuerto de Las Américas, República Dominicana, donde interpretó la canción *La Bilirrubina* de Juan Luis Guerra: https://www.facebook.com/watch/?v=10154486517833759

casa. «*Recuerdo que llamé por teléfono para apuntarme y me dijeron que lo sentían mucho, pero ya estaba completo —y continúa—: Yo sentía que aquello de algún modo era importante así que insistí hasta que me admitieron. Además, impuse el instrumento que quería construir: un laúd barroco*». Manuel me explica con una sonrisa de oreja a oreja la sensación tras tener terminado aquel instrumento que tanto amaba: «*Nunca había disfrutado tanto en mi vida tocando a solas como cuando tuve aquel laúd barroco en mis manos*». Aquel fue el primero de hasta nueve instrumentos antiguos que construiría en los siguientes años.

«*Tras hacer el curso de construcción de instrumentos, llevé la idea de ampliar el espectro de enseñanza musical en el Conservatorio de modo que se incluyese también la música antigua; para ello, claro, era necesario hacerse con instrumentos de aquella época. Gracias al apoyo de la junta directiva, y sobre todo de Eloy Zapico, gran amigo y aliado en muchos de mis proyectos —triste y prematuramente fallecido—, la cosa salió adelante; comenzamos a construir instrumentos barrocos para ponerlos a disposición de los alumnos de modo que pudiesen terminar su formación con una sólida base de música antigua*». Cabe señalar que el que se apostase por la música antigua en el Conservatorio del Nalón hizo que los hijos de Eloy Zapico —los tres fueron alumnos de Manuel en el Conservatorio— se interesasen por este estilo y con el tiempo formasen Forma Antiqva, un referente mundial de la música barroca, donde tocan instrumentos como el clave, la tiorba o la guitarra barroca. En aquel momento, Eloy Zapico, conjuntamente con Manuel, estaba cambiando la vida de sus hijos para siempre.

HISTORIA DE UN DEDO

6 de febrero, año 2011. Esta es otra fecha grabada a fuego en la memoria de Manuel; enseguida descubriremos por qué esto de vivir no va de esperar a que pase la tormenta o de abrir el paraguas para no mojarte; la vida en esencia trata de aprender a bailar bajo la lluvia.

Tras la experiencia en Madrid, Manuel se aficionó a la construcción de instrumentos y terminó montando un pequeño taller en su casa.

Un día, mientras cepillaba un tablón, este saltó de lado de tal modo que el meñique de su mano izquierda fue a parar justo sobre las cuchillas. Al retirar la mano se dio cuenta de que al guante le faltaba un dedo. Sí, amigos, un músico, guitarrista, director de orquesta y profesor de guitarra clásica en el conservatorio acababa de perder el dedo meñique de la mano izquierda —valiosísimo— a la altura de la primera falange; el tablón se había llevado el dedo por completo. *«Un drama. Es así. No tiene otro nombre. Sin ese dedo ya no podría interpretar ninguna pieza ni con el cuarteto de guitarras ni de ningún otro modo».* Total, con mucha sangre fría Manuel condujo su coche hasta el Hospital Universitario Central de Asturias y allí, mientras le estaban manipulando la herida, le espeta al joven médico y a la experimentada doctora que estaban con él, no falto de socarronería: *«Ya que están, ¿por qué no me cortan el meñique de la otra mano y lo ponen en esta? El meñique derecho es el único dedo que no utilizamos los guitarristas».* Es alucinante cómo Manuel utiliza ese humor tierno para abrirse camino en momentos de extrema adversidad.

Entonces pasó algo imprevisible, algo con lo que no contaba Manuel. Los dos médicos se pararon en seco, él de aserrar el hueso sobrante y ella de revisar el proceso. *«La doctora me miró con unos ojos inefables y me dijo: 'eso no lo podemos hacer, pero estudiaremos la posibilidad de implantarte un dedo del pie; tenemos que verlo a fondo todo el equipo médico ya que este tipo de implante no se ha hecho nunca con un quinto dedo'* –y continúa Manuel–. *Definitivamente aquellos ojos eran del color de la esperanza; aún así al irse los doctores tuve mi primera llorera; la primera de muchas».* Claro, amigos; nadie escapa a la adversidad, nadie te puede preparar ante este tipo de envites y la reacción de Manuel fue la más humana posible. Los protagonistas de este libro no son súper hombres o súper mujeres. Son personas. Personas con sus virtudes, sus defectos y sus altibajos. No hay nada malo en experimentar la tristeza o la rabia; las emociones nos han sido otorgadas por algo, y Manuel lo sabía. En esos momentos esas lágrimas cumplían una doble función: recordarle que eso era importante y liberar toda esa presión.

Cincuenta y nueve días más tarde, se sometería a la intervención que le implantaría el segundo dedo de un pie en el quinto dedo de su mano izquierda. *«Y aquí lo tienes* –Manuel me lo enseña–; *te mentiría si te dijese que es lo mismo; lo peor de todo son los calambres, aunque al menos tengo sensibilidad y puedo seguir tocando profesionalmente».* Seila, su alumna, me contó a este respecto: *«Yo no creía que podría seguir tocando después de aquello, y mucho menos tan rápido. Recuerdo que cuando hablaba con Manu estando recién operado y con el dedo cubierto por gasas, él me decía: 'Seila, esto que ves* –señalando el dedo que le acababan de implantar– *va a tocar'. Ese es Manu: si se le mete algo en la cabeza, va a por ello..., y lo consigue».*

Manuel nos enseña una gran lección: en la vida no siempre podemos elegir las cartas con las que jugar; en ocasiones incluso la vida nos da unas cartas y a la mitad de la partida nos quita una... O un dedo, como en este caso. Pero, ¿qué es lo realmente importante? Lo importante es cómo juegas tus cartas, cómo encaras la vida con lo que te ha tocado. Es muy posible que cualquier otra persona en su situación simplemente habría maldecido la vida y se hubiera metido en un bucle de queja: «*¿por qué a mí?, ¿qué he hecho yo para merecer esto?*», y probablemente todo el mundo lo comprendería. Pero, como dice nuestro protagonista: «*Soy un conformista*». Manuel no se engancha con aquello que no puede cambiar; en su lugar, piensa cómo puede jugar la partida, aunque le falte una carta, de forma que mitigue el impacto y pueda continuar con la cabeza bien alta, aunque permitiéndose dar rienda suelta a las emociones siempre que sea necesario.

Aquí hay otro punto interesante y nada baladí que vale la pena apuntar: el equipo médico se decidió a hacer aquella intervención por primera vez en la historia —al menos del mundo occidental— de forma casi inmediata y sin hacer demasiadas preguntas. He sido testigo de cómo nuestros protagonistas consiguen generar un halo de generosidad a su alrededor; es como si los años y los miles de gestos de generosidad que estas personas entregan al mundo de manera absolutamente desinteresada se vieran recompensados de golpe.

Hay más casos en este libro: María Caso tuvo el apoyo incondicional de sus compañeros y de sus profesores para echar a andar la ONG Inakuwa; Joan Carulla pudo casarse en el año 1950 porque un amigo le prestó 4.000 pesetas en 1950. Este libro está repleto de este tipo de muestras de generosidad, que no son más que el resultado de haber creado muchas circunstancias en la vida para que las oportunidades y la suerte finalmente se crucen en tu camino. Con todas las experiencias vividas, Manuel creó el blog *Historia de un dedo*[16] que te invito a que leas para profundizar en este y otros aspectos tan interesantes de su vida.

---

16 Puedes consultar el blog de Manuel en este enlace: https://historiadeundedo.wordpress.com

Manuel ha viajado hasta la fecha por cuarenta y ocho países, incluida toda Latinoamérica. Cuando le pregunto qué viaje recuerda con más cariño y por qué, me contesta sin dudarlo ni un instante: «*El viaje que hice con mi padre a los diecisiete años cuando fuimos caminando desde Ujo hasta el pueblo donde él nació en Os Novais, Galicia*». Nuestro protagonista me cuenta una anécdota que representa lo intenso de aquel viaje y demuestra que uno puede guardar recuerdos muy vívidos y emocionantes de cualquier vivencia sin necesidad de irse al otro lado del globo: «*Recuerdo especialmente cuando pasamos el pueblo leonés de Villablino y comenzamos a caminar por la vera del río Sil; de pronto llegamos a un embalse de agua donde nos encontramos a un anciano sentado en la orilla del embalse... ¡Podría tener 90 años! Estaba con una gorra y con actitud decaída y melancólica. Cuando llegamos hasta donde se encontraba este buen hombre le preguntamos si había pasado algo y él nos dijo, con lágrimas en los ojos, que para construir ese embalse le habían expropiado sus tierras, unas tierras tan fértiles que le daban diez carros de patatas todos los años. Así, siempre que tenía un momento se iba a su rincón del embalse a añorar sus tierras y mirarlas a través del agua. Nunca se me olvidará ver las lágrimas zigzagueando por las arrugas de la cara curtida por el tiempo y el sol de este anciano*». En este momento Manuel me confiesa que siente pena por no haber pasado más tiempo con su padre: «*Deseo que a mi hija no le pase lo mismo que a mí con mi padre*» me dice pensativo.

En otra ocasión me cuenta cómo volando por el interior de Estados Unidos miró por la ventana del avión y atisbó planicies, lagos, montañas y bosques, mientras pensaba: «*¡Cuántas cosas me estoy perdiendo por viajar en el avión!*». Esto es una máxima de nuestros protagonistas: ponen intención y finalidad en todas sus acciones sin olvidarse nunca de disfrutar plenamente de lo que están haciendo, convirtiendo el propio viaje en una parte esencial de sus vidas. Manuel sabe que en realidad su vida es un constante caminar así que no merece la pena esperar a llegar a ningún lado, para estar bien: te las tienes que apañar para estar bien por el camino.

Al igual que el resto de personas corrientes viviendo vidas extraordinarias, Manuel guarda sentimientos de gratitud hacia muchas personas. Por un lado, su padre: «*Mi padre era lo que yo llamo un 'protoecologista'; cuando no se hablaba de ecologismo él ya me decía que no tirase nada al suelo porque acabaría en el mar. Fue un referente para mí; era el mago de la ética y me siento profundamente influenciado por su manera de entender lo que estaba bien y lo que estaba mal*». Habla mucho también de su amigo Eloy, siempre dispuesto a ayudar en cualquier proyecto en el que se embarcaba: «*Eloy Zapico fue sin lugar a dudas el mayor y más digno representante que yo haya conocido nunca de la sociedad civil; una persona con una energía, fuerza y empuje solo más pequeños que su corazón y su sentido del humor. Él y su mujer Marga fueron fundamentales para el desarrollo de la música antigua en el Conservatorio del Nalón*».

Claro, nuestros protagonistas saben que solos no van a ningún sitio, que viven en un mundo conectado y que necesitan del talento de otras personas que llenen los agujeros y cubran los flecos que ellos no pueden cubrir por sí mismos. Manuel siempre ha sabido de la importancia de las relaciones personales para que los proyectos salgan adelante. Me cuenta una anécdota en este sentido: «*Cuando estaba de secretario y director de orquesta en el Conservatorio del Nalón traíamos a músicos y orquestas a tocar; yo decía que teníamos que invitarles también a cenar después para conocernos, estrechar lazos y tener la oportunidad de explicar proyectos y compartir ideas de manera distendida. Al principio la directiva era reacia ya que suponía un gasto extra, pero con el tiempo esas cenas comenzaron a dar frutos y muchas formaciones y solistas muy prestigiosos como José Miguel Moreno vinieron a tocar gratis al Conservatorio del Nalón e incluso a grabar música de forma altruista».*

En fin. Todo un placer haber conocido más a fondo a esta persona tan extraordinaria y corriente al mismo tiempo. Al mundo le viene bien Manuel, no me cabe la menor duda.

Permíteme concluir con una frase que me dijo hablando y recordando el impacto directo que había tenido en tantos alumnos y músicos: *«Hay que procurarse la felicidad en esta vida, y una gran parte de la felicidad está en sentar las bases y ayudar a que otras personas hagan cosas maravillosas por sí mismas. Cuando eso sucede la satisfacción es enorme».*

En otras palabras, y resumiendo estos tres últimos párrafos:

- Rodéate de personas que te aporten
- Aporta a las personas que te rodean
- Y así, hasta el infinito

Si quieres escuchar al protagonista contando su historia en primera persona, puedes hacerlo con ayuda de este bidi:

LA XANA DE MUNIELLOS

La vida te ayuda siempre que estés tomando la decisión correcta; si vas por el buen camino, la vida te regala lo que necesitas.
FRANCINE MARCELLE

Al igual que en el bosque nace el amanecer cada día, en cada instante nace un amanecer en nuestra vida

S iento un profundo amor por la naturaleza, es así. Todas las semanas procuro pasar varias horas entre bosques, valles, ríos y senderos. Te cuento una de las razones principales por las que lo hago: me he dado cuenta de que a la naturaleza no le cuesta ser naturaleza. Me encanta perderme en el campo, observar a mi alrededor y comprobar que a ningún ser vivo le cuesta ser: simplemente vive. Así, las horas que paso disfrutando de la energía reparadora de la naturaleza me ayudan a reconectar con la idea de que vivir no tiene por qué ser algo duro o sacrificado. Es más, desde que decidí seguir mi propio camino y dar un giro a mi vida personal y profesional, he experimentado que el sacrificio es tan solo una opción[17]. He sido testigo de que la perseverancia, el tesón, la determinación, el foco o la resiliencia —tan necesarios para conseguir objetivos y llevar una vida de provecho— son profundamente compatibles con vivir una vida alejada del sacrificio.

En una de mis escapadas y en el lugar menos pensado, conocí a nuestra siguiente protagonista: un alma libre que ha conseguido la felicidad desafiando a la adversidad y a todas las leyes sociales ampliamente aceptadas; un espíritu puro que invita a pensar que tal vez nos hemos inventado muchas de nuestras supuestas necesidades, amén de confirmarme que esto de vivir en realidad no es algo tan complicado. En definitiva: un ser humano que inspira por el simple hecho de existir. Quédate cerca, no querría que te perdieses ni una sola coma de la maravillosa historia que viene a continuación.

---

17 En mi segundo libro *No más excusas*, Editorial Kolima 2019, muestro una guía para plantearnos objetivos y al mismo tiempo permitirnos disfrutar del camino a su consecución. En este enlace, además, puedes ver una conferencia donde explico mi particular modo de entender el sacrificio y donde doy las razones por las que creo que es tan solo una opción y, dicho sea de paso, no demasiado hábil: https://youtu.be/-AHW3Y447pg

Era invierno del año 2018. Estaba con mi pareja pasando el fin de semana en un pueblo del occidente de Asturias. Llegamos un viernes con la idea de tomarnos el sábado con calma y guardar así fuerzas para una caminata más larga el domingo por el parque natural de Muniellos, calificado como reserva de la biosfera por la UNESCO. El sábado por la mañana durante el desayuno hablamos con Magdalena, la dueña del apartamento rural en el que nos encontrábamos, quien, tras plantearle nuestro plan para el fin de semana, nos dijo: *«¿Por qué no vais hoy a la zona de Tablado? Allí tenéis algunas rutas muy bonitas; también podéis visitar El Corralín, el pueblo abandonado donde vive 'la francesa'»*.

¿Cómo? ¿Pueblo abandonado? ¿«La francesa»? Magdalena nos explicó que desde hacía varios años una francesa era la única habitante de un pueblo que había sido abandonado desde hacía décadas —hasta que llegó ella, claro—. En fin, en plena vorágine mental buscando candidatos para este libro me interesé por su historia: ¿qué lleva a una persona de cincuenta y pico años a irse a un pueblo abandonado a una hora caminando del pueblo más cercano, sin electricidad, sin agua corriente, sin Internet y sin las «comodidades» de la vida moderna? Así, pusimos rumbo a Sisterna e hicimos la ruta a pie que comunicaba dicho pueblo con El Corralín con la esperanza de encontrarnos con aquella interesante mujer.

El trayecto desde Sisterna hasta El Corralín es una auténtica maravilla, como sacada de un cuento: un valle con árboles centenarios repleto de sonidos naturales, incluyendo el rumor del río Ibias, el cantar de los pájaros —y las correrías de algún que otro animalito— que fuerzan la mente al presente, al sosiego, como queriendo no dejar pasar ningún estímulo por alto. A lo largo de la senda hasta el pueblo de la francesa hay varios carteles escritos de su puño y letra indicando que seas respetuoso con la naturaleza y cómo debes comportarte si te encuentras con un jabalí u otro animal salvaje. También te invitan a que cierres alguna que otra cancela de modo que sus animales no se escapen; incluso te señalan el camino hacia una fuente para que rellenes tu cantimplora con agua pura de manantial. Tras pasar el río y subir un pequeño trecho, pasamos un huerto con aspecto desolado –era invierno– y al llegar a una casa nos encontramos con una mujer delgada, menuda, de tez blanca y sonrisa exuberante. Estaba rodeada por varios gansos, una yegua, un perro y varios gatos «*¡Pasad, pasad!*» nos dijo con un maravilloso castellano con pronunciado acento francés, invitándonos a entrar en su casa. Lo que habíamos planeado como una visita «técnica» para pasear por la zona y tal vez conocer a aquella francesa de nombre Francine, acabaron siendo dos horas fantásticas que pasamos charlando acerca de la vida y de la alucinante historia que la había llevado a vivir en aquel pueblecito abandonado.

Mientras nos despedíamos sentía que tenía que volver y entrevistarla durante un día completo para observarla en sus quehaceres; quería saber por qué tenía tantos gatos, qué hacía una colmena de abejas en la cima de un árbol a tres metros de su casa o por qué había una capilla dentro de su parcela. En definitiva, quería hacerle las preguntas adecuadas sin tener que estar mirando el reloj. Total, le propuse volver otro día y ella se mostró entusiasmada con la idea de que otras personas pudiesen mejorar sus vidas a través de la suya propia.

Francine Marcelle llegó a este mundo en 1962 en Laon, una ciudad al noreste de Francia. Nació con un problema congénito: tenía el brazo izquierdo pegado al cuerpo, lo que le hizo nacer sin algunas costillas, el pulmón oprimido y el corazón «dado la vuelta y a la derecha». Es decir, la vida no se lo puso fácil desde un principio…, o mejor dicho, su supervivencia a corto plazo ni siquiera estaba asegurada cuando vino al mundo.

Su problema congénito hacía que la menor alteración de su estado de ánimo le provocara un mareo y posterior desvanecimiento, bien por falta de oxígeno, bien por hiperventilación. Francine no podía –aún hoy tampoco puede– llenar los pulmones completamente ya que le injertaron hueso para suplir la ausencia de algunas costillas del lado izquierdo, pero este creció demasiado hacia adentro oprimiendo los pulmones; tampoco podía hacer esfuerzos ya que en reposo el corazón latía a 120 pulsaciones por minuto y el mínimo sobresfuerzo podía ponerla en una situación de riesgo. Podéis imaginaros este problema siendo niña: perdía el conocimiento cada vez que saltaba, corría o lloraba; así, Francine sufría constantes desvanecimientos.

A los tres meses de edad se sometió a una intervención quirúrgica crítica que le salvaría la vida, aunque en realidad sería la primera de hasta ocho operaciones posteriores. Francine guarda profunda gratitud hacia aquel médico de nombre Marcel Févres que la operó en aquella primera ocasión: «*No solo me salvó la vida con una operación súper compleja; de niña yo no entendía que tenía que ir con calma, despacio y tranquila para no marearme y él me ayudó a comprender que mi condición me obligaba a tener que tomármelo todo con filosofía, sin alterarme y sin hacer esfuerzos físicos que impliquen fatiga*». Francine continúa hablándome de aquel médico con la cara iluminada: «*En una ocasión tenía yo tres años y, mientras me recuperaba de otra operación, mi madre me llevó a su consulta en su casa; allí tenía un buda que al tocarle las manos movía la cabeza, despacito; el médico me decía: ¿Ves, Francine?, así es como tú tienes que ir por la vida: lenta, lenta, leeeeeeeeenta...'. Desde entonces cada vez que estoy a punto de fatigarme me acuerdo de Monsieur Févres y de aquel buda para relajarme y tomarme la vida con más calma. Lo recuerdo como si fuese ayer... ¡Y solo tenía tres añitos!*». Y es que Francine ha tenido que aprender a observar su cuerpo y sus estados de ánimo desde muy pequeña, ¡su vida dependía de ello! Como veremos, esa habilidad de auto-escucha y auto-observación la llevaría a la larga a vivir en El Corralín.

«*¿Sabes, Iván?* —me dice mirándome fijamente a los ojos—, *he visto muchas veces a esa señorita* —refiriéndose a la muerte—; *casi, casi te diría que es mi mejor amiga ya que estoy conviviendo con ella desde pequeña*». Los médicos que la atendían cuando era niña no le daban más que unos pocos años de vida; le decían que no se moviese, que no hiciese nada que acelerase su ritmo cardíaco. «*Una médica muy asustada por lo que me pudiera pasar me dijo incluso que no me pusiese yo misma las botas porque subía mis pulsaciones* —se ríe a carcajadas y continúa—: *¿Cómo quieren que esté en el mundo si no me puedo mover? Me he dado cuenta de que cuanta más actividad moderada realizo, mejor me encuentro*».

Al hablar de su vida, Francine pasa de puntillas por toda su niñez, adolescencia y juventud. Se vislumbra una relación tremendamente difícil entre sus padres que culminaría en una separación cuando ella contaba con tan solo siete años; situaciones complicadas que continuaron incluso después de la separación y que le afectaban directa y negativamente: «*Mi recuerdo es que mi padre nos hacía la vida imposible a mi madre y a mí, aunque no le guardo ningún rencor por ello; el pasado está ahí y ya está. Si alguien me golpea yo nunca devuelvo el golpe, simplemente trato de alejarme para evitar que eso suceda de nuevo, y ya*». Perdón, bondad y ausencia de odio. Esto es un denominador común en Francine, pues por muy duro que le haya golpeado la vida, ella siempre se compromete a levantarse, aprender y seguir adelante. No lo ve tan siquiera como algo meritorio, si no como algo lógico: «*¿Qué gano enfadándome? ¿De qué me* *sirve desearle el mal a alguien? ¿En qué sentido me ayuda? Prefiero seguir mi vida».*

Francine me cuenta que a los veintiocho años conoció al padre de su hija Margarita: «*Le puse ese nombre en honor a su abuela materna: era su flor favorita».* Y continúa dándome detalles escuetos y nada desdeñables de aquel momento de su vida: «*Había hecho las pruebas para entrar en la Armada francesa y aunque pasé todas las pruebas físicas, no superé el examen médico; decidí entonces interesarme profesionalmente por el mundo de la tierra, el campo y el cultivo. Fue en ese periodo cuando me quedé embarazada y justo antes de dar a luz mi pareja se evaporó. No he sabido nada de él desde entonces».* Nuestros protagonistas son personas soñadoras, independientemente de su condición; saben que solo a través de experimentar las cosas en primera persona pueden conocer sus verdaderos límites, no dejándose influir demasiado por lo que otros creen que pueden o no pueden lograr. Claro, ¿si no, quién en su sano juicio hubiese intentado formar parte de un Ejército profesional con su discapacidad física? Lo normal es que ni siquiera se lo hubiese planteado. Le pregunto a Francine qué le llevó a tomar la decisión de prepararse para entrar en el Ejército. «*Cuando era jovencita creía que el Ejército era una masa de gente que podía utilizarse para hacer el bien en el mundo, para ayudar... Por eso me metí en la Academia. Ahora ya no pienso igual».* Es decir, la simple convicción de querer contribuir a mejorar el mundo hacía que mereciese la pena prepararse para hacer las pruebas de ingreso. Por otro lado, aceptación; en lugar de engancharse con lo que podría haber sido y no fue –por ejemplo, cuando su pareja se evaporó, o cuando no la aceptaron en el Ejército profesional–, Francine mira hacia adelante siguiendo una filosofía muy práctica: vale, esta es la situación actual, ¿qué es lo mejor que puedo hacer ahora?, ¿cuál es el siguiente paso?

Así es como tú tienes que ir por la vida:
lenta, lenta, leeeeeeeeeenta

Con el tiempo Francine comienza a mostrar dificultades para respirar en contextos urbanos por la contaminación; así, cuando Margarita cumple once años, nuestra protagonista le plantea viajar a España para visitar la Alhambra, cambiar de aires y también para comprobar si el clima del sur de España podía beneficiar a su salud de algún modo. Margarita acepta la propuesta y un buen día en julio de 2001 hacen la maleta para pasar al menos un par de meses en

España. Bien, al llegar a Barcelona y tras comprar el billete para viajar a Granada una banda las asalta llevándose todo su dinero y sus enseres de valor. Tras el asalto, se dirigen a la Policía –sin saber casi ni una palabra de español– y las autoridades les dicen que en realidad tuvieron suerte porque esa banda era extremadamente peligrosa y violenta. «*Dentro de lo que cabe, solo nos robaron cosas materiales –y continúa–: Fue un momento delicado; teníamos los billetes para ir a Granada ya que los acabábamos de comprar y no teníamos dinero en ese momento para volver a Francia, así que tomé lo sucedido como una especie de señal: la vida quiere que no dé marcha atrás y que siga hasta Granada*».

Y así lo hizo. Vemos aquí la tremenda capacidad de Francine para re-encuadrar lo sucedido: te acaban de robar y lo primero que piensas es «Qué suerte he tenido; eran violentos y solo nos han robado». En lugar de quejarte porque te han robado, das gracias por poder contarlo ya que no recibiste un solo rasguño. Ella no se obceca y convierte un problema en otro más grande: simplemente observa la realidad, lidia con ella, toma la mejor decisión disponible y sigue adelante. Convertir los problemas en retos y maneras de seguir, aprendiendo y evolucionando. Así lo hicieron Margarita y Francine.

Por aquel entonces Francine no contaba con ahorros de ningún tipo; cobraba una pensión por discapacidad que les daba lo justo para vivir en Francia. Entonces, ¿cómo se las arreglaron sin dinero hasta recibir la siguiente paga del Estado francés? Me lo cuenta entusiasmada: «*Me di cuenta de que aquello fue una buena decisión cuando todo el vagón en el que viajábamos nos quería ayudar; al llegar a Granada teníamos esperando a la Policía, que nos ofreció una casa de acogida para quedarnos unos días. Este tipo de experiencias son las que me han llevado a comprender que la vida te ayuda siempre que estés tomando la decisión correcta; si vas por el buen camino, la vida te regala lo que necesitas».* En este sentido, Francine me dice muy risueña que ella cree en Dios, pero a su modo: *«Tengo la certeza de que hay algo ahí arriba que te ayuda cuando vas en el sentido adecuado».*

Aquellos dos meses en Granada se convirtieron en un año, y el año en dos. Terminó inscribiendo a Margarita en el colegio y decidieron quedarse en España, viviendo holgadamente —aunque sin lujos— gracias a la pensión por discapacidad. Por desgracia, sus problemas respiratorios no solo persistían sino que iban a peor principalmente por la contaminación. *«Íbamos cambiando nuestro lugar de residencia para ir probando; tras vivir unos meses en Granada vivimos en Monachil y Vélez-Málaga, siempre buscando lugares alejados de los núcleos urbanos y del calor».*

Esta manera tan especial de entender la vida —y de vivirla—, sumada a los cambios de residencia, no parecía entusiasmar demasiado a Margarita, que por aquella época, y tal vez buscando explorar otras realidades y vivir experiencias diferentes, decide volver a Francia. *«Aquello fue como un jarro de agua fría; en cualquier caso, respeté su decisión* —continúa Francine con la voz rota—, *tan solo quería que fuera feliz. Todos los años que pasé viviendo con ella fueron maravillosos y eso es lo que guardo en mi corazón* —y concluye emocionada a la par que convencida—: *Aquí siempre la recibiré con los brazos abiertos».*

Qué habilidad tan grande para mirar al pasado como una simple observadora, con el amor y la tranquilidad necesarios si uno quiere simplemente ver, aprender y soltar. El pasado para nuestra protagonista se ha convertido en un lugar al que solo va para reflexionar, para aprender o para disfrutar recordando, jamás para sufrir o perturbarse. Nunca permite que una situación pasada no deseada, independientemente de lo intensa o amarga, monopolice su atención, y mucho menos secuestre su estado de ánimo presente.

Una vez recompuesta tras la marcha de su hija y ya viviendo sola, se muda otra vez a Sierra de Yeguas, Antequera. Por aquella época y debido a su prolongada estancia en España, el Estado francés le deniega la pensión de dependencia viéndose forzada a trabajar en sectores profesionales que no había explorado hasta ese momento: *«En el año 2008 hice un curso de desarrollo web; incluso gané el premio Ratón concedido por la Junta de Andalucía como ejemplo de superación de la brecha digital»*. Así durante unos años trabajó haciendo páginas web y cuidando a personas mayores, a la par que tejía y vendía su ropa. Como el resto de protagonistas de este libro, Francine demuestra habilidad para seguir adelante y, llegado el momento, hacer lo que uno siente que tiene que hacer.

Llega el año 2009 y los problemas para respirar comienzan a ser insoportables: *«Debido a la contaminación, vivía en una casita muy alejada del pueblo que además no tenía agua corriente; allí, aunque respiraba un poquito mejor, tenía el problema de que durante el verano y en general en los días calurosos estaba obligada a hacer vida prácticamente por la noche. No era un lugar cómodo para asentarse»*. ¿Por qué no volvía a un núcleo urbano a recibir atención médica? Francine me confiesa que lo intentó y ya por aquel entonces los médicos le habían propuesto llevar una bombona de oxígeno para sobrellevar los peores momentos. *«En realidad la necesitaba..., pero me negaba a estar atada a una bombona de oxígeno para el resto de mi vida, así que decidí buscar otras opciones»*. Pero, ¿qué opciones?

Francine tuvo una idea: buscaría el lugar ideal para pasar el resto de su vida; un lugar donde se diesen las condiciones adecuadas de altitud y pureza del aire para poder respirar por sí misma, sin bombonas de por medio. ¿Qué condiciones debía cumplir entonces su lugar de residencia ideal? Nos lo cuenta: «*Estar situado en un pueblo abandonado*». ¿Por qué? Francine sabía que antiguamente las personas ubicaban los núcleos poblacionales en lugares estratégicos para estar en comunión con la naturaleza y protegidos de desastres naturales como inundaciones. «*Nuestros antepasados sabían dónde construir las casas –me dice–. Además, al tratarse de un pueblo abandonado tendría más posibilidades de que me dejasen vivir en paz*». «*También tenía que estar situado entre los 600 y 900 metros de altitud*». Por debajo de 600 había, en su experiencia, demasiada contaminación; por encima de 900 le faltaría el oxígeno.

En tercer lugar, necesitaba un sitio con agua. Tenía que haber algún arroyo para poder dar de comer a los animales además de disponer de algún manantial de agua potable. Tampoco podía haber contaminación por motores de combustión. Es decir, no podía haber carreteras; solo podría llegarse a ese lugar caminando por senderos. Al mismo tiempo, tampoco debía encontrarse muy lejos de alguna población habitada para poder acudir a ella en caso de necesidad. Y por último, debía encontrarse cerca de un bosque, para asegurarse una fuente limpia de oxígeno.

Es importante ver cómo nuestros protagonistas se las arreglan para situarse en el camino adecuado, siempre planteándose objetivos coherentes con su momento vital y poniéndose manos a la obra. Dejarse llevar es un lujo que solo se permiten si saben que eso les ayudará a tomar la siguiente decisión.

Así, haciendo uso de mapas militares y buscando en el norte de España, Francine encuentra hacia julio del año 2009 una zona montañosa del interior de la provincia de Asturias que podría cumplir todas las condiciones. Pero, ¿cómo saber si efectivamente ese lugar era adecuado? Muy sencillo: yendo allí. «*La mejor manera que he tenido siempre para saber si un lugar es bueno o no para mí es caminando por la zona; total, ese mismo mes compré un billete de autobús hasta Oviedo y después decidí caminar hasta Tablizas, pueblo que utilicé como base para explorar la zona»;* en este punto debo informar al lector que Tablizas se encuentra a unos 150 kilómetros de Oviedo. *«Lo cierto es que podría haber ido en transporte público, pero me angustiaba dejar otra vez a mi perrita Maximiliana en la bodega del autobús, así que la miré y le dije: '¿Nos vamos andando?' Y nos pusimos a caminar».* Es alucinante ver cómo lo que para cualquiera podría ser un problema, Francine simplemente lo transforma en algo fácilmente solucionable: caminar.

Después de contarme mil y una anécdotas de ese viaje, como por ejemplo que durmió en cabañas que encontraba por el camino o que incluso pasó una noche en el cementerio de Cangas del Narcea el día de las fiestas del pueblo, Francine se detiene unos instantes para tomar aliento y describirme el momento en el que por primera vez se adentró en el valle y vio desde lo alto el pueblo abandonado de El Corralín: *«Fue maravilloso. Cuando vislumbré el valle, el bosque, el río y la ubicación del pueblo supe que ese era mi sitio, que había encontrado mi casa».* Francine vuelve a tomar aliento visiblemente emocionada y continúa: *«Tuve la sensación de volver a mi hogar; había regresado a casa. Al llegar al pueblo me encontré un lobo de color blanco echado justamente donde estamos nosotros ahora mismo hablando. Estaba tranquilo. Nos miramos durante más de un minuto, nos aceptamos. Era como si ese lobo me hubiese dado permiso para quedarme en nombre de todo el valle».*

Hermoso. Vivencias tan intensas solo se pueden tener cuando estás en el mundo desde un lugar diferente, cuando te permites disfrutar de las pequeñas cosas y tomar tus propias decisiones en la vida. Puede que Francine no tenga tierras, ni casas, ni dinero. Pero eso sí, tiene lo más importante: su vida, su tiempo, sus emociones, sus decisiones y su felicidad que la acompaña siempre... Y eso, amigos, no tiene precio.

Y hasta hoy.

Los habitantes de la zona obviamente saben que Francine vive ahí y no les molesta en absoluto; es más, al principio estuvo viviendo en una tienda de campaña, pero luego la ayudaron con las tareas de construcción de una humilde casita donde poco a poco ha ido creando más espacio para un huerto y para el resto de sus animales. En su parcela hay una capilla dedicada a San Miguel donde todos los años, el sábado más cercano al 29 de septiembre, se celebra una pequeña homilía. Francine se encarga de limpiarla y mantenerla en perfecto estado todo el año, *«así devuelvo el favor a las gentes del lugar por ayudarme a construir mi cabaña»*.

En un momento de la conversación le pregunté por el elevado número de gatos que nos rodeaban, a lo que contesta: *«La marta o el zorro no bajan por aquí si hay al menos cinco gatos, así que siempre tengo entre cinco o siete para que no ataquen a los gansos»*. En realidad, en el momento de escribir estas líneas tenía más que esos siete; cuando le pregunto el motivo se echa a reír y me dice: *«Hay muchos gatos callejeros que vienen del pueblo y como aquí viven mejor, ¡se quedan!»*.

Francine tiene constancia aproximada de cuántos jabalíes, martas, erizos, lobos y, ejem, osos hay en la zona. Se lamenta cuando algo maltrata la naturaleza: *«A veces viene un señor que es propietario de una casita ahí arriba en el barrio alto del pueblo y echa productos químicos en su terreno para matar caracoles y babosas; hace unos meses, después de que echase el veneno, dejé de ver a una parejita de erizos con sus cuatro hijitos... Se lo he dicho a este señor para que entienda que el veneno también mata a otros animales. Hace poco vi a dos erizos nuevos; espero que no eche más veneno y pueda verlos durante mucho tiempo»*. Una observadora nata, esa es Francine. Por cierto, más adelante Francine me confirmaría orgullosa que ese mismo señor le prometió que no volvería a usar ese producto. Inspirar y concienciar: esto hace nuestra protagonista desde su aislamiento del «mundo civilizado».

Su amor por la naturaleza hace que colabore con un proyecto para reintroducir las abejas en el valle instalando una colmena en un árbol aledaño a su casa: *«Al poco de estar aquí me di cuenta de que no había abejas así que con un poco de ayuda creamos una colonia ahí arriba, en la cima del árbol, para protegerlas de sus depredadores naturales»*. Fui testigo de su constante hambre de mejora de su entorno inmediato cuando, en una de mis visitas a El Corralín, me pidió ayuda para financiar y comprar tablones y bisagras con la intención de construir una casa para los murciélagos del valle. Me enseñó planos de la casa que ella misma había dibujado —en dos perspectivas diferentes— mientras me explicaba: *«Necesitan un espacio oscuro y húmedo donde puedan entrar por abajo y colgarse de algún sitio. Los troncos viejos son su casa y cada vez hay menos en el valle, por eso necesitamos ayudarles y construir alguna casa extra»*.

Y es que Francine tiene unas habilidades naturalistas excepcionales; además de amar la naturaleza con todo su corazón, entiende a la perfección los ciclos y estadios de la flora, así como los hábitos de comportamiento de la fauna. Así, en el año 2017 hubo un incendio terrible en la zona, tan terrible que casi le cuesta la vida: *«El ambiente se hizo irrespirable; por suerte vivo cerca de un río y a la vera del mismo corría el aire menos contaminado, eso me salvó»*. Para ayudar a paliar esta catástrofe natural, en el 2018 se dedicó a mimar y cuidar la regeneración natural de los árboles del valle —es decir, las semillas que logran germinar a los pies de los árboles y los caminos— para poder trasplantarlos a las zonas quemadas con ayuda de las autoridades locales. Es una maravilla ver cómo esta mujer está en constante actividad tratando de aportar más a la naturaleza, a su entorno, y siempre en contacto con la administración pública o con otras personas que deseen ayudarla en su anhelo por mejorar el entorno natural de los alrededores de El Corralín. Tal vez nuestra protagonista viva sola en un pueblo, pero eso no le impide estar al tanto de todo lo que sucede a nivel político y social en el mundo, y por supuesto en su entorno y su valle. Así, estar en contacto con otras personas es algo que forma parte de su ADN, y por eso me propuso hablar con determinadas personas para hacer charlas en Degaña, un pueblo cercano, o asistiendo a conferencias de vez en cuando en diferentes partes de Asturias.

Pero, ¿cómo se gana la vida Francine, dónde está el truco? Además de vivir de su huerto, de recoger castañas y de sus animales, teje prendas de lana: jerséis, gorros, bufandas y otros vestidos o complementos que luego vende a las personas que la visitan, o bien usa para hacer trueque. En realidad Francine hizo punto toda su vida; lo practicaba de niña porque no se fatigaba y además podía hacerlo mientras estaba en la cama —se pasó largas temporadas en la cama debido a su problema físico—; se le da bien y además es capaz de tejer a oscuras. Al tratarse de un pueblo abandonado, El Corralín no dispone de luz eléctrica ni nada que alumbre más que una vela. *«Cuando es de noche puedo incluso hacer un gorro en unas pocas horas sin mirar lo que estoy haciendo; esto también es algo bueno porque claro, ¡cada vez veo peor!»* y ríe. Luego no solo se le da bien sino que ha llevado esa habilidad hasta el límite de sus posibilidades de modo que hoy en día la ejecuta de una manera absolutamente brillante. Y añade: *«En realidad siempre he tenido la suerte de hacer a cada momento lo que más me gustaba».* ¡Qué importante es dedicarte a algo que se te da bien y que sientes que disfrutas haciéndolo! Esta es otra de las características transversales de las almas maravillosas de este libro: no pierden el tiempo en tareas o profesiones que no les gustan o no les inspiran; prefieren invertir su tiempo y energía en potenciar aquello en lo que sienten que son buenas y se les da bien.

El talento. Es algo que los protagonistas de este libro están demostrando constantemente y Francine no es una excepción. No hay ninguna duda de sus habilidades naturalistas –para comprender cómo funciona su entorno natural y poder cultivar o simplemente sobrevivir en el campo–, habilidades espaciales –para poder imaginar un jersey u otra prenda, o para dibujar un objeto con varias perspectivas– y habilidades manuales –para llevar a cabo las labores del campo, tejer o dibujar–. Francine tiene una caligrafía exquisita, amén de dibujar con gracia y soltura. Por Navidad del 2018 Francine nos regaló a mi mujer y a mí una acuarela maravillosa de su propia interpretación de un amanecer en El Corralín con la siguiente leyenda: *«Al igual que en el bosque nace el amanecer cada día, cada instante nace un amanecer en nuestra vida»*.

Un rasgo transversal de nuestros protagonistas es la importancia de las relaciones personales y la gratitud que profesan a determinadas personas que de algún modo las marcaron en la vida; personas que las han ayudado a comprenderse mejor y a ver el mundo desde una diferente perspectiva. Me habla por ejemplo de su abuela, que vivió las dos grandes guerras del siglo XX y una vida tremendamente dura: *«Mi abuela me mostró eso de que la vida 'te ayuda' siempre que estés en el camino adecuado, incluso en los momentos más difíciles inimaginables»*. También me habla del médico que le salvó la vida cuando tenía tres años y le explicó con aquel buda que para sobrevivir tenía que ir lenta, sin prisas. Le guarda también mucho cariño a Monsieur Monfroy, alcalde de Chalandry, el pueblo donde vivió de niña; el hombre cedió su coche –el único con calefacción por aquel entonces– para que la llevasen a París aquel día de invierno para su primera intervención a los tres años; además, este alcalde, que había sobrevivido a los campos de concentración nazis –Auschwitz concretamente–, trabajaba en una ferretería y todo el dinero que le daban por ejercer el cargo lo reinvertía de nuevo en el pueblo. También tiene a su madre en un pedestal: «*Me cuidó mucho siempre; es una mujer que también sufrió mucho y no entiendo cómo con todo lo que tenía encima la pobre sacaba energía y fuerzas para cuidarme y darme lo que necesitaba*». Guarda profunda gratitud también a una fisioterapeuta, Madame Andrée, que la ayudó a fortalecer los músculos del cuerpo y le enseñó la respiración abdominal tan necesaria debido a su condición. También se acuerda de ese señor mayor que vivía en el pueblo donde iba de vacaciones con su madre; aquel señor, Monsieur Jean, le enseñó que puedes hacer todo lo que quieras en la vida con calma y que no por hacerlo más rápido lo vas a hacer mejor: «*Recuerdo que de niña veía a este hombre segando los campos con una guadaña, tranquilamente, sin prisa. Nunca le vi corriendo y aún así siempre terminaba la faena, ¡fuese la que fuese! Sus campos siempre estaban perfectos*».

La limitación física obliga a Francine a ser muy reflexiva en cuanto a las acciones que emprende: «*Yo no tengo mucho margen de error cuando hago alguna tarea que requiere un esfuerzo físico, ya que el hecho de empezar de nuevo me supone un sobresfuerzo a veces intolerable y que no me puedo permitir*». En realidad, ella no lo ve como una limitación; al contrario Francine interpreta su condición como un regalo: «*La gente siente lástima cuando se enteran de mi discapacidad –ríe y continúa–: Sin embargo para mí esto ha sido un regalo, ¡un regalo envuelto en papel bonito! Mi condición física ha provocado que siempre esté muy pendiente de mí misma, de escuchar a mi cuerpo, de aprender a hacer las mismas cosas que hacen los demás, aunque de un modo diferente; de ir tranquila por la vida, de tener siempre los ojos bien abiertos para escuchar las alarmas y las señales que la propia vida me proporciona para saber si esa decisión que acabo de tomar me saca del buen camino o bien me hace continuar en él. Además, ¡también me ha permitido estar siempre muy atenta a los demás!».* Las palabras de Francine me recuerdan que en octubre del año 2018 tuve la oportunidad de viajar a Anantapur, India, en calidad de *coach* cooperante para la Fundación Vicente Ferrer; allí descubrí la maravillosa forma que tienen de dirigirse a las personas con algún tipo de discapacidad: *differently abled people*, personas que son igual de capaces, aunque tal vez necesitan hacer las cosas de manera diferente para conseguir lo mismo que las personas sin discapacidad.

Francine no cree en la casualidad; cree que las cosas nos pasan en el momento justo para que aprendamos algo, independientemente de si eso que nos pasa lo interpretamos como bueno o malo. En estos momentos me viene a la mente una frase: nunca nada nos abandona realmente hasta que aprendemos lo que ha venido a enseñarnos. Francine no conocía esta frase, aunque comulga profundamente con ella. La sabiduría es universal y hay cosas que no es necesario que te las enseñen o te las digan, simplemente las sabes. Así, si cada situación es información de la que puedes aprender, cualquier cosa que te suceda es buena en el sentido de que te ayudará a tomar con más sabiduría tu próxima decisión. En cierto modo, Francine lleva el concepto de gratitud al siguiente nivel: gratitud por todo lo que nos sucede. Todo. Hasta lo que podría considerarse objetivamente como malo, como puede ser una discapacidad provocada por una malformación congénita, ella consigue integrarlo quedándose solo con lo que le aporta. En realidad, es uno de los principios que sigue para sentirse afortunada: pensar en lo que tiene y lo que es susceptible de conseguir en lugar de pensar en lo que no tiene. *«Hoy, por ejemplo, estoy muy feliz –me dice–; puedo respirar perfectamente, estoy teniendo una conversación agradable contigo, mis animales están sanos y puedo disfrutar este momento en la naturaleza –y continúa–: Yo no veo la felicidad en las cosas grandes, la veo en las cosas pequeñas: una mariposa, la nieve al caer... En mayo del 2017 un día hizo 35° C, el día siguiente 2° C, ¡incluso nevó! Y al siguiente, 25° C; yo estaba haciendo punto el segundo día riéndome de lo caprichoso que en ocasiones es el clima. ¡Y disfrutándolo! –y concluye–: Yo ya he encontrado la felicidad... ¡Ya la tengo! Y aunque me lleven a la luna seguiría siendo capaz de encontrarla porque me la llevo conmigo puesta... Eso sí, ¡si me llevan a la luna que al menos me pongan oxígeno!»* y ríe a carcajadas.

¡Qué sabia Francine! Sabe que la felicidad no es algo que debas perseguir; sabe que solo hay un momento en el cual puedes ser feliz: ahora; sabe que la felicidad es un estado de ánimo que siempre está disponible. En este sentido me encanta pensar que ya soy feliz; lo único que debo hacer es proteger, mimar, nutrir, elevar y blindar esa felicidad. Así no tengo que esforzarme para ser feliz –tremenda paradoja–, tan solo tengo que privarme de golpearla. Me encanta la metáfora de la mariposa: si quieres atraparla, siempre escapa; sin embargo, si esperas pacientemente, la mariposa se posa en tu hombro. Lo mismo sucede con la felicidad: cuídate de correr detrás de ella ya que es posible que se te escape siempre de entre los dedos.

El sentido del tiempo es diferente para Francine. Se levanta por la mañana temprano porque le gusta ver salir el sol y se acuesta de noche porque le gusta ver al sol ponerse. Francine vive aquí, vive ahora, vive el momento. Disfruta constantemente de su contacto con la naturaleza. *«A veces incluso me levanto por la noche en los días claros para con-*

templar el cielo con sus estrellas mientras escucho a las lechuzas». El reloj no decide su vida; si tiene compromisos los cumple a tiempo –como los relativos al cuidados de sus animales– pero siempre que puede se libera de la carga de tener que hacer las cosas a unas horas concretas.

Pero... ¿por qué la gente visita a Francine? Le hago esta pregunta y responde: «*Creo que la gente viene aquí buscando algo; de algún modo les inspiro a que vivan con menos miedo* –y muy interesante lo que me dice a continuación–: *Siempre me hacen las mismas preguntas, '¿no tienes miedo de vivir sola?', '¿eres feliz aquí?', '¿no te falta de nada para vivir?', '¿no te sientes desdichada por todas las cosas malas que te han pasado?'. Al verme, claro, esas preguntas se contestan por sí solas, pero creo que la gente está tan perdida y es tan incrédula que tiene que venir a verlo con sus propios ojos. Creo que estar aquí ayuda a muchos a replantearse cómo están viviendo y en base a qué principios. Es decir, de algún modo siento que la gente se replantea cosas por el mero hecho de verme feliz en El Corralín*».

Durante este tiempo algunas personas la han visitado a raíz de mi experiencia con ella, desde clientes o amigos hasta desconocidos que me contactan a través de algún conocido para que les explique cómo llegar a El Corralín. Siento que este es el verdadero valor que aporta Francine al mundo: sirve como espejo de una opción de vida que hasta ese momento se atisbaba como utópica, quimérica. Ella no se siente sola: le acompañan la naturaleza y sus animales, «*¡aunque también agradezco las múltiples visitas que recibo!*», dice, y sabe que la soledad tiene muchas caras: «*la peor soledad es aquella en la que vives rodeada de miles de personas y al mismo tiempo pasas completamente desapercibida*».

Sin buscarlo ni pretenderlo en un principio, nuestra protagonista sirve como medio para que las personas se hagan preguntas, reflexionen y decidan qué camino tomar en la vida: «*Creo que por el mero hecho de vivir en El Corralín consigo que las personas se paren, piensen y vayan leeeeentas, como me dijo aquel médico a mí*» y ríe. Sus reflexiones sobre la vida, así como su propio pasado y presente, tienen la capacidad de plantar una semilla en el corazón de las personas para que tal vez algún día germine y florezca una manera más sincera, conectada y respetuosa de estar en el mundo. Tampoco se vuelve loca; sabe que la gente no cambia porque sí. Hay personas que debido a su estado vital no quieren ser ayudadas. «*A veces incluso tengo que decir 'no' a proposiciones* —explica, y me cuenta una anécdota súper interesante—: *Un día me contactaron del programa de Jesús Calleja; me dijeron que estaban interesados en hacerme una entrevista y que estaban sopesando hacerle llegar en helicóptero... ¡En helicóptero! Asustarían a los animales, tal vez hasta harían daño a las abejas. ¡Con lo que nos ha costado devolver a las abejas al valle! Total, les dije que no estaba interesada*». Lo cierto es que tal vez una entrevista con Jesús Calleja atraería más visitantes a El Corralín, lo que a ella le permitiría vender más. Pero no, no le interesa; le interesan más la salud de sus erizos, jabalíes y abejas. Así es nuestra protagonista. Si no, claro está, no sería ella.

Francine vive sin miedos; como nos contaba antes, una de las preguntas recurrentes que le hacen los visitantes es: «¿No tienes miedo viviendo sola?». Cuando recuerda a alguien haciéndole esta pregunta, ella ríe; pero tendríais que verla: ¡ríe a carcajada limpia! Y contesta: «*¿Sabes? El miedo desaparece cuando comienzas a confiar en que la vida se abre camino por sí sola siempre que te mantengas en el sentido bueno del camino. Por eso digo que creo en Dios a mi manera, porque estoy convencida de que hay ayuda; siempre que he tomado decisiones desde el corazón los problemas se han ido solucionando* —y añade, cambiando a un tono de voz más serio—: *Eso sí, también he aprendido que* *primero tienes que ayudarte a ti mismo para que después te ayuden a ti... En la vida recoges lo que siembras, ¡no puedes pretender que te hagan todo el trabajo!».*

¡Cuánta sabiduría! Las personas corrientes viviendo vidas extraordinarias saben que hay que confiar, sí, pero en el largo plazo; en el corto plazo uno tiene que hacer lo que siente desde el corazón para que la ayuda llegue; no puedes pretender recoger sin sembrar. Es decir, confía en la vida, sí, pero con cabeza, y siempre ateniéndote a tu situación, pasando a la acción y asumiendo las consecuencias de tus actos, los que sean.

Francine se ve en El Corralín muchos años más; le pregunto si en veinte años se ve ahí y me dice riendo: «*¡Y más! Me imagino aquí con 90 años, en comunión con todo, haciendo las cosas de manera diferente, pero haciéndolas*». Esto es algo también común en todas las personas de este libro: se mantienen activas. Siempre. Se ven en un futuro formando parte de algo, haciendo algo, sirviendo a alguien: levantándose por la mañana con la ilusión de que hay alguna tarea que llevar a cabo que les carga las pilas. En realidad, cada día que pasa Francine se encuentra mejor desde que vive en El Corralín: «*Cuando llegué estaba muy mal, me costaba respirar. Ahora estoy mejor que nunca, me fatigo menos y mi último catarro lo tuve en el año 2011. A los dos años de estar viviendo aquí es como si mi cuerpo se hubiese regenerado*».

Yo ya he encontrado la felicidad... me la llevo puesta

Le pregunto cómo sería un mundo ideal para ella. «*En realidad este mundo está genial, es perfecto... Tan solo le añadiría más amor. Más amor y menos locura por el dinero y por tener. Creo que para conseguir más amor y un mundo mejor las personas deberían aplicarse a sí mismas todo aquello que querrían ver en el mundo... Así, si quieres ver felicidad en el mundo, comienza por ser feliz tú mismo. Si quieres que el mundo esté bien, comienza por sentirte bien contigo mismo primero. La felicidad no está en tener dos coches, una casa grande, tener un perro o incluso hijos para aparentar ser una familia unida y feliz. Ser feliz tiene que ver con estar a gusto contigo mismo, independientemente del tipo de vida que lleves* –acelera el ritmo y continúa–: *Creo que basar la felicidad en conseguir cosas, materiales o no, puede llevarte a que te pases la vida persiguiendo algo que nunca llega».*

Francine es conocida cariñosamente en Asturias como La Xana de Muniellos. Una *xana* es un personaje de la mitología asturiana que habita en el bosque, normalmente en zonas de aguas puras; es un hada de gran belleza y riqueza que vive encadenada a un manantial, arroyo o laguna y busca ayuda de los lugareños para ser liberada a la par que devuelve el favor en forma de alhajas, sabiduría u ovillos de hilo que no se acaban nunca.

Francine es rica, más rica que cualquiera: custodia y protege sin miedo El Corralín, disfrutando todos los días de su paisaje agreste de aire puro, agua limpia y exuberante vida. A cambio, ella nos regala su filosofía, sabiduría, paz y serenidad.

Deposita semillas en el corazón de la gente que, nutridas con el abono del amor, el agua de la curiosidad y la luz de la esperanza pueden hacer germinar una manera más conectada y feliz de estar en el mundo.

El Corralín y el valle han ganado una aliada…, y el mundo también.

Si quieres escuchar a la protagonista contando su historia en primera persona, puedes hacerlo con ayuda de este bidi:

DEVOLVIENDO LA DIGNIDAD
A LA NATURALEZA

La naturaleza es algo con lo que tenemos que convivir; no es algo de lo que podemos apoderarnos.
GONZALO RUBIO

La naturaleza no es algo de lo que podemos apoderarnos

Permíteme comenzar con una anécdota personal. En diciembre del año 2018 estaba impartiendo una formación donde hablaba de la importancia de confiar en los demás para crear relaciones sólidas y sinceras con otros seres humanos; estas relaciones –les contaba– son necesarias no solo a nivel personal –somos seres sociales que necesitamos de otras personas para crecer y desarrollarnos–, sino también a nivel profesional, ya que el 75% de las oportunidades de negocio surgen a través de contactos[18]. Bien, un par de alumnos fruncieron el ceño mientras decían «no» con la cabeza. Creían que *«hay que desconfiar por defecto y solo confiar en los demás cuando te demuestren que son de fiar. No hay más que encender la televisión para ver cómo está el mundo»* me decía uno. *«Lo más sabio es desconfiar para protegerte de este mundo loco»* atestiguaba al otro. Acto seguido lancé una pregunta al aire: *«De entre todos los que estáis aquí, ¿cuántos de vosotros diríais acerca de vosotros mismos que no sois de fiar?»*. Como era de esperar, nadie levantó la mano. Curioso: mucha gente desconfía de los demás y sin embargo todo el mundo cree que es de fiar. Tras poner encima de la mesa esta reflexión les pregunté: *«¿Confiaríais plenamente en alguien que no confía en vosotros?»*. Se hizo el silencio. Claro, la confianza genera confianza: si alguien confía en ti sientes la necesidad imperiosa de honrar esa confianza que han depositado en ti, y al contrario: la desconfianza provoca más desconfianza.

¿Qué sucede aquí? Sucede que los medios de comunicación muestran las catástrofes y barbaridades que tienen lugar en el mundo, creando la ilusión de que eso es lo único que existe ahí fuera; esto es así porque existen estudios

---

18 Estudio de Lee Hecht Harrison *El mercado laboral oculto*: tres de cada cuatro ofertas de empleo en España no son visibles: https://www.elconfidencial.com/alma-corazon-vida/2017-05-31/trabajo-enchufes-estudios-empleo-mayores_1390383/

donde se sugiere que en general nos sentimos más atraídos por las malas noticias que por las buenas[19]. Así, cuando escuchamos una buena noticia por lo general no la tomamos como un dato objetivo y no cala en nosotros. Es decir: las buenas noticias no nos interesan. Menudos somos los humanos, ¿verdad?

Por suerte, hay muchísimas personas que han decidido llevar una dieta más «hipoinformativa», han apagado la TV y no se dejan bombardear por la realidad que algunos quieren presentar y que a mi juicio está profundamente desvirtuada. Con este libro he querido presentar la otra cara del mundo; una cara más amable en la que personas corrientes como tú y como yo deciden caminar en la dirección marcada por su corazón y vivir la vida que desean, actuando donde sienten que se les necesita. Esto por desgracia no sale demasiado en las noticias del día a día donde lo único que pretenden es mantenernos enganchados. Te invito a que leas el libro-estudio *Sobre la televisión* de Pierre Bordieu para profundizar más en el poder de la pantalla como elemento tergiversador de la realidad, o de cómo esta busca crear opiniones concretas a través de herramientas sutiles de manipulación.

Una de estas personas libres es Galo Pablos, un amigo de la infancia que me hizo llegar la historia del siguiente protagonista: «*Iván, el otro día estuve en el Núcleo Zoológico 'El Bosque' hablando con su responsable, Gonzalo Rubio, y me encantó; me explicó que hacen tareas de salvamento, acogida, manutención y recuperación de animales autóctonos y también exóticos con fines ecológicos y educativos. Hace poco incluso se hicieron con dos tigresas que estaban a punto de sacrificar*». Lo cierto es que mu-

---

19 Estudio de la Universidad de McGill (Canadá) *Consumer Demand for Cynical and Negative New Frames*, sugiere que nos sentimos atraídos por las malas noticias, especialmente si los espectadores están muy interesados en la política: https://www.cpsa-acsp.ca/papers-2013/Trussler-Soroka.pdf

chas de las personas presentes en este libro han surgido en conversaciones informales... Y eso me encanta; estas personas no han transcendido a los grandes medios y sin embargo llegan al corazón de la gente en la distancia corta. Impactan. Inspiran. Y lo hacen a veces de la manera más natural del mundo ya que su intención no es calar hondo en otras personas, ¡qué va! Ellos simplemente hacen lo que sienten que tiene más sentido sin esperar nada a cambio y sin querer llamar la atención. De ahí que sean personas corrientes... viviendo vidas extraordinarias.

Vayamos pues a por la siguiente historia.

Gonzalo Rubio nació en Oviedo, en 1972, siendo el hijo número catorce de una familia de diecisiete hermanos. Sí, has leído bien: diecisiete hermanos. Desde que tiene uso de razón ha sentido un impulso natural por pasar su tiempo en el campo: «*Mi padre era fotógrafo y de muy pequeño le robaba los prismáticos para irme al monte y contemplar mejor los animales; no podía evitar sentirme atraído por la naturaleza. Es como si lo llevase en los genes* –y continúa–: *siempre tenía libros en casa que había sacado de la biblioteca del colegio con la idea de saber más de los animales y plantas que me encontraba en el campo*». Gonzalo me cuenta que nunca tuvo medios económicos de ningún tipo y que una tía monja que trabajaba en un colegio de Madrid les enviaba la ropa usada en cajas para que pudieran vestirse; por esta razón él recurría a la biblioteca de su colegio –y no a una librería– para devorar todo lo que tuviese que ver con botánica y etología. «*Aquellos libros eran mi única opción para aprender más sobre la naturaleza así que, si podía, no los devolvía*». Gonzalo me dice estas palabras con una sonrisa pícara, aunque también melancólica y auto-compasiva que le lleva a explicarse más a fondo: «*En realidad, mi vida no era sencilla. Comíamos lo que podíamos. Mi madre no podía asumir gastarse mil o dos mil pesetas en un libro. Era algo impensable. Así que cuando me los reclamaban me hacía un poco el loco hasta que se olvidaban del tema».* Aquellos primeros años de la vida de Gonzalo estuvieron inundados de paseos por el campo, horas entre libros de animales y plantas y programas en la televisión de Félix Rodríguez de la Fuente.

Su infancia se ve afectada por el fallecimiento abrupto de su padre cuando contaba con tan solo doce años; esta inesperada pérdida hizo que se exacerbase si cabe aún más su pasión por la naturaleza. Así, tras auto-declararse heredero de aquellos prismáticos, su madre habilitó la habitación de trabajo del padre para que Gonzalo pudiese meter todo lo que iba encontrando por el monte, hasta que la situación se descontroló. *«En realidad era muy inconsciente. Me llevaba a casa todos los animalillos que encontraba —cambia a una voz más firme—; esto es justo por lo que estoy trabajando hoy: concienciar en que lo mejor que podemos hacer es dejar a los animales en su propio hábitat sin alterarlo. A comienzos de la década de los 80 capturar animales en el monte no estaba mal visto, por desgracia, y eso sumado a la inconsciencia de un niño de doce años hizo que esa habitación acabase siendo un absoluto descontrol de jaulas, animales y plantas».* Es interesante ver cómo Gonzalo es consciente de sus propios errores y se dedica a prevenir a los jóvenes acerca de este tipo de comportamientos tan lesivos para el medioambiente.

Todo el conocimiento que adquiría Gonzalo de niño y adolescente era experiencial: leía algo en un libro y luego se iba al campo a comprobarlo con sus propios ojos. Esto me recuerda una maravillosa frase de Albert Einstein: *«El conocimiento es todo lo que experimentamos por nosotros mismos, todo lo demás es solo información».* Así, Gonzalo transformaba la información en conocimiento pasando horas y horas contemplando la fauna y flora a las que tenía acceso. Un buen hombre que tenía problemas de corazón y que caminaba mucho por el campo le apadrinó tras el fallecimiento de su padre. *«Cuando el tiempo lo permitía, después de clase o después de ayudar a mi hermano en alguna obra, nos íbamos a caminar por los aledaños de Oviedo; íbamos a Soto de la Ribera y volvíamos por senderos, pistas y también por las vías del tren. Aprendí muchísimo en aquellos paseos ya que nos instruíamos mutuamente. Si nos encontrábamos algún animal o planta que no conocíamos lo buscábamos para contárnoslo al día siguiente. Estuvimos así prácticamente dos años seguidos saliendo los fines de semana y las tardes de primavera y verano. Recuerdo llegar a casa hambriento después de pegarme aquellas caminatas de veinte o veinticinco kilómetros».* Aquí me gustaría resaltar dos aspectos cruciales: la importancia del aprendizaje a través de su propia experiencia –en la naturaleza en este caso– y la figura de un mentor. Un mentor es una persona en quien confías y que ya está donde tú quieres estar; puede instruirte, aconsejarte y proporcionarte entornos de aprendizaje seguros. A lo largo de mi vida he sido consciente de la importancia de poder verme reflejado en alguien; así, procuro tener siempre un referente al que seguir en ese aspecto de mi vida que estoy deseando desarrollar.

Nuestro protagonista no era un alumno aventajado en el colegio, que llegó a repetir octavo de EGB, el último curso de la educación obligatoria, a los catorce años. Sin embargo sacaba sobresalientes en las asignaturas de Ciencias Naturales y Música. *«En clase siempre fui un chaval difícil, rebelde... ¡Un kamikaze! –me cuenta–. Yo solo hablaba de animales, así que los profesores pasaban de mí; iba a lo mío y era bastante prepotente... Me cayeron muchas collejas porque cuando estaba en clase de Matemáticas o Lengua yo abría mis libros de bichos; las collejas eran de las de antes ¿eh? De esas que de la fuerza te hacían darte con la cabeza contra la mesa*». De nuevo sale a la luz una educación rancia, marcada por el autoritarismo y por centrar el discurso en las debilidades y no en las fortalezas, amén de no tener en cuenta las necesidades y situaciones de los alumnos; no olvidemos que Gonzalo perdió a su figura paterna en la adolescencia y que su madre tenía que ocuparse también del resto de hermanos, así que nuestro protagonista pasó la adolescencia como buenamente pudo. «*Por aquellos tiempos salías a la calle y no sabías cuándo volvías; en una familia de diecisiete nadie iba a buscarte, así que me pasaba todo el tiempo en el monte o en la calle*». Eso sí, cuando salían de excursión en el colegio, Gonzalo disfrutaba muchísimo. «*Yo iba siempre el primero –y añade–: iba explicando a mis compañeros todo lo que veía bajo la mirada atónita del profesor, don Albino, que no entendía cómo yo podía saber tantas cosas*». Cosas, evidentemente, que no estaban ni de lejos en el libro de texto; y sigue contándome orgulloso: «*Don Albino aún vive y todos los años viene un par de veces al núcleo zoológico con sus nietos y me sigue recordando aquellas excursiones que organizaba el colegio como la Ruta del Alba o la Ruta de las Xanas*».

Me resultó curioso que también sacase buenas notas en Música, así que le pregunté por ello. «*Me gustaba la música. Desde los ocho años estudié piano en el Conservatorio, pero tras la muerte de mi padre mi familia no pudo asumir las 17.000 pesetas que costaba la matrícula anual*». Más adelante Gonzalo retomaría un poco su vida musical formando parte del coro de la Ópera de Oviedo durante tres años y además, para ganar un dinero extra, cantaba también en alguna orquesta los fines de semana. La música fue siempre algo muy natural para él así que en los recreos sus compañeros le pedían que sacase canciones para flauta de los artistas famosos de aquel momento como Camilo Sesto o Miguel Bosé, y él lo hacía con gusto. «*En realidad no me costaba nada, sacaba melodías como churros* –y continúa–: *Por aquel entonces ya sabía que las cosas que no me costaba hacer eran por norma general las cosas que me gustaban... Y solo quería hacer cosas que me gustasen».* Interesante reflexión: Gonzalo solo se movía en contextos donde disfrutaba y, curiosamente, era donde además marcaba una diferencia. Si hay dos conceptos importantes que deba recordar el lector cuando termine este libro de cara a encontrar su verdadera vocación profesional, son estos: muévete en contextos donde disfrutes mucho de todo lo que hagas y asegúrate siempre de que eso que haces contribuye a alguna causa o soluciona algún problema. El resto simplemente se alinea con el tiempo.

Siguiendo con la historia de Gonzalo, ningún profesor jamás puso en valor su talento como naturalista o como músico, de modo que potenciaran dicha habilidad que se podría convertir, tal vez, en un medio de vida. Por eso pienso que aunque la educación es algo que sucede en cada instante de la vida y en cada contacto con otro ser humano, el tiempo que los jóvenes pasan en el colegio es único, es especial; las relaciones que se generan en un aula con otros compañeros son diferentes a las que se pueden tener en casa. El rol de los profesores es vital para detectar esas áreas donde las personas brillan de manera natural de modo que puedan hacer de espejo a los padres y por supuesto al propio joven... Los maestros son, sin lugar a dudas, la columna vertebral y los agentes del cambio si queremos construir una sociedad de personas felices y realizadas. Los profesores tienen el poder de inspirar y despertar curiosidad, motivar y acompañar al joven por los derroteros a los que le conduce esa habilidad o ese interés natural que muestra en el aula hacia un tema o disciplina en particular.

Tendemos a centrarnos demasiado en las debilidades –¿qué suspende el niño/joven?– y obviar las fortalezas –¿en qué áreas muestra especial interés y talento?–; este criterio viene dado por la presión que a veces ejercemos en los chavales para que aprueben los exámenes en lugar de ayudarles a darle un sentido práctico a lo que memorizan. Es hora de comprender la realidad de una forma diferente. Con los años me he dado cuenta de que es mucho más gratificante potenciar tus fortalezas que tratar de corregir tus debilidades. ¿Por qué? Porque así conseguirás un grado de pericia e impacto mucho mayor de modo que marques una diferencia con eso que estás haciendo; además, tendrás más opciones de ganarte la vida dignamente si disfrutas enormemente con lo que haces que si simplemente persigues un fin instrumental. No es pues coincidencia que Gonzalo haya acabado montando un núcleo zoológico de recuperación de animales autóctonos y acogida de animales exóticos. Ha terminado dedicándose a algo en lo que es absolutamente excepcional, que le apasiona y además considera tremendamente necesario. ¿Quiere decir eso que si alguien es menos hábil con las matemáticas no le instemos a alcanzar un mínimo de destreza en esa materia? Claro que no. Como sociedad, debemos marcar a cada momento qué competencias[20] se consideran básicas para salir ahí fuera y convivir en comunidad, por supuesto; al mismo tiempo debemos detectar las habilidades naturales de las personas y comenzar a alimentar el sentido práctico de dichas habilidades de modo que construyamos sociedades donde no nos perdamos el valor único de cada individuo.

Tras terminar la educación básica, Gonzalo comenzó a trabajar con su hermano de peón en el sector de la construcción. A los dieciséis años se apuntó a un curso de jardinería, agricultura y botánica dentro del programa de las

---

20 Las competencias básicas que debe adquirir el alumno tras su paso por el sistema educativo en España están descritas en el BOE del 1 de enero del 2015. Tienes más información aquí: https://www.boe.es/boe/dias/2015/01/29/pdfs/BOE-A-2015-738.pdf

escuelas-taller donde se aprendía un oficio a través del trabajo directo, obteniendo a la vez una pequeña remuneración económica. «*Todo el dinero que ganaba por aquel entonces iba para mi madre y así ayudar en casa*». A los dieciocho años tuvo que hacer el servicio militar obligatorio. «*Hice la mili en León y allí había mucha ave rapaz, así que, todavía en mi inconsciencia, me dedicaba a criar águilas, halcones, cuervos, urracas... ¡Qué sé yo! ¡Lo que agarraba! Algunos me los traía a Oviedo y al final los acababa soltando. Todos los libros que tenía mientras hice la mili eran de animales*». De nuevo, noto a Gonzalo visiblemente dolido: «*No hay derecho a que seas un animal y estando en el nido te cojan para hacer experimentos contigo* —continúa haciendo un ejercicio importante de autocrítica—: *Como decía, era muy joven e inconsciente. Además, nadie te decía nada, incluso te reían la gracia... No estaba mal visto. Eso no significa que no estuviese mal, muy mal*». Gonzalo se dedica ahora a recuperar animales autóctonos y a devolverlos a su hábitat, así como a realizar una labor educativa donde los niños —y no tan niños— aprenden la importancia de no alterar el medio bajo ningún concepto. A él le hubiera gustado que existiesen más información y más medios para aprender acerca de los animales sin tener que impactar en su ciclo natural de vida, y por eso pone a la disposición de la gente su núcleo zoológico. «*Ojalá yo hubiese podido acceder a un centro como este cuando era niño; habría aprendido de los animales de forma respetuosa y controlada*».

En un momento de nuestra charla aparece Daniel, su hijo, que le ayuda de vez en cuando en el núcleo zoológico y se inicia una conversación entre ellos:

—Algo le pasa a un loro en C6.

—¿En C6? ¿Qué loro?

—Está muy aplatanado. Es... Greta, no; la otra.

—¿Dónde está, en el suelo o en una percha?

—En una percha, debajo justo del primer comedero.

—Vale, ¿se agarra de pie con las patas?

—Sí, pero está atontado. Tiene el pico raro también, se ha puesto amarillento.

—OK. Cógete un transportín y súbelo a cuarentena. El transportín de tela ¿eh? No corras.

Gonzalo se dirige de nuevo a mí:

—A lo mejor le dieron algo de chocolate y no lo metabolizan, es tóxico para ellos.

Nos vamos a la zona de cuarentena y comienza a auscultarlo mientras le dice con voz melosa y dulce: «*Qué pasó nenín, qué pasó...*», al tiempo que le mira el equilibrio, la temperatura, las alas, las pupilas y si tiene o no reflejos. Se dirige a su hijo Daniel: «*Vale, vamos a ponerle un protector para el hígado por si ha sido intoxicación. Tiene pérdida de equilibrio e inmovilidad, tiene buen color en la boca y mantiene perfectamente los reflejos y la fuerza en las patas, con lo cual descartamos un problema a nivel neuronal*». En este momento introduce un líquido en una jeringa y se lo inyecta. «*Ahora vamos a ponerlo en cuarentena en una de las jaulas negras que hay ahí. Tenemos que mirarle las heces; avísame cuando podamos examinarlas ¿vale? Procura no entrar para que esté tranquilo. Ahora toca esperar y con las heces y una segunda auscultación vemos el siguiente paso*». Desde que nos avisaron del incidente hasta que volvimos a la zona donde estábamos charlando pasaron menos de diez minutos. Fue una auténtica delicia ver a Gonzalo en acción, condensando en unos pocos minutos toda su habilidad, pericia, conocimientos, intuición y amor por los animales. Marta Canellada, veterinaria que hizo sus prácticas en el núcleo zoológico con él, me contó mil y una anécdotas relacionadas con la tremenda versatilidad y velocidad de reacción de nuestro protagonista. «*Un día caminábamos por el zoo con unos cubos vacíos ya que volvíamos de dar de comer a unos animales cuando, de improviso y en medio del camino, nos encontramos con una culebra negra enorme. Yo me asusté muchísimo ya que se levantó poniéndose a la defensiva; antes de que me diese cuenta Gonzalo le dio un pequeño golpe en el pecho con un cubo para aturdirla y con el otro la capturó. Fue alucinante».* Quedé intrigado, así que le pregunté qué hicieron con aquel reptil. *«Últimamente estábamos notando que faltaban ranas y pececillos de uno de los estanques; esta culebra, salvaje, había encontrado un banquete fácil colándose en las instalaciones. Finalmente decidimos llevarla a un hábitat parecido pero un poquito alejado del zoo para que nuestro estanque pudiese seguir teniendo peces y ranas».*

Volviendo a su historia, a los veintidós años Gonzalo se fue a vivir de alquiler a una casa de campo en las afueras de Oviedo con su actual pareja, Ruth, donde comenzaron a dar rienda suelta a su pasión por los animales adoptando perros, gatos y loros extraviados. *«Siempre tuvimos claro que queríamos vivir en una casa en el campo –y añade–: en realidad, si tuviese que ir a vivir a un piso, ¡me moriría!».* Gonzalo sabe de la importancia de ir dando pasos en la vida siguiendo a tu instinto, tu corazón. Los años que vinieron después fueron de supervivencia pura. *«Por las mañanas trabajaba como autónomo haciendo instalaciones de gas y Ruth me ayudaba con la administración; por las tardes estudiaba de 18:00 a 22:00 h para profundizar en la parte técnica y de ingeniería relacionada con el gas; los sábados por la mañana hacía prácticas de lo que estudiaba».* Es decir, el tiempo que por aquel entonces le podía dedicar a su pasión era los sábados por la tarde y los domingos, tiempo que aprovechaba para trabajar en su terreno o salir con su pareja a hacer rutas por el campo.

A los veinticuatro años y estando en esta primera casa tuvo su primer hijo, Daniel. A los dos años de su nacimiento, en el 1999, compraron una casa a tres kilómetros de Oviedo. «*Encontramos una casina de 1887 que necesitaba muchas reformas y que fuimos adecentando y arreglando en nuestro tiempo libre*». Cinco años es el tiempo que les llevó terminar de reformar aquella casa. «*Lo hicimos todo nosotros; si no sabíamos hacer algo lo buscábamos en la biblioteca, comprábamos un libro o lo mirábamos online; comenzaba el boom de Internet*». Qué duda cabe de que otra cualidad de Gonzalo es su habilidad para construir cosas, ser manitas; al mismo tiempo goza de una habilidad espacial muy acentuada, lo que le permitía diseñar espacios en su casa y también organizar los hábitats de los animales. Además, disfrutaba mucho con los trabajos que hacía. «*En ocasiones tenía que hacer las cosas dos veces y otras veces las cosas no quedaban exactamente como quería... Pero, ¿sabes? La gracia reside en que lo has hecho tú, aunque no quede perfecto. Darle el toque personal a lo que haces es importante para mí, eso es lo que cuenta; la perfección no me interesa tanto. Saber que esa piedra o esa madera es algo único que has hecho tú con tus manos y justo como tú has querido es lo importante*».

Pasa el tiempo y en el año 2003 se pone en venta un terreno aledaño a su casa. «*Nosotros no gastábamos demasiado ya que nuestro tiempo libre lo dedicábamos a arreglar o a trabajar en nuestro terreno así que cuando surgió la oportunidad de comprar la finca colindante a nuestra casa no nos lo pensamos. Más espacio significaba poder disfrutar de más sensación de amplitud y tal vez poner el cimiento de algún proyecto futuro*». En este momento todavía no sabían que iban a montar su proyecto educativo; simplemente estaban atentos a las oportunidades y seguían a su corazón para tomar la decisión. Nuestros protagonistas no han planeado su vida al milímetro. No han seguido una hoja de ruta inalterable que les ha puesto donde se encuentran actualmente... ¡Qué va! Ha sido todo mucho más sencillo y visceral. Eso sí, han tomado a cada momento la decisión que creían que tenía más sentido y siempre dentro de su manera de entender la vida.

Este fue el comienzo de lo que actualmente es el Núcleo Zoológico El Bosque. «*Muchos amigos nos comentaban aquello de por qué no montábamos un espacio educativo con animales adoptados o en fase de recuperación*». Es decir, fueron sus allegados los que vieron tantísimo potencial e ilusión en Gonzalo que le animaron a montar el zoológico. «*Así que, en lugar de dedicar nuestros ahorros a acabar con nuestras deudas, en el 2006 decidimos invertirlos en montar el espacio, conseguir las licencias y mantener a los animales que iban llegando a la finca de cara a iniciar el proyecto del Núcleo Zoológico*».

Podríamos pensar que Gonzalo tuvo suerte porque sus amigos le dieron la idea de montar el núcleo zoológico. Yo diría que en realidad le dieron la idea debido a la sana obsesión que tenía por la naturaleza en general y los animales en particular. Podríamos pensar que Gonzalo tuvo suerte ya que el terreno salió a la venta. Yo diría que en realidad la oportunidad le llegó porque vivía en el campo. Además, podría no haber tenido el dinero, pero Gonzalo y Ruth siempre se cuidaron de tener unos ahorros por lo que pudiera pasar. Es decir, cuando la oportunidad surgió estaban en condiciones de aprovecharla. ¿Sabes? La suerte no tiene mucho que ver con el azar. La suerte tiene que ver con las decisiones que tomas en tu día a día y con el lugar en el que te encuentras cuando surge la siguiente oportunidad. Esto es algo que todas las personas corrientes y extraordinarias saben; por eso siempre, siempre, siguen a su corazón en las decisiones importantes de su vida. Saben que a largo plazo compensa.

Estoy convencido de que transmitimos a los animales
con nuestra sola presencia

Abrir el núcleo zoológico no fue en absoluto una empresa fácil. En el año 2006 comenzaron a mover las licencias con la Administración. Primero tuvieron un juicio con el Ayuntamiento de Oviedo que les denegaba la licencia para abrirlo al público. El juzgado les dio la razón en el 2009. Después y con todas las licencias en la mano, tuvieron un juicio más con varios vecinos empeñados en que no consiguiesen llevar adelante el proyecto. Tras varios años de litigios también ganaron el juicio y al final consiguieron abrir al público con todas las garantías en el año 2013. Gonzalo hace una reflexión de aquella experiencia: «*Fue duro. No entendíamos las razones de algunos para tumbar o poner trabas burocráticas a un proyecto tan sano como el nuestro; lo cierto es que de todas estas batallas salimos reforzados y además con un dominio muy grande de la normativa vigente que sigue ayudándonos hoy en día*».

Todo esto mientras seguían trabajando en obras en general e instalaciones de gas en particular. «*A día de hoy —año 2019— sigo manteniendo algunos clientes. Aunque actualmente podemos afrontar los gastos y vivir del núcleo zoológico, siempre está bien mantener la puerta abierta a otra fuente de ingresos para poder acostarme tranquilo. Hacer instalaciones de gas no es lo más divertido del mundo, pero fue un trabajo que me proporcionó capital para montar todo esto que estás viendo, amén de ayudar a mantenernos a mí y a mi familia. Estoy muy orgulloso de todo en lo que he trabajado siempre, sobre todo por lo que me proporcionaba*». Gonzalo guarda gratitud al trabajo que le dio de comer hasta hace relativamente poco. Esto es muy importante: las personas que llevan una vida feliz saben apreciar todo aquello que hacen y que sirve a un fin más elevado; en este caso, su trabajo le ayudaba a salir adelante, ahorrar y alimentar el sueño de hacer más grande su finca. Esta capacidad de ampliar el espectro y comprender para qué hacen lo que hacen consigue que lleguen a estar orgullosos —e incluso disfrutar— de actividades *a priori* poco amables. Por otro lado, tratan de blindar su felicidad a través de, entre otras cosas, estar en paz con el dinero. Así, Gonzalo sigue desdoblándose para seguir atendiendo a algunos clientes de su anterior negocio; y aunque le supone una cantidad de horas ingente, no puede ocultar la expresión de satisfacción y gratitud en su cara: sabe que así consigue esa tranquilidad económica que le permite seguir apostando por su núcleo zoológico.

Tras abrir al público comenzaron a recibir ofertas de adopción tanto de particulares como de asociaciones; algunos animales eran exóticos –loros, chinchillas, etc.– y otros eran animales salvajes del entorno como el tejón o el cuervo. La idea era ayudarles a recuperarse y darles estímulos para poder soltarlos en la naturaleza con garantías de supervivencia; si son irrecuperables, debido a amputaciones o problemas insalvables de adaptación, entonces les proporciona una vida digna en las instalaciones. Por esta razón los técnicos del SEPRONA del Principado de Asturias les hacían llegar animales. *«Esto fue hasta el año 2017. Ese año justificamos que nos gastábamos una media de 5.000€ al año en recuperar los animales que nos derivaban y les pedimos ayuda en forma de subvención para sufragar los gastos. La ayuda no llegó así que ahora solo me hago cargo de los casos urgentes y críticos, el resto directamente lo vuelvo a derivar al SEPRONA».*

Gonzalo es un hombre de acción. Un tipo que hace lo que tiene que hacer para salir adelante. *«Siempre digo que si un día se me escapa un tigre y me cierran el chiringuito hago lo que sea para seguir manteniéndome en pie, ¡me voy a vender pañuelos de papel a los semáforos si hace falta!»* y ríe. En realidad, lo que quiere decir Gonzalo es que es una persona versátil. *«Si no sé algo que necesito para seguir adelante con mis proyectos, lo aprendo. Siempre estoy a la última en todo; en mi biblioteca particular no falta el último libro publicado sobre cuestiones que necesito para atender adecuadamente a todos los animales. Asisto a todas las conferencias, seminarios y cursos presenciales y online que me ayuden a estar a la última. En realidad, el fin último que persigo es salvar vidas. Si un animal tiene un problema será siempre mucho mejor que yo tenga los medios y el conocimiento aquí para tratarlo; si tengo que llevarlo a un veterinario, pedir cita y esperar a que le diagnostiquen tal vez ya sea demasiado tarde»*. Me cuenta que en muchas ocasiones le llaman compañeros de la Administración Pública o de otros núcleos zoológicos para pedirle consejo o ayuda. *«Intentamos estar a la vanguardia en todo y estoy siempre encantado de ayudar. Mi conocimiento se basa en aprender algo y luego comprobarlo por mí mismo haciendo trabajo de campo directamente con los animales»*. Y es que Gonzalo sabe que la información no necesariamente es conocimiento: *«Tenemos chicos haciendo prácticas de diferentes cursos y grados universitarios que agradecen mucho poder ver parásitos en las heces a través de un microscopio o poder auscultar a un animal. Aquí pueden experimentar la parte práctica de lo que están estudiando»* me dice.

Marta Canellada, veterinaria que hizo las prácticas en el núcleo zoológico, me habla de su experiencia: *«Había mucho trabajo y él generaba un clima cercano, amable, cariñoso y de confianza para que nos lanzásemos a ayudar realmente a los animales; me sentí útil»*. Marta me explica que aprendió muchísimo del manejo de los animales: cuidados, limpieza, observación y manipulación. *«Te empuja a vivir situaciones en las que tal vez no estás cómoda. Así y todo, confía en ti y te deja hacerlo a tu modo, dándote después una opinión valiosísima sobre tu intervención. Muy instructivo. Súper práctico. Por ejemplo, nunca pensé que podría manipular un búho real, y gracias a Gonzalo pude hacerlo; aquello supuso una importante superación personal»*. Marta tiene también palabras para el núcleo zoológico y para Gonzalo como persona: *«Ama a los animales, conoce la forma de ser de cada uno y los trata como a miembros de su propia familia; siempre está pensando en cómo mejorar sus vidas: mejora de instalaciones, alimentación, juegos, etc.* —y concluye con el impacto personal que le provocó su estancia—: *Salí de aquella experiencia muy concienciada con la irresponsabilidad que supone la tenencia de anima-*

les que deberían seguir en la naturaleza, del mal que les podemos hacer por nuestro propio capricho».

En agosto del año 2018 Gonzalo accedió a hacerse cargo de dos tigresas que estaban a punto de sacrificar; solo la adecuación de una parte de la finca para las dos tigresas le supuso un desembolso de 7.000€. Cuando le pregunto qué es lo que le lleva a meterse en semejante empresa, su respuesta es rápida e impactante: *«Pues porque no hay derecho. No hay derecho a que te encarcelen durante diecinueve años en un camión obligándote a trabajar en un circo; luego cuando ya no sirves porque eres viejo, y como premio a una vida de cautiverio y esclavitud, te sacrifican. Cuando me llamaron de una fundación de Barcelona para ver si me podía ocupar de ellas fui reticente; al principio intenté que otros centros que tuviesen ya la instalación necesaria se hiciesen cargo de las tigresas, pero al final me vi entre la espada y la pared: o me hacía responsable de ellas o las sacrificaban. La sola idea de que estos pobres animales terminasen su vida de esa manera tan cruel y humillante tras una vida de cautiverio me revolvía por dentro, me ponía los pelos de punta... Aún se me ponen. Luego, pensándolo más tranquilamente, me di cuenta también de que el tigre es un animal de alto impacto y que podía ser un reclamo para llegar más y mejor al corazón de las personas. La historia de Diana y Zita —así se llaman las tigresas— es absolutamente descorazonadora. Total, que como en ese momento no tenía el dinero para adecuar un espacio en las instalaciones, hicimos un crowdfunding que funcionó muy bien y... Aquí las tenemos entre nosotros, tratando de darles una vida digna».* He de decir que la indignación de Gonzalo le provocaba emitir calificativos —más bien improperios— no precisamente amables dirigidos a los supuestos dueños de las tigresas. *«Piensa que en los últimos tres años estuvieron encerradas en una jaula de 4x2 metros, dándoles de comer lo mínimo para que no muriesen, y como premio final las mandas al otro barrio de un disparo*». Claro, pensé yo, de ahí los improperios que han sido cuidadosamente censurados por el que escribe. Tuve la oportunidad de ver aquellas tigresas a los pocos días de su llegada al zoológico; llevaban tanto tiempo en la jaula que no se atrevían a salir al recinto natural de 300 m² que Gonzalo había preparado. Le acompañé a dar de comer a estos alucinantes felinos y observé como iba tirando trocitos de carne por el espacio abierto para tratar de motivarlas a salir de la jaula. En fin, fui testigo del amor que siente nuestro protagonista en vivo y en directo, sin censura. En una visita posterior donde charlé largo y tendido con Ruth y con Gonzalo me reconocerían la auténtica odisea que supusieron las dos primeras noches con las tigresas en el núcleo zoológico: se las pasaron prácticamente en vela asegurándose de que toda la instalación estaba en perfecto estado; este estado de cansancio y tensión provocó que Gonzalo perdiese el conocimiento y que incluso tuviesen que llamar al teléfono de emergencias para asegurarse de que su vida no corría peligro.

Uno podría preguntarse qué mueve a nuestro protagonista a estar casi veinticuatro horas pendiente de los animales a la par que se desdobla por seguir manteniendo su anterior trabajo. Podría tranquilamente seguir trabajando en lo que le dio de comer toda su vida e ir tirando. Sin embargo no lo hace. «*Este espacio sirve para ayudar a conservar el medio, dar segundas oportunidades a animales desahuciados y, lo más importante, educar. Aquí no robamos animales de la naturaleza para exponerlos y cobrar una entrada al visitante, que dicho sea de paso sería lo más rentable económicamente; aquí rescatamos animales y les damos una vida digna, incluso los devolvemos a su hábitat si se trata de animales autóctonos. Así, la finalidad última es concienciar a la gente que nos visita de la importancia de mantener a los animales en su hábitat sin alterarlo en absoluto*».

Covadonga Linares, profesora de Biología del IES Corvera, hizo una visita guiada con sus alumnos de primero de Bachillerato en el año 2019. «*Es como un santuario de animales; se nota que creen en lo que hacen. Me impresionó tanto que he amadrinado a un loro y a una cierva con una amiga y con mi pareja*». Covadonga me habla también del impacto educativo y de concienciación. «*Tratar de concienciar en el aula sobre el respeto a la naturaleza es a veces similar a predicar en el desierto; visitando este espacio el mensaje cala de verdad ya que puedes mirar a los animales a los ojos, conocer sus historias, e incluso a algunos de ellos tocarlos. Los chavales terminaron realmente impactados y concienciados; en un momento incluso pillé a una de ellas diciéndole a otra algo así como '¿te das cuenta de que vamos a recordar esto el resto de nuestra vida?'. Fue alucinante*». Ana Leo, alumna de Covadonga, lo explica mejor: «*Me tocó el corazón que hubiese personas que cuidasen de los animales salvajes que tras ser domesticados ya no podían ser devueltos a su hábitat natural* –y concluye emocionada–: *Reconforta saber que hay personas como Gonzalo; es una tarea necesaria a la que además voy a tratar de ofrecerme como voluntaria en cuanto termine el instituto*». Nuria Valverde, otra alumna de Covadonga, también me contó su experiencia: «*Durante la visita aprendí mucho del comportamiento e inteligencia de los animales; conocer sus historias y poder verlos de cerca me ha ayudado a entenderlos y a tener más sensibilidad con ellos. Creo que tenemos a los animales infravalorados; son seres vivos, no objetos* –Nuria termina–: *Gonzalo transmite pasión; se nota que le encantan. El saber que hay gente que cuida de esta forma la Naturaleza y a los animales me ha dado mucha esperanza*».

Durante nuestra conversación, Gonzalo no tiene reparos en criticar los circos con animales, las corridas de toros o los zoológicos, cuyo único fin es exponer a los animales para sacar beneficio. *«En un futuro ideal todos los parques zoológicos deberíamos ser centros educativos de fauna autóctona donde los únicos animales que tendríamos serían los irrecuperables; por ejemplo, tenemos una garza que tiene un ala amputada debido a un disparo y que ya no puede volver a su hábitat, y no por ello merece morir. Este mundo ideal significaría que ya nadie tendría animales salvajes o exóticos en sus casas* –o negocios– *para fines lúdicos o lucrativos* –y continúa–: *Cuando vienen las familias, nosotros explicamos a través de casos duros de maltrato que los animales exóticos o salvajes no son buenas mascotas; también les enseñamos a apreciar y a conservar los ecosistemas, por pequeños que estos sean. Si ves un renacuajo en un charco debes dejarlo ahí; tal vez ese renacuajo puede dar de comer a una culebra que a su vez puede servir de alimento a un águila; o puede que ese árbol que estás pensando talar sea una especie milenaria donde las ginetas llevan anidando y procreando desde hace un siglo. Tratamos de que la gente entienda que si alteramos alguno de los elementos, por pequeño que nos pueda parecer, todo el ecosistema se ve terriblemente afectado* –y concluye–: *Tenemos que ver la naturaleza como algo con lo que tenemos que convivir, no algo de lo que podemos apoderarnos o alterar para nuestros propios fines. Para eso sirve este parque zoológico»*.

En este momento le hice a Gonzalo una de las preguntas que me resultan más importantes: ¿en qué sentido hacer esto es importante?, ¿qué te aporta saber que estás contribuyendo a que las personas estén más concienciadas con el medio ambiente de modo que respeten más la Naturaleza? He aquí su respuesta: *«Saber que esto ayuda a las personas a comprender, respetar y apreciar más la naturaleza es, digamos, la estrella del trabajo que hacemos aquí. Mira, tenemos un libro de visitas donde la mayoría de los comentarios son para darnos la enhorabuena, felicitarnos y animarnos a continuar con esto...* —en este momento veo a Gonzalo ligeramente emocionado y continúa hablando más pausado, con la voz más grave y un volumen más bajo—: *Un par de veces a la semana leo los comentarios para recargar fuerzas y seguir adelante; cuando estás 100 días trabajando sin descansar y sabes que al día siguiente si no te levantas los animales no siguen adelante, el día 101 se hace mucho más llevadero. Estos comentarios son una manera de ratificar que nuestro trabajo aquí está llegando a la gente y que está bien hecho; estamos impactando de manera positiva en la vida de las personas y eso me enorgullece y me da muchísima satisfacción. Da sentido a todas las horas que pasamos aquí. Hace que al día siguiente te levantes animado sabiendo que esto tiene sentido, que es útil».*

¡Qué importante es acostarte por la noche sabiendo que el día ha merecido la pena! Y no menos importante levantarte con la seguridad de que estás creando algo positivo. Gonzalo lo sabe bien. Y también sabe que no es suficiente tener la convicción de que lo que haces sirve para algo, sino que tienes que tener ese refuerzo positivo de la gente que lo corrobore: *«Si la gente no responde como esperas entonces es que tienes que cambiar algo; no puedes obcecarte sin más con tu trabajo; siempre tienes que escuchar a las personas a las que quieres llegar para saber si lo que haces funciona o no».*

En mis visitas al centro veía siempre a muchos de sus familiares ayudando en las labores de mantenimiento; amigos, cuñados, hermanos y sobrinos —recordemos que Gonzalo viene de una familia de diecisiete hermanos—. Al preguntarle sobre este hecho y las razones que les empujan a ayudarle, Gonzalo lo tiene claro: *«Empatizan con la causa; saben que es una actividad noble y que todas las manos son siempre pocas... Además de quererme muchísimo claro porque si no ¡habría que estar loco para pasarse aquí las horas que se pasan! —echa una carcajada y continúa—; ahora estoy aquí contigo, pero el parque sigue funcionado. Si no fuese por toda la ayuda de mi familia, amigos y voluntarios, yo no podría sacar esto adelante. Es así».*

Inspirar. Es lo que hace Gonzalo con su proyecto. Esto es algo que provocan estas almas libres: están tan sanamente obsesionadas con su causa que las personas de alrededor sienten la necesidad de echarles una mano en lo que pueden. Y Gonzalo no solo aprecia su ayuda, sino que la recoge con humildad, amor y profunda gratitud, sabiendo que es una pieza clave para el correcto funcionamiento del núcleo zoológico.

Tuve la oportunidad de tener una primera visita guiada con él el día de la entrevista; luego otra, acompañado de unos amigos y sus dos hijos guiada por Jose, otro de sus colaboradores, donde pude comprobar directamente su pasión por lo que hacen. No fingen cuando dicen que el fin último es educar a la gente dándoles una segunda oportunidad a los animales. Ponen todo su esmero en explicar el origen de los animales exóticos –la mayoría de venta por Internet o venta ilegal–, del peligro de usar animales para nuestro beneficio –la chinchilla por su piel, por ejemplo– y de los problemas psicológicos de muchos animales provocados por vivir en cautiverio en pisos o jaulas. Al mismo tiempo también descubrí que Gonzalo es un apasionado de la botánica, de modo que ha llenado el recinto con especies de plantas, arbustos y árboles muy interesantes. *«Hay algunas plantas tan peculiares que al final puse carteles con sus nombres para que la gente las conozca».* Me encanta. Me encanta cómo me cuenta la historia de cada ejemplar con un corazón que no le cabe en el pecho; cómo llama por su nombre a cada animal que nos cruzamos y le da los buenos días o le pregunta cómo se encuentra usando expresiones como *«¿qué tal cariño?»* o *«¿qué tal, mi vida?».* Me contó cómo un macaco robado de la naturaleza estuvo con una mujer que lo vestía como un niño, incluso lo sentaba a la mesa a comer hasta que perdió todo el instinto de primate y ahora estaban tratando de que recobrase sus instintos naturales; o cómo le llegó una garduña con problemas digestivos serios y consiguieron salvarle la vida... Y así, un sinfín de casos. No es de extrañar que muchos animales según pasa Gonzalo se acerquen a él de manera amable, como queriendo saludarle... Como queriendo darle las gracias. «*Los animales reaccionan a estímulos energéticos que nosotros no apreciamos* –me cuenta–; *a diario veo su reacción al paso de las personas sin que ni siquiera interactúen. Estoy convencido de que les transmitimos con nuestra sola presencia; ellos sienten las energías y los campos magnéticos de una forma mucho más intensa que nosotros. Si te quieres dedicar a esto, tienes que poder transmitirles tranquilidad, sosiego y amor con tu sola presencia; si no, no vas a poder tratar con ellos ni ayudarles*». Esto no son palabras vacías. En un momento de la visita con Gonzalo tuve a Bimba –un loro– en el hombro y cuando íbamos a abandonar el recinto donde estaba el animal, le susurró amorosamente: «*Hala, Bimba, cariño, bájate ya*». Acto seguido Bimba echó a volar. ¿Coincidencia? No lo creo.

En fin, toda una aventura conocer más la historia de Gonzalo y de su Núcleo Zoológico El Bosque. Es más, su historia nos cautivó tanto a mi pareja y a mí que decidimos apadrinar a una mona capuchina. ¡Toda ayuda que puedan recibir es poca! Me encanta saber que en el año 2017 tuvieron 17.000 visitas y en el 2018 nada menos que 26.000, lo que le convierte ya en un proyecto absolutamente viable económicamente. Eso sí, el proyecto lo iniciaron en el 2006 con la compra de los terrenos y no empezaron a obtener verdaderos beneficios hasta el año 2016, y es que, si algo podemos aprender de todas estas historias es esto: todo lleva más tiempo del que creemos. De ahí que uno se asegure de amar realmente lo que hace porque esa será la mejor arma para mantenerse y, como diría Manuel Paz, ensanchar la base de la pirámide para al llegar a la cima poder mantenerse con facilidad.

Si te dejas caer por Asturias no dejes de visitarlo; el amor que hay puesto en este recinto es alucinante. Este espacio te hará ser más consciente de tu impacto en el medio ambiente y, por qué no, también te hará una persona más sensible y tolerante.

¿Sabes? Estoy de acuerdo con Gonzalo: la naturaleza no es algo de lo que podamos apoderarnos. Siento que necesitamos más lugares como este que nos ayuden a comprender que la Naturaleza es algo con lo que tenemos que convivir en respeto y armonía, garantizando que cuando dejemos este mundo los que vengan detrás puedan a su vez disfrutarlo.

Me viene a la mente un proverbio nativo americano que reza algo así como: no heredamos la Tierra de nuestros ancestros; se la tomamos prestada a nuestros hijos. Bajo esta filosofía, se cuenta que las tribus norteamericanas vivían siempre pensando en las generaciones futuras y en cómo evitar perjudicarlas física o espiritualmente con sus actos.

Nuestros hijos, nuestros nietos, merecen disfrutar como mínimo de lo mismo que nosotros hemos disfrutado.

Se lo debemos..., porque la Tierra no es nuestra.

La hemos tomada prestada de ellos.

Si quieres escuchar al protagonista contando su historia en primera persona, puedes hacerlo con ayuda de este bidi:

ARQUITECTO DE LA FELICIDAD

Mi misión vital es llegar a la gente, que se permitan disfrutar de la vida y que se den cuenta del privilegio que supone estar vivos.
LAMA DONDRUB

Cuando haces algo con el corazón, disfrutando, con intención y con ánimo de crear algo bueno para ti y para el mundo, entonces sucede la magia

L a primera vez que compartí espacio y tiempo con Lama Dondrub fue en otoño del año 2016; yo participaba como facilitador en un curso de mi querido amigo Daniel Álvarez en Santiago de Compostela y nuestro protagonista participaba como ponente. En su charla escuché la maravillosa manera que tiene la filosofía budista de entender la vida, el disfrute, la conciencia, y en última instancia la felicidad. Me encantó su acercamiento a cuestiones tan importantes como la generosidad –el arte de dar y recibir disfrutando–, la paciencia –la capacidad de no permitir que nada te perturbe–, la ética –evitar que ningún pensamiento, palabra o acción afecte a la felicidad de nada ni de nadie–, la conciencia –ser en todo momento dueño de tu estado de ánimo y de tus pensamientos–, y el esfuerzo gozoso –cómo alejar el sacrificio de nuestras vidas mientras llevamos una vida activa y provechosa–. Esta charla de tan solo una hora caló tan hondamente en mí que a mi regreso comencé a escribir sobre cuestiones más profundas en mi blog; casualmente, dos artículos que escribí por aquella época relacionados con la ética y la generosidad son de los más visitados[21].

Durante aquella charla me llamó la atención la capacidad de Lama para transmitir y traducir conocimiento y filosofía orientales a la par que hacía gala de un brillante y exquisito sentido del humor, evitando entrar en cuestiones demasiado controvertidas –sobre todo de tipo religioso– asegurándose así de que su mensaje llegaba a toda la sala. Total, cuando empecé a pensar sobre posibles candidatos para este libro, me vino a la mente. Todas las personas que aparecen en este libro no han tenido ningún inconveniente en dejarme entrar en sus vidas, en cederme incondicional-

---

21 Los artículos que escribí tras asistir a una conferencia con Lama son: http://www.elmundotenecesita.com/etica-no-sabras-si-eres-una-persona-etica-hasta-que-leas-esto/; http://www.elmundotenecesita.com/generosi-dad-no-sabras-si-eres-generoso-hasta-que-leas-esto/

mente su tiempo, sus reflexiones y también sus historias. Los datos que aparecen en estas historias son verídicos, salvo algunos pocos nombres o lugares que hemos decidido cambiar para salvaguardar la confidencialidad de terceras personas; así, no les importa que salgan a la luz aspectos personales de su vida. ¿Por qué? Porque sienten que pueden hacer el bien y que su sana obligación es participar en todo aquello que ayude a crear una realidad mejor para todos. Es cierto que no todo el mundo está abierto a compartir públicamente aspectos de su vida: sus decisiones, sus desencuentros, sus pensamientos; esto, por descontado, es totalmente legítimo y respetable. En cambio, todas estas personas ni siquiera se plantean el no hacerlo. Frases como *«Quien no comparte lo que sabe es un malvado»* de Joan Carulla o *«Si mi historia puede ayudar a otros, adelante»* de Concha Quirós —conoceremos a Concha Quirós enseguida–, son una constante de todas las almas maravillosas que forman parte de este escrito. Lama, evidentemente, no fue una excepción. Diría más: hacerme un hueco en su más que apretada agenda cargada de compromisos, viajes —muchos de ellos a Latinoamérica–, charlas o sesiones grupales, es algo que guardo y siempre guardaré con profunda gratitud en mi corazón.

De la vida de Lama aprenderemos algo muy valioso: donde hayas nacido y el entorno en el que te hayas criado puede condicionarte, es cierto, pero no necesariamente determina tu futuro. Así, en el largo plazo pueden más tus convicciones y tus deseos de una existencia más plena para ti que cualquier otro agente externo, incluyendo tu familia, tu barrio o tu estatus económico o social. Aprenderemos que la vida se abre camino cuando tomamos decisiones desde el corazón, siempre desde el convencimiento de que esa es la opción más coherente y sensata; sintiendo al mismo tiempo que el camino por el que escogemos ir responde a una decisión propia y alejada de imposiciones de cualquier tipo. Del mismo modo, veremos que existen tantos derroteros por los que abrirse camino en la vida y sentirse bien con uno mismo como personas hay sobre la faz de la Tierra; tu entorno familiar, social, cultural y político juega un papel importantísimo, qué duda cabe, pero no determinante. ¿Cómo se explica sino que, como veremos, el hijo de un panadero de Sant Llorenç Savall terminase siendo un lama[22] budista?

Bien, comencemos.

El sol quería empezar a calentar en una terraza de Carrer Els Tallers, Barcelona. Aquel 10 de noviembre del 2017 estaba esperando a nuestro protagonista tomando una sabrosa y estimulante infusión cuando le vi aparecer vestido de manera informal –y no con sus habituales hábitos budistas–. Venía de liderar una sesión de empresarios en un restaurante cercano –la labor de Lama y de su equipo se extiende a la empresa y las organizaciones– y tras abrazarnos nos pusimos en ruta a Sant Cugat del Vallès donde me había invitado a una sesión de seguimiento con enfermos de cáncer de la fundación Oncolliga. En esta primera sesión grupal fui testigo de una de las virtudes de Lama: consigue transformar el ambiente y crear un espacio de recogimiento y confianza donde todo el mundo puede sentirse respetado y apreciado: *«A veces me asombro a mí mismo –me dice–; cada vez necesito hablar menos para que en las dinámicas de grupo que lidero se alcancen acuerdos de beneficio mutuo».* En aquella sesión presencié cómo los enfermos se expresaron, se escucharon, discutieron, rieron, lloraron, se abrazaron. Pusieron encima de la mesa sus problemas con la enfermedad o con su entorno familiar, e incluso surgió el nombre de algún miembro del grupo ya fallecido; pero, sobre todo, se permitieron

---

22 En el budismo tibetano, «lama» significa «maestro» o «guía espiritual»; alguien que es una autoridad que puede tener discípulos, pues es capaz de mostrar a otros el camino de la liberación y la iluminación. Nuestro protagonista es conocido simplemente como «Lama».

expresar y soltar aquello que les rondaba por la cabeza. En definitiva, viví en primera persona el efecto tremendamente liberador que aquella sesión tuvo en aquel grupo; del mismo modo comprendí la importancia de estos espacios donde personas de igual condición pueden hablar abiertamente de sus problemas, compartiéndolos en un contexto más propenso a escucharse y comprenderse.

Venerable Lama Ngawan Dorje Dondrub –su nombre de nacimiento es Andreu Merino, aunque ya nadie le llama así desde hace muchos años– nació en Sabadell en 1966, siendo el mayor de seis hermanos de una familia obrera de tradición panadera. Sus padres eran emigrantes del sur de España y cuando le pregunto acerca de su familia no tiene reparos en hablarme de su condición económica: «*Muchos prefieren decir que su familia era humilde en lugar de decir que eran pobres. Esto ha llevado a tergiversar un poco el significado de la palabra 'humilde', cuya acepción principal no tiene nada que ver con tu poder adquisitivo. Nosotros éramos pobres. Punto*».

De niño siempre mostró una facilidad especial para escuchar y ayudar a los demás: «*Siempre quise estar bien y que los demás estuviesen bien*». Lama ha tenido siempre una curiosidad especial por sí mismo y por todo lo que le rodea; así, recuerda cómo les preguntaba a los sacerdotes y a las monjas acerca de temas diversos como la existencia de Dios o la idea de pecado: «*No terminaban de encajarme del todo las explicaciones que daban de manera general al resto de los niños –me comenta–, así que todas mis dudas se las ponía encima de la mesa en privado a los profesores, curas y monjas*». Incluso me cuenta que no le hubiese importado haber sido monaguillo en la iglesia de su parroquia y que todo lo referente al mundo espiritual y a hacerse preguntas más allá de lo que veían sus ojos siempre había ejercido una atracción fortísima sobre él. «*En mi infancia no tuve a nadie que me instruyese o que se preocupase por mi interés en el mundo religioso y del autoconocimiento, así que esa puerta, la de ser monaguillo, nunca llegó a abrirse».*

El hecho de que nadie se fijase en sus habilidades intrapersonales e interpersonales cuando era un niño, hizo que solo pudiese comenzar el viaje unos años más adelante, en la adolescencia, cuando ya empezó a tener más independencia y conciencia de sus propios deseos, gustos y virtudes. En general somos bastante torpes en lo que se refiere a apreciar y fomentar los intereses y las capacidades innatas de los demás, especialmente de los más pequeños. Está bien que queramos que aprueben las asignaturas de la educación formal, pero siempre sin olvidarnos de fomentar y dar espacio a todas las inquietudes y fortalezas que muestren de forma natural, ya que es probable que de mayores miren hacia atrás y digan: «¿Es que nadie veía que esto me interesaba?» o «¿Por qué me obligaron a estudiar esto?». Esas inquietudes que emergen de manera espontánea probablemente albergan una habilidad innata fantástica y valiosísima que no debe ser ocultada ni reprimida; al contrario, ha de ser aceptada, nutrida y acogida con la importancia que merece. Nunca sabremos cuántos abogados en realidad hubiesen descubierto la energía limpia del futuro, cuántos ingenieros podrían haber compuesto obras musicales que llegasen al alma de miles de personas, o cuántos conserjes podrían haber investigado y aportado luz sobre el pasado o el futuro del Universo. Dejemos que cada persona decida su camino y aporte lo máximo a sí misma y al mundo; para ello es nuestra obligación como adultos proteger el espacio de crecimiento y proporcionar estímulos para que las nuevas generaciones se sientan libres experimentando y descubriendo su propio devenir. Así, conseguiremos no solo que vivan sus vidas de forma plena, sino también que aporten a los demás desde su máximo potencial, desde esa manera única de estar en el mundo, desde la máxima expresión de sí mismos. Todos nos beneficiaremos.

Los protagonistas de este libro han sabido siempre escuchar a su corazón y sus inquietudes. Si conseguían ayuda externa, genial, si no, genial también: han seguido su camino escuchando a su voz interior y tomando decisiones alineadas con dicha voz, llevando a cabo acciones y aprendiendo en las áreas que sienten que puede tener sentido para vislumbrar cuál es el siguiente paso en sus vidas.

Aún sin prestarle apoyo expreso, parte del entorno de Lama comenzaba a darse de cuenta de que este tenía cierta habilidad en todo lo referente al trato con otras personas; así, me cuenta cómo a los diez años una tía suya –que contaba entonces con unos veinte años– le pedía que estuviese presente cuando quería tratar algún tema delicado con su pareja. «*Recuerdo tomarme aquello con mucha responsabilidad; mi tía me pedía discreción y yo no le contaba nada a nadie de aquellas conversaciones, ni siquiera a mi madre. De algún modo me hacía sentir responsable, y eso me gustaba*».

Desde muy joven comenzó a interesarse por cómo plantearse su vida, dónde quería contribuir, más allá de las preocupaciones básicas relativas a qué estudiar o en qué trabajar: «*Recuerdo que con la eclosión hormonal de la adolescencia también comencé a hacerme preguntas del tipo: ¿qué voy a hacer con mi vida?*». A partir de los trece años y en los años posteriores inició una cruzada personal para experimentar la vida al límite de sus posibilidades. Así, me cuenta cómo inició una relación sentimental, o cómo comenzó a sentir curiosidad por el humor y la risa, que descubrió que le transportaba a un estado de ánimo maravilloso. «*A comienzos de los años 80 hicimos un club donde recopilábamos chistes y nos dedicábamos a contarlos para simplemente disfrutar del placer de reírnos*». Total, estuvieron casi tres años haciendo una cruzada a favor de la risa por el mero placer de disfrutar riendo.

En esta época de su vida Lama podía pasarse horas de juerga con sus amigos adinerados o escuchar y sostener emocionalmente a otros amigos de su barriada obrera que estaban pasando dificultades de distinta índole. Estaba liberado de prejuicios; tan solo le preocupaba experimentar, disfrutar y ayudar a que los demás también estuviesen bien y disfrutasen. *«Todo me interesaba tanto que podía disfrutar profundamente desde jugar a las cartas con mis yayos hasta explicarles a mis amigos en la discoteca qué era la meditación y cómo ellos también podían meditar».*

Lama heredó el oficio de panadero de su padre, aunque eso no le impedía seguir experimentando durante aquellos intensos años. *«Ayudaba a mi padre haciendo pan trabajando de noche hasta las 8:00 h de la mañana. En lugar de ir a la cama al terminar mi jornada laboral, comenzaba a vivir la vida de muchos de mis amigos: iba al gimnasio, a la piscina o practicaba taekwondo. En muchas ocasiones me encontré volviendo a trabajar por la noche sin haber dormido –y añade–: dormir nunca me ha gustado. Siempre lo he considerado una especie de error, un fallo de la vida. Mientras dormía no podía experimentar, no podía aprender, no podía hacer lo que sentía que quería hacer».* Nuestros protagonistas no suelen dejar mucho de su vida al azar. Es decir, se ocupan en las tareas que a cada momento les proporcionan más bienestar y satisfacción personal. Así, Joan Carulla nos decía: *«Yo hasta el último momento de mi vida quiero hacer el bien y aportar a la Humanidad»*; Francine: *«Yo no soy esclava del reloj; vivo la vida y no dejo que el reloj me diga lo que tengo que hacer. Cuando termino mis obligaciones simplemente llevo a cabo lo que a cada momento tiene más sentido».* Interesante también lo que nos dice David Carricondo: «*Me gusta fluir con la vida, no preocuparme; según la vida me da estímulos, yo respondo*».

Como curiosidad, su sana obsesión por vivir la vida de forma plena llevó a Lama en su adolescencia a acercarse al grupo de los más golfos del barrio. «*En ellos veía una camaradería y una química especiales; yo también quería ser partícipe de dicha química, así que comencé a hacer vida con ellos. Aquello no duró demasiado: en los siguientes contactos comprobé que en realidad tenían una relación muy superficial*». Una vez más vemos el orden que nuestro protagonista sigue en su vida: experimentar, llegar a conclusiones y tomar la siguiente decisión conforme a dicha experiencia. Todo ello independientemente de los juicios externos de los que, como resulta sencillo imaginar, no estaba exento.

Este deseo de encontrar respuestas le llevó poco a poco a interesarse mucho por un aspecto que nos une a todos y que es parte intrínseca e inalienable de la vida: el fin de la misma. Desde siempre, Lama supo que si quería disfrutar plenamente de la vida, de algún modo tenía que comprender más profundamente la muerte. Así, su espíritu aventurero y su pasión por experimentarlo todo para poder llegar a sus propias conclusiones le llevó a indagar este tema junto con otro grupo de personas. «*Al principio lo hacíamos también por diversión. Nos interesaba todo lo que rodeaba a la muerte y al más allá, aunque la razón principal era simplemente experimentar cosas y divertirnos –y continúa–: lo que comenzó como un juego, poco a poco se transformó en algo tremendamente serio que nos llevó a vivir experiencias muy intensas y, por qué no, también trascendentales*».

Personalmente siento que independientemente de nuestras creencias religiosas o sobre el más allá –recuerdo al lector que el hecho de no creer en nada también es una creencia–, deberíamos estar más abiertos a simplemente experimentar con el corazón abierto. Sin ir más lejos, recientemente tuve una conversación interesantísima con una amiga, Ana, que tuvo una experiencia cercana a la muerte después de un atropello que los dos habíamos vivido en primera persona en el año 2002; nunca se había atrevido a contármela –ni a mí ni a nadie– por miedo a los juicios –o más bien prejuicios– que su experiencia hubiera podido provocar. Siento que a veces nos perdemos aspectos importantes de nuestra vida porque nos hemos creído que no existen, así que no nos molestamos en observarlos y mucho menos en experimentarlos cuando los tenemos al alcance de nuestra mano. Por supuesto, agradecí de todo corazón a mi amiga que me contase su experiencia y que me prestase la anécdota para este libro[23]. Soy de los que piensan que los pensamientos y las presuposiciones modelan la realidad que experimentamos. Claro, no es coherente creer una cosa y que te pase lo contrario: consciente o inconscientemente tu cerebro tratará de buscar congruencia entre lo que piensa y lo que experimenta. Te invito a que solamente creas en aquello que de algún modo te ayude, te eleve, te dé más opciones; nuestros protagonistas no tienen límites prefijados en su modo de entender el mundo, salvo aquellos límites que se marcan y les ayudan a sentirse mejores personas consigo mismas y con el mundo que las rodea.

Es importante señalar que todo este viaje, todos los experimentos y vivencias, las llevó a cabo sin ningún tipo de pretensión de confirmar este u otro tipo de filosofía o religión; tan solo lo hacía por el placer –y la necesidad– de saber más sobre sí mismo, sobre el mundo y sobre cómo aportar más disfrute a su vida y a la de los demás. Sus vivencias llevaron a Lama a concluir que la muerte tal y como la cono-

---

23 Si quieres profundizar más en investigaciones y testimonios de personas que han estado en el umbral de la muerte, te invito a que leas el libro *Vida después de la vida* del autor Raymond A. Moody Jr.

cemos no es el fin de nada, sino más bien un paso de una senda a otra. A raíz de sus experiencias comenzó a investigar diferentes filosofías y corrientes de pensamiento –muchas de ellas de la mano del que sería su maestro durante muchos años–, hasta que concluyó que el budismo se ajustaba al 100% con todo lo que él ya había experimentado de manera personal.

En este momento del viaje llega un importantísimo punto de inflexión en la vida de Lama: a la edad de veintidós años decide seguir su propio camino y abandona el negocio familiar para continuar su senda de crecimiento personal y espiritual, siempre con el foco puesto en aprender nuevas formas de ayudar a los demás a ser más felices. Esta decisión no sentó nada bien en el seno familiar y solo su madre y su tía le apoyaron. Aún así, Lama lo tenía claro: debía seguir el camino marcado por su corazón. *«Fue una decisión muy difícil; fueron momentos muy fuertes donde mi familia literalmente se dividió... Pero no podía hacer otra cosa. Sabía que era el camino para poder vivir más pleno y ayudar de verdad a los demás. Cuando me pasaba la noche haciendo pan sentía que cualquiera podía hacerlo, que no estaba dando todo de mí; esa sensación me provocaba profundo malestar».* No olvidemos tampoco que Lama era el primogénito y parte de la familia había cargado sobre sus espaldas la continuidad del negocio familiar.

«Easy choices, hard life. Hard choices, easy life» (decisiones fáciles, vida difícil. Decisiones difíciles, vida fácil). Siempre me ha encantado esta frase de Jerzy Gregorek, un polaco que emigró a USA y pasó de ser alcohólico a ganar cuatro mundiales de halterofilia. Con el tiempo me he dado cuenta de que para hacer que tu vida realmente te pertenezca tienes que tomar decisiones difíciles; al menos difíciles en el momento en el que se toman pero que con el tiempo se atisban como las mejores decisiones que uno haya tomado. En el

año 2014 yo todavía estaba trabajando en el extranjero, vivía solo, era mi tercer año como expatriado y ya tenía claro que quería regresar a España con mi mujer. Recuerdo perfectamente el día que forcé mi repatriación. Estando en Bahrein tuve la oportunidad –más bien el privilegio– de ver al maravilloso guitarrista Eric Clapton en un concierto al aire libre en el Arad Fort, un antiguo fuerte de origen portugués. Escuchando temas como *Layla* o *Wonderful tonight* tuve un golpe de lucidez: tenía que volver a mi casa con mis seres queridos. Total, al día siguiente me presenté en el despacho de mi responsable y le dije que no iba a renovar el periodo de expatriación. Le dije: «*Necesito volver a mi casa; no solo tengo que volver a España, sino que tengo que regresar a mi casa de Oviedo*». Sabiendo que una posibilidad era que la empresa prescindiera de mí, planteé formalmente una propuesta para continuar haciendo mi trabajo desde casa. Eso sí, no di opción: me iba a casa. Con o sin la empresa. ¿Fue sencilla la decisión? No, pero no puedo estar más agradecido a mi «yo» del pasado por tomarla. Tampoco dejar aquel empleo un año más tarde fue una decisión sencilla, ni mucho menos; eso sí, saber que estoy entregando mi potencial a contribuir a que cada vez más personas encuentren su vocación profesional y anden su propio camino es algo que no paga ningún salario en ninguna multinacional. No caigas en la trampa de evitar tomar decisiones; piensa que no decidir es también una decisión: decides no decidir, y eso puede llevarte a una existencia insulsa, insípida y alejada de tu verdadera esencia como ser humano. El mundo te necesita, no lo olvides; y te necesita haciendo lo que quieres hacer y como lo quieres hacer. ¿Sabes? No aportas todo tu potencial al mundo simplemente haciendo lo que otros esperan de ti. No aportas lo máximo al mundo si te convences de que eso que no quieres hacer es tu mejor opción. Aportas de verdad al mundo cuando de corazón disfrutas lo que haces al tiempo que le encuentras sentido a eso que llevas a cabo, contribuyendo a que alguna situación ahí fuera mejore. Lama nos da también una gran lección de vida: tu entorno puede condicionar tu vida y tus decisiones, pero nunca jamás determina tu futuro. Es mucho más importante encontrar tu lugar en el mundo que resignarte a vivir la vida que otros han decidido por ti. *«Por aquel entonces comenzaba a tener una necesidad real de aportar a los demás. Así, la decisión de desligarme del negocio familiar, comenzar a caminar junto a mi maestro de aquel entonces y aprender formas de ayudar a los demás me pareció una manera bonita de enfocar la vida».*

Nuestro protagonista siente gratitud por lo que ha vivido; cuando le pregunto acerca de qué opina de su etapa como panadero me contesta: *«Trataba de disfrutarlo y de sacar lo máximo de aquello. Recuerdo decirme a mí mismo: disfruta esta etapa porque se acabará; vívela, porque esto pasará».* También la gratitud que guarda a su madre y a su tía, no solo por apoyarle en su decisión de andar su propio camino, sino también por toda una vida de aprendizajes. *«De mi madre aprendí a tirar para adelante con positividad y amor a pesar de las dificultades; aprendí a través de su ejemplo el significado de la palabra amor –y continúa–: En mi tía siempre encontré esa complicidad y confianza que necesitaba; mis experiencias de niño en las que ella confiaba en mí me marcaron mucho, me ayudó a entender que podía hacer algo bueno por los demás».* De nuevo, y al igual que en el resto de las personas que aparecen en este libro, la gratitud aparece como un sentimiento muy arraigado, sin olvidar la habilidad para escuchar y honrar las opiniones positivas que su entorno le entrega.

Así, Lama abandona el seno familiar y comienza su propio viaje en el que decide vivir en comunidad de acuerdo con la filosofía budista, al tiempo que se forma en otras disciplinas siempre con el ánimo de explorar otras formas de ayudar a los demás. Tras unos años, y prácticamente sin querer, se dieron cuenta de que habían fundado el primer monasterio budista de Cataluña: Sakya Tashi Ling: «*En realidad no quisimos crear un templo budista. Simplemente comenzamos a vivir como budistas y al cabo de un par de años nos dimos cuenta de que habíamos creado un monasterio –y continúa–: Fueron tiempos muy intensos viviendo en comunidad donde recibíamos a grandes maestros budistas; en un año llegué a enseñar meditación a más de 5.000 personas. Recibíamos decenas de visitas a diario de personas interesadas en alguno de los servicios que ofrecíamos. Incluso llegamos a grabar un CD con nuestros mantras en el 2005 que fue disco de oro* [24]».

Es curioso cómo estos dos grandes logros se dieron sin premeditación. El monasterio se creó sin pretensión; es decir, fue algo que llegó simplemente tras vivir como budistas durante unos pocos años. En cuanto al disco de mantras fusionado con música pop, Lama me explica la historia: «*Los mantras son oraciones que te ayudan a conectar con diferentes estados de ánimo y que utilizamos mucho en nuestras prácticas y rituales; alguien de la comunidad conocía a un productor en una discográfica y se nos ocurrió la idea de grabar un disco con mantras. Al productor le encantó la idea y terminamos mezclando los mantras con música pop*». El disco fue un absoluto éxito e incluso les ofrecieron hacer una gira mundial. «*Fue un momento de decisión importante –me dice pensativo–; nosotros solo queríamos llevar mensajes positivos a la gente, aunque con una gira mundial sentíamos que el dinero y el éxito estarían por encima de nuestros principios fundamentales como budistas; además tendríamos que desatender nuestros quehaceres y obligaciones con nuestra comunidad. Rechazamos la oferta*».

---

24 Puedes ver uno de los temas del disco de los monjes budistas en Youtube: https://youtu.be/MjXoVs6PHHs

Todo lo acontecido en su etapa en este monasterio es una prueba de que más importante que el hecho de tener objetivos es situarte en el camino de la vida marcado por tu corazón y ponerte manos a la obra; todo lo demás simplemente llega. Lo explica mejor él en una de las frases que más me impactaron de nuestra conversación: *«Sé que mis objetivos son limitados; es decir, sé que si estoy en el camino correcto disfrutando y aportando al máximo conseguiré cosas que ahora son inimaginables; es la ley del Karma: así como entrego el mundo, el mundo me devuelve. Siempre lo he experimentado de ese modo –continúa animado–: ¿Sabes? Yo no me creo nada simplemente porque lo haya leído en un libro. Todo aquello en lo que creo, lo he experimentado previamente –y continúa con un ejemplo maravilloso–: Imagina por ejemplo la gravedad. ¿Crees en la gravedad? Menuda pregunta, ¿verdad? La gravedad no es algo en lo que tengas que creer; la gravedad simplemente 'es', ya que la estás experimentando constantemente. Pues lo mismo pasa con muchos otros conceptos que rigen mi vida: primero soy curioso y me permito experimentarlos, después compruebo el fin que cumplen y si es algo que deseo en mi vida lo integro».*

Tras veinticinco años de convivencia, Lama decide abandonar el monasterio y liderar su propia comunidad. Tuvo que tomar una decisión difícil pero que a la larga le ha permitido seguir su camino siendo fiel a su manera de entender la vida: disfrutar a la vez que ayuda a otros a disfrutar. *«Cuando escucho el nombre del monasterio donde me pasé veinticinco años todavía algo se me remueve por dentro; llegamos a un punto en el que no nos poníamos de acuerdo en cuanto a la dirección que debíamos tomar así que una parte de la comunidad decidimos seguir una senda diferente –continúa ligeramente afectado–: Incluso perdí la relación con mi maestro; una persona con la que crecí y experimenté cosas inimaginables, podría llamar milagros, que de ningún otro modo podría haber vivido si no hubiese sido por su ayuda, conocimientos, guía y generosidad. Lamentablemente, desde que abandoné el monasterio no sabemos el uno del otro».* Puedo percibir sentimientos encontrados en sus palabras... Y siento que está bien. Que todos somos humanos. Que no pasa nada por mirar atrás y haber deseado que las cosas hubiesen sido de otro modo, siempre y cuando acabemos aceptando que no todo el mundo opina lo mismo que tú y que al final es más importante seguir tu propio corazón y abrirte camino conforme a lo que consideras más oportuno a cada instante. Lo interesante es mostrar gratitud por todo lo pasado, incluso por personas que ya han salido de nuestra vida pero que en su momento jugaron un importante rol.

«¿Te arrepientes de algo de esa época de tu vida?» le pregunté. Me mira con un pequeño brillo en los ojos y me contesta: *«El arrepentimiento tiene mucho que ver con la sensación de haber cometido un error al tomar una decisión. ¿Sabes? Es imposible cometer errores si siempre te mueves desde tu yo más elevado, entendiendo error como el hecho de actuar de manera inadecuada teniendo la información y la habilidad de hacerlo más adecuadamente en el momento preciso en el que llevaste a cabo la acción –y* aclara–: *Si siempre tomas la mejor decisión disponible no dejas espacio para el arrepentimiento; has hecho lo que en ese momento has sentido como tu mejor opción, has dado lo máximo de ti».* Me encanta este razonamiento. Cometer errores –en el sentido negativo de la expresión– en realidad deja de existir cuando simplemente te esmeras en que cada acción que llevas a cabo sea siempre tu mejor opción dadas tus circunstancias, el tiempo que tienes para ejecutar dicha acción –o tomar esa decisión– y tus habilidades. Así eliminas de raíz la idea de fracaso y, como efecto colateral, también eliminas el arrepentimiento. Te invito encarecidamente

a que leas esto último de nuevo: comprenderlo e interiorizarlo produjo un antes y un después en mi forma de entender la idea de éxito y de fracaso para siempre.

A finales del año 2016 comenzaron a buscar un lugar donde crear la nueva comunidad budista y para ello visitaron unas cien masías siempre con la intención de alquilar el espacio. *«Hice más de 50.000 km en coche –me dice–, y ninguna parecía que se ajustara a los criterios económicos, de ubicación, extensión ni estado de conservación de la masía que habíamos establecido previamente».* Cuando ya empezaba a pensar que tal vez tenía que cambiar alguno de los criterios establecidos, recibió un correo de un propietario al que previamente había contactado, que le dijo: *«Mira, yo no quiero alquilar mi masía, aunque conozco a alguien en Sant Iscle de Vallalta a quien tal vez le interese tu propuesta. Eso sí, tendría que acompañarte yo en la visita».* Después de recibir aquel correo electrónico y tras tantísimas visitas infructuosas, decidió no contestar –al menos de momento– e ir a relajarse al mercado de Sant Cugat del Vallès; aquella oferta no le inspiraba demasiada confianza ya que la persona que le contactó no tenía los detalles necesarios para ni siquiera hacerse una idea de lo que iba a ver. Allí en el mercado atisbó un nuevo puesto de quesos catalanes y decidió acercarse para conocer al vendedor y tal vez probar algún queso. *«Pruebe este, ¡está buenísimo! –le dijo el vendedor–; no hay que masticarlo, se deshace en la boca».* Tras probarlo y confirmar el buen sabor, le preguntó al vendedor: *«¿De dónde es este queso?»*, a lo que aquel buen hombre le contestó: *«De Sant Iscle de Vallalta».*

Con el tiempo, Lama ha aprendido a diferenciar coincidencias debidas al azar de coincidencias debidas a una causalidad; algo así como señales que la vida te envía para ayudarte a tomar la siguiente decisión y que parece que solo llegan en el momento adecuado. Total, se dispuso a conocer la masía que le proponían en aquel correo electrónico y que se convertiría en la sede oficial de su centro budista. Así, actualmente se encuentra en una masía de ciento veinte hectáreas por la que pagan una cantidad, digamos, simbólica. ¿Cómo? Lama me lo explica. *«Su propietario, un señor de más de noventa años, nos la quería ceder con la única condición de mantenerla en orden y cuidar de los animales que le quedaban; yo no quería abusar y como no veía justo aquel trato llegamos a un acuerdo económico muy beneficioso para nosotros que se complementaba con reparar y mantener la finca y sus animales en buen estado».* De este modo, Lama y su comunidad tienen disponible un centro de entrenamiento personal y espiritual de más de cien hectáreas con una casa increíble y enorme a su disposición por un precio muy por debajo del mercado.

Cuando le pregunto si ha tenido suerte al encontrar esta masía, él sonríe y me dice: *«La suerte solo llega cuando te sitúas en el camino adecuado persiguiendo un fin noble y haces muchas cosas para conseguir lo que necesitas en este momento –y añade–: cuando haces algo con el corazón, disfrutando, con intención y con ánimo de crear algo bueno para ti y para el mundo, entonces sucede la magia».*

Magia. Es una palabra que utiliza con mucha frecuencia. A Lama le gusta hacer magia, *«aunque lo más importante es que otros vean que si nosotros podemos hacer magia y conseguir una masía de ciento veinte hectáreas, cualquiera puede. No estoy diciendo que sea posible acceder a una masía como esta, así por las buenas; solo digo que no hemos hecho nada raro. Cualquiera podría haberlo conseguido; tan solo hemos puesto intención, energía, tiempo y corazón a nuestros actos. La suerte, la magia, están ahí esperando a todos aquellos que están dispuestos a invertir tiempo y energía en algo con sentido».* En otras palabras, que si quieres tener suerte en la vida no solo tienes que querer alcanzar un fin noble, también te lo tienes que currar un poco. Confiar en la suerte es lo mismo que entrar en un restaurante de lujo sin un céntimo en el bolsillo, pedir tres docenas de ostras y confiar en que encontrarás una perla para pagar la cuenta.

Pero, ¿para qué una masía? ¿Por qué montar un centro de crecimiento? Lama se imagina un mundo donde las personas tengan más conciencia de todo lo que hacen y al mismo tiempo disfruten del milagro de estar vivos: «*Quiero crear espirales de crecimiento comunitarias al tiempo que pienso en nuevas fórmulas para aumentar la conciencia y el disfrute de la gente. Mi misión es llegar a la gente y que se den cuenta del privilegio que supone estar vivos con la intención última de que vivan una vida más plena, más feliz*» me aclara. Para ello el equipo de Sangha Activa, el centro liderado por Lama, tiene creadas decenas de programas, sesiones y retiros adaptados a diferentes colectivos como jóvenes, empresas, profesionales de sectores concretos, etc., incluyendo formación en meditación, filosofía budista y otras actividades complementarias como el Taichí, la inteligencia emocional, la educación en la felicidad, el ejercicio físico consciente, o incluso ayudar al emprendedor consciente; todo siempre dentro del universo del crecimiento personal y espiritual. Tuve la oportunidad también de dialogar con Susana, discípula y miembro del equipo de Lama: «*Nuestro objetivo es generar actividades de crecimiento personal para el crecimiento espiritual*». Así, Sangha Activa tiene como fin último que cada vez más personas se permitan disfrutar de la vida con herramientas para ordenar pensamientos, calmar la mente y vivir la vida desde la generosidad, la paciencia y el disfrute. «*Lo que buscamos al final es darle a la gente más opciones a la hora de reaccionar o enfrentarse a un determinado evento; evidentemente queremos que esas opciones nuevas generen en la persona más bienestar, calma y felicidad. —Susana continúa—: Por supuesto, también tenemos programas exclusivos de iniciación a la filosofía budista para aquellos que deseen profundizar conscientemente en este modo de comprender la vida desde un punto de vista más ritualista y religioso».* La idea de Sangha Activa es generar diferentes contextos que puedan atraer a diferentes estratos de la población con los que poder comenzar a trabajar la conciencia, el disfrute, la apertura a más opciones en la vida y, en última instancia, la felicidad.

Miriam[25], otra discípula de Lama, me aclara su función y la del resto de discípulos. *«Creemos en el budismo como una filosofía viva, práctica y útil; más allá de un modo de pensar, lo entendemos como un modo de ser y es por ello que decidimos vivir integrados en la sociedad y llevando una vida normal. Así, nos consideramos Ngagpas: estamos convencidos de que podemos aportar más a los demás viviendo conforme a la filosofía budista en el día a día con nuestras parejas, nuestros allegados o en nuestros trabajos».* Miriam también me aclara la importancia del rol de Lama: *«Además de su papel como traductor de los conocimientos y filosofía budista, Lama nos aporta guía, dirección y apoyo. En ocasiones nos desconectamos y él siempre está ahí para ayudarnos a reconectar con nosotros mismos, con la comunidad y también con el mundo. Sabemos que está siempre ahí, pensando nuevos proyectos y nuevas formas de seguir llegando a la gente y ampliando la comunidad».*

Además, Sangha Activa tiene una obra social muy potente que incluye un centro para menores en Nepal: Sangha Children's Home[26]. Este centro, ubicado en el barrio de Boudhanath —subvencionado en su totalidad por padrinos,

---

25   Miriam Carmona es autora del libro *El sueño de Mimi* publicado también por Editorial Kolima, 2019.

26 Puedes saber más de Sangha Activa y del centro para menores en Nepal en estos enlaces: http://sanghaactiva.com y http://sanghaactiva.com/obra-social/

socios, donaciones y voluntarios–, sirve para dar una oportunidad a varios niños y niñas sin recursos para formarse y labrarse un futuro. *«Les damos la oportunidad de cambiar una realidad complicada, sobre todo después del terremoto del 2015 que fue devastador para su país»* me cuenta Lama. Su obra social también incluye acompañamientos en la última fase de la vida, voluntariado consciente –ayudan a crecer personalmente a los voluntarios mientras ejercen alguna función– o importantes colaboraciones con fundaciones o asociaciones catalanas como Oncolliga o Lliga Reumatològica, que ayudan a los enfermos y familiares en el plano emocional y vital, proporcionándoles herramientas y espacios de recogimiento para sobrellevar su enfermedad.

En octubre del año 2018 acompañé a Lama y a otro grupo de maravillosos *coaches* en un proyecto de cooperación donde realizamos una intervención en la Fundación Vicente Ferrer en Anantapur, India, trabajando codo con codo con más de ochenta gerentes; allí tuve el honor no solo de aprender de las dinámicas que lideraba Lama o de las conversaciones con él, sino también de experimentar su sentido del humor tan exquisito. *«Sé que necesito descansar cuando empiezo a contar chistes malos»* me dijo durante una cena en India. Es precisamente esa cercanía la que hace que llegue más fácilmente al corazón de los demás; en un momento podíamos estar hablando de la importancia de distinguir entre tus pensamientos y tú, y al otro estábamos riendo con un chiste contado por él mismo. En ese momento comprendí su sana obsesión por estar en contacto con la gente; sabe que solo en las distancias cortas puede de verdad llegar a las personas y tal vez ayudarlas a que disfruten más de sus vidas.

Quiero crear espirales de crecimiento

Lama ve su actual centro budista como un campo de entrenamiento personal, aunque su objetivo final es más ambicioso: formar un pueblo budista. Nos lo cuenta: «*Sería todo un logro que varios centenares de personas viviesen en comunidad aprendiendo, sintiendo, creciendo y disfrutando; para llegar a eso lo primero es crear comunidad*». Es importante señalar que Lama tiene sus propias ambiciones personales: «*Los budistas creemos que durante los instantes previos a la muerte revivimos los momentos más relevantes de nuestra vida. Bien, mi deseo es que esos momentos que se vivan sean hermosos. Para ello sé que debo siempre escucharme y sacar provecho de todo lo que vivo y siento —y añade—: quiero seguir siendo esa presencia inspiradora para facilitar que sucedan cosas buenas, quiero seguir formándome en nuevas disciplinas y herramientas para aportar siempre el máximo»*. Independientemente de su objetivo personal, Lama tiene claro lo que quiere para él: seguir aprendiendo –sin importarle beber de otras disciplinas como la psicología, neurociencia, comunicación o el *coaching*– y ser un referente para que más personas crezcan y disfruten.

Por ejemplo, me cuenta que nunca había pensado en tener un terreno de 120 hectáreas, así que *«voy a organizar rutas de crecimiento por todo el bosque; dependiendo de lo que quieras trabajar harás determinadas rutas donde tendrás que realizar tareas de manera consciente que te ayudarán a crecer y sobrellevar la situación actual»*. Dando un paseo por el bosque de la masía con Lama, me contaba cómo uno de los ejercicios que va a llevar a cabo es hacer caminar a la persona del punto A al punto B a través de un montón de arbustos y árboles, pero con la condición de no pararse nunca, no dañarse a sí mismo ni tampoco dañar a ningún otro ser vivo que se encuentre por el camino, incluyendo las plantas. Esto lo quiere utilizar como metáfora de la vida. *«En la vida necesitas dirección, aunque a veces no puedes ir todo lo rápido que quisieras, ni por el camino que a priori escoges si es que quieres mantener tu integridad y la de las personas de tu alrededor»*. Esta idea de las rutas de crecimiento era simplemente inimaginable tan solo un par de años atrás, ya que jamás pensó en disponer de un espacio abierto tan grande; recordemos su particular visión: los objetivos son limitados ya que hoy no sabes de lo que serás capaz dentro de un tiempo; lo más importante es ponerte en el camino, pasar a la acción y estar dispuesto a variar el rumbo para aprovechar los vientos favorables.

En fin, Lama es un tipo tenaz, práctico y con una idea en la cabeza: ayudar a que los demás estén bien, que aumenten su conciencia y se acuerden de disfrutar cada momento de su vida.

¿Sabes? Nunca me he considerado una persona muy espiritual. Sin embargo, en estos últimos años he descubierto algo maravilloso: cuanto más me centro en vivir plenamente, más en comunión me siento con el resto de personas y con la naturaleza. Cuanto más me centro en contribuir ahí fuera con mi tiempo y mi trabajo, más me importa que al mundo le vaya bien. Cuanto más resuelvo problemas reales de la gente, más comprendo y acojo las imperfecciones de los demás, ¡y las mías propias!

Creo que la espiritualidad tiene que ver sobre todo con sentirte parte de algo más grande; y eso se comprende muy bien cuando tratas de vivir una vida donde marcas una diferencia con tu trabajo a la par que disfrutas. Es en ese preciso instante cuando te das cuenta de que somos seres interdependientes y de que tenemos que respetarnos, ayudarnos y querernos para poder sentirnos realizados y avanzar en sociedad. Que puedes ayudarte a ti a la vez que contribuyes a construir un mundo mejor; que los miedos son tan solo ideas en tu cabeza y que puedes permitirte escucharlos sin que gobiernen tu vida. Entonces comienzas a tomar decisiones desde el amor y a vivir también desde el amor, desde aquello que quieres atraer a tu vida y a la de los demás, en lugar de tomar decisiones para castigar, anular, perjudicar o huir.

¿Sabes? El mundo necesita más amor, más comprensión, más tolerancia, más aceptación..., y menos miedo. El miedo es lo que provoca prejuicios, enfrentamientos y guerras; en cambio, el amor ayuda a comprender, une y pacifica. El miedo crea ciudadanos de primera y de segunda categoría; en cambio, el amor nos invita a mirar al resto de seres humanos como iguales.

Cuando vives desde el amor, ya no impones: fluyes. Sabes que cada uno tiene su propio viaje y que todos los viajes son importantes y únicos.

Lama y su equipo nos invitan a que nos centremos en nuestro viaje particular para sacarle el mayor provecho, recordándonos la importancia y el privilegio de poder gozar de esta existencia física.

Un anónimo escribió una vez: la vida es demasiado corta para vivirla y demasiado larga para sufrirla.

No esperes a darte cuenta de que la vida es demasiado corta. Vívela.

Si quieres escuchar al protagonista contando su historia en primera persona, puedes hacerlo con ayuda de este bidi:

ESCRIBIENDO LAS PÁGINAS DE SU VIDA

¿Jubilarme? No me apetece. No sé hacer ganchillo, no sé jugar al golf... Mi sitio está aquí, con mis libros, ¡hasta que el cuerpo aguante!
CONCHA QUIRÓS

La vida es una sucesión de pequeños momentos
(cómo decides afrontar esos momentos es la diferencia
entre que disfrutes o no de la vida)

En primavera del año 2016 se gestó en Oviedo una maravillosa iniciativa llamada La Cultura Convive; durante un fin de semana la ciudad se llenó de eventos culturales gratuitos en lugares atípicos: *flashmobs* de música clásica en la plaza del ayuntamiento, cuentacuentos en los portales de los teatros o espectáculos de danza a la salida de los centros comerciales, entre otros. Yo participaba junto con mi pareja en un dúo de guitarra y voz donde actuábamos en formato acústico en diferentes cafeterías y librerías de la ciudad. Un día en concreto tocamos en la librería Cervantes donde recuerdo cómo una mujer bien entrada en años y de pelo plateado no nos quitó ojo durante toda la actuación. Tras terminar aquel mini concierto –la idea era tocar dos temas en el mayor número de lugares posible– esta mujer se deshizo en elogios y palabras de apoyo: *«Hay que hacer más cosas como esta –decía–; tenéis esta librería a vuestra disposición para tocar siempre que queráis. ¡Oviedo tiene que estar lleno de cultura todos los días del año!»*.

La mujer de pelo plateado era Concepción Quirós –o Concha, como ella prefiere que la llamen–, propietaria y alma de la librería más antigua y emblemática de Oviedo: la librería Cervantes.

A finales de ese mismo año, 2016, me acerqué por su librería con mi primera publicación autoeditada debajo del brazo y ella me permitió presentarla públicamente; por aquel entonces yo apenas había comenzado mi labor profesional en el mundo del crecimiento personal y Concha estuvo allí, sosteniendo aquel momento y ofreciéndome el espacio para poder explicar y vender mi libro. Ella no me conocía casi de nada, tan solo habíamos intercambiado algunas palabras el día de la actuación unos meses atrás; aún así, no mostró reparos en darle una oportunidad al libro…, y también a la persona que estaba detrás: un servidor.

Dos años más tarde, en septiembre del año 2018 –y tras presentar también mi segundo libro en su librería– leía un titular en la prensa local de mi ciudad: «*Concha Quirós dará el pregón de las fiestas de San Mateo de Oviedo*». En ese instante até cabos: ¡Claro! ¿Cómo no me había dado cuenta antes? Comencé a investigar sobre ella y confirmé que había otra historia que contar, había dado con otra vida extraordinaria de la que poder extraer ese maravilloso néctar: el aprendizaje, la inspiración.

Al día siguiente de tener aquella revelación me acerqué por su librería hacia las 11:30 h de la mañana y ahí estaba ella, al pie del cañón, a sus ochenta y tres años. Tras explicarle el proyecto confirmó mis presagios: «*Qué interesante, Iván. ¿Pero de verdad crees que yo formo parte de esas personas? En fin, si tú lo consideras... Lo cierto es que siempre me preocupó ayudar a las personas, pero no en el sentido caritativo, sino en aportarles algo con lo que puedan construir una vida más feliz. Siempre creí que los pequeños gestos son los que a la larga cuentan así que si esto le puede ayudar a alguien, adelante*». Estas palabras bastaron para convencerme de que detrás de aquella librera había una persona llena de sabiduría, bagaje y también curiosidad por comprender en qué sentido ella podía ayudarme a inspirar a otros. Curiosidad, humildad y deseo de contribución: este es el buque insignia de todas estas maravillosas almas. Concha continúa animada: «*Creo que los pequeños gestos son los que hacen que la vida sea algo bonito, desde pedir perdón hasta saludar al conductor del autobús... ¡Llámame ingenua si quieres! Pero así lo siento. La vida es una sucesión de pequeños momentos y cómo decides afrontarlos es lo que en realidad hace que disfrutes o no de ella; así, no suelo dejar que me contaminen las posturas negativas*». ¡Madre mía! Todavía no había pactado un día para entrevistarla y con lo que me había dicho ya podía escribir más de dos páginas.

En fin, comencemos.

Concha nació en Oviedo en el año 1935, poco antes de estallar la guerra civil española. Era la mayor de cuatro hermanos; su madre era maestra y su padre regentaba una librería que llevaba por nombre «La casa de los maestros». *«En aquella época la librería daba muy poco así que vivíamos sobre todo del sueldo de mi madre –me cuenta–; mi padre, don Alfredo Quirós, era un hombre muy respetado y querido; amaba su profesión».* En este momento me confiesa que su padre fue un represaliado de la guerra civil española. ¿Su delito? No presentarse voluntario para la defensa de Oviedo tras la sublevación y control de la ciudad por parte del general Aranda. Le pregunté cómo su padre consiguió abrirse camino tras la guerra y, atentos a la respuesta: *«La guerra es un horror, ¿sabes? Al mismo tiempo siempre hay gente buena en los dos bandos. Mi padre era una persona buena y en el bando ganador lo sabían, así que gracias a una persona muy amiga y afín al régimen franquista consiguió seguir con su librería y abrirse camino».*

Yo nací en 1980; soy de una generación que ha tenido la idea de la guerra como algo lejano, casi impensable, y solamente hemos sabido de su existencia por los libros, por los medios de comunicación o por historias contadas por nuestros abuelos. Nuestra protagonista la vivió en primera persona siendo niña, y la posguerra, que no fue mejor que el periodo de guerra, le tocó de lleno. Abruma la sobriedad y también el respeto que muestra por aquel conflicto, mostrando un halo de compasión por los dos bandos, sabiendo que en el fondo todos somos lo mismo: seres humanos tratando de abrirnos camino en esta vida. Concha continúa: *«La vida en España en los años 40 era muy difícil y era habitual que todos los miembros de la familia ayudasen a las tareas tanto de casa como de los trabajos de sus progenitores. Así, desde que ingresé en el instituto en 1945 y con diez añitos,*

*ya comencé a ayudar a mi padre en la librería. La verdad
es que me gustaba mucho perderme entre el olor a papel y
al material de oficina que vendíamos por aquel entonces –y*
continúa con voz risueña–: *Leer significaba para mí descubrir, evadirme y también zambullirme en un mundo mágico. En los tiempos de la posguerra era la única distracción
a la que yo tenía acceso por lo que leer era; en definitiva, el
premio después de toda una jornada estudiando y ayudando en casa o en la librería».*

Me cuenta también, con una mirada pícara, cómo sus
padres no le permitían seguir leyendo tras acostarse por la
noche. Concha entonces se tapaba completamente con las
sábanas y seguía leyendo debajo de ellas para evitar que la
luz asomase por la cristalera superior de la puerta de la habitación. *«Para mí era apasionante; mi mayor diversión
era leer».*

No fue coincidencia que a Concha le encantase el entorno de los libros: *«Mira, yo adoraba los libros; bueno, los
sigo adorando. Cuando abría un cuento o un libro para mí
era como un regalo. Era mi entretenimiento, mi premio.
Leer ha sido siempre un momento para disfrutar».* En este
punto me cuenta cómo cuando tenía dos añitos la gente se
asombraba porque ya podía leer alguno de los cuentos que
había por casa: *«Yo les decía a los adultos: 'os voy a contar
un cuento y quiero que escuchéis con atención'; así que iba
contando el cuento y pasando las páginas del libro cuando correspondía... ¡Creían que era una niña más lista de
lo normal! Pero en realidad había memorizado el texto y
el momento exacto en que mis padres pasaban la página
–y ríe–. Total, siempre amé la lectura; cuando terminaba
de ayudar a mi padre con la faena, me iba a la trastienda
a marear libros y a pasar las horas, a veces sola y a veces con algunas compañeras de clase a las que también les
gustaba el ambiente de la librería».* Nuestros protagonistas

han invertido mucho tiempo en cultivar todo aquello que les hacía disfrutar. Sin quererlo, Concha estaba aprendiendo a analizar, sintetizar, interiorizar, concentrarse, memorizar... ¡Y además pasándoselo en grande! El hecho de disfrutar de una actividad hace que le saques el máximo provecho, permitiendo su desarrollo hasta la excelencia y la maestría. Sir Ken Robinson, en su libro *El elemento*, lo llama «estar en la zona»; Daniel Goleman, en su famoso libro *Inteligencia emocional*, lo denomina «fluir». Así, según estos autores, es imposible desplegar tu máximo potencial si no consigues llegar a estos estados donde el disfrute está siempre presente.

El padre de Concha, don Alfredo –que dicen se parecía físicamente al historiador y ensayista Julio Caro Baroja– nunca puso ningún problema a la incansable pasión lectora de su hija; al contrario: disfrutaba viéndola perderse entre los libros. Siempre le permitió, ya en su época adolescente, que leyese a todo tipo de autores como Frank G. Slauhgter o Somerset Maugham. Aquí de nuevo vemos la importancia de, como adultos, no solo respetar sino también fomentar las aficiones de los hijos y jóvenes: nunca sabremos en qué sentido les ayudará en el futuro o qué otras puertas podrían abrirse más adelante. Concha tuvo la tremenda suerte de tener un padre comprensivo y liberal que les dio siempre las mismas oportunidades a todos sus hijos y que además estaba concienciado con los problemas del mundo –por ejemplo, don Alfredo llevaba libros a los presos–. Pero podría no haber sido así; de ahí la importancia de buscar siempre mentores y personas cuando en tu entorno no se dan las condiciones idóneas para cultivar una disciplina, arte o afición. *«Mi pasión por la lectura y la buena sintonía que tenía con mi padre hizo que estuviese mucho más ligada a la librería que mis hermanos»* concluye.

Al terminar el Bachillerato elemental en aquel estricto y sesgado sistema educativo de la posguerra, Concha decidió seguir estudiando. «*Antes de cumplir los dieciocho años ya había sacado el Bachillerato superior y la titulación de maestra; las cosas estaban muy difíciles por entonces y mis padres siempre aspiraron a que tuviésemos lo antes posible un medio de vida, por eso corrí tanto. Además, al ser la mayor tenía que ir incluso más rápido; mis hermanos pronto querrían estudiar y el sueldo de mis padres no daba para todos*». Aquí se deja entrever el sentido tan exquisito de la responsabilidad que caracteriza a nuestra protagonista.

Todo el entrenamiento lector que tuvo desde los tres años —disfrutando, no lo olvidemos— le ayudaría después a sobrellevar con éxito sus estudios de adolescente y posteriormente en la universidad. «*En realidad no tengo el recuerdo de que me costase sacar aquello; por el día iba a clases y por la noche estudiaba, durante el fin de semana alternaba el estudio con ayudar en la librería*». Qué interesante, ¿verdad? Uno puede pasarse todo el día estudiando y trabajando sin tener la sensación de esforzarse y sacrificarse. ¿Por qué? Porque siempre se movía en contextos que le apasionaban y donde brillaba de manera natural —leer, aprender, sintetizar—, amén de encontrarle el sentido contributivo a todo lo que hacía; no olvidemos que una de las razones por las que se esmeró tanto a la hora de estudiar era que tenía que ayudar a la economía familiar. «*Muchas veces tuve que ayudar a mis padres a colocar la mercancía que iba llegando: libros, lápices, plumines y otros materiales. Como todos teníamos faena de día, esta tarea la llevábamos a cabo por la noche y normalmente regresábamos a casa bien entrada la madrugada*» me cuenta.

A los dieciocho años comenzó a estudiar en la Universidad de Filosofía y Letras de Oviedo la carrera de Lenguas Románicas mientras comenzaba a trabajar más en serio en la librería de su padre. «*En realidad en aquel momento me gustaba la psicología para aplicarla a los niños, pero solo se podía estudiar en Madrid; al no poder asumir ese gasto decidí estudiar algo en Oviedo».* Y es que, al igual que le pasó a Concha, no siempre podemos acceder a todo lo que nos gustaría en el momento en el que nos gustaría; pero hay una cosa que siempre sucede: si tomas la decisión con el convencimiento de que esa es tu mejor opción, en el largo plazo estarás donde quieres estar. ¿Dónde habría quedado su maravillosa aportación como librera si hubiese podido ir a estudiar Psicología a Madrid? Nunca lo sabremos. Pero es algo de lo que tampoco se arrepiente. *«En ese momento hice lo que consideré más sensato. ¿Me hubiera gustado estudiar otra cosa? Tal vez. Pero una vez tomada la decisión comencé a llevarlo a cabo con ilusión, tanto los estudios como la librería».* Elige una opción y sigue caminando. Hacia adelante. Siempre.

Cuando Concha terminó la carrera a los veintidós años, y aunque continuó sus estudios con la intención de doctorarse, comenzó verdaderamente a dar rienda suelta a su creatividad y espíritu emprendedor y poco a poco va tomando decisiones para mejorar la librería, desde pequeños cambios como el hecho de reubicar productos que normalmente se vendían juntos para ahorrar tiempo en la venta, hasta cambios más profundos, como eliminar los mostradores y acercar los libros al público; esta última idea y otras más, como veremos, estaban inspiradas en una serie de experiencias que viviría en Francia a comienzos de la década de los 60.

Concha solo entiende su profesión desde un punto de vista liberal: su misión es proponer todo tipo de pensamientos, géneros y artes para que sea el propio lector el que llegue a sus propias conclusiones. Esta filosofía tiene un origen vivencial. *«Tras la guerra hubo represión en las artes y en el pensamiento..., y también mucho control ideológico; existían lo que se llamaban entonces 'libros prohibidos' y mi padre tenía muchos libros escondidos de Pablo Neruda,*

Picasso o García Lorca que estaban censurados por el régimen. Muchos días después del cierre, algunos clientes se quedaban a leer y comentar estos libros». Estos libros que no estaban a la venta pero que se podían encontrar –si sabías buscar, claro– supusieron una apertura de miras por parte de la población que quería estar conectada con el mundo y con otro tipo de pensamiento. Todo esto entrañaba serios riesgos, ya que cualquier duda o atisbo de no comulgar con las ideas del régimen franquista llevaría, entre otras cosas, a la inhabilitación de su madre como maestra.

El carácter emprendedor y curioso de nuestra protagonista la llevó a viajar a Francia en el año 1959. *«Yo tenía un par de amigas que conocían París, una de ellas hermana de la escritora y poetisa Olvido García Valdés, que no paraban de decirme: '¡Tienes que ir a París! ¡Aquello es otro mundo!', así que con veinticuatro años me empeñé en conocer París* –y continúa–: *Hay que tener en cuenta que la educación por aquel entonces era un tanto mediocre debido a las limitaciones y censuras que imponía el Régimen. Así, por ejemplo, en la asignatura de Filosofía, en la carrera de Románicas no pasábamos de Jaime Balmes y claro, no entrábamos en Kant, Nietzsche o Marx. Total, que viajar y conocer otras realidades y maneras de pensar me interesaba muchísimo; era mi manera de ampliar perspectivas».* Lo más seguro tal vez hubiese sido seguir en Oviedo, terminar el doctorado y seguir ayudando en la librería a su ritmo. Pero no; quería ir París y haría lo imposible por conseguirlo. Y eso cambiaría su vida para siempre..., aunque ella aún no lo sabía.

A su padre no le gustaba la idea de que viajase tan lejos, así que le puso un par de condiciones: que se quedase esas semanas en un colegio de monjas de la capital francesa y que se reuniese con un proveedor de libros técnicos afincado en París para negociar un descuento por pronto pago. No lo dudó ni un instante y aceptó las condiciones. Con veinticuatro años iba a negociar un descuento por pronto pago por valor de treinta mil pesetas –un dineral en 1959–, y además en un idioma que no era el suyo; nunca lo había hablado más allá del entorno académico, donde le habían dado nociones de francés, italiano y portugués. Así, Concha se pasó el verano de 1959 en París, pasando hambre en aquel colegio de monjas, aunque feliz por respirar el ambiente parisino, tan diferente a lo que ella conocía en Oviedo. «*Me fui con una amiga, Paz, a la que no le interesaba aprender francés... Pero a mí me interesaba muchísimo*». El hecho de que llevase la voz cantante en las comunicaciones en París tampoco fue baladí, pues la llevaría a futuras visitas a Francia que poco a poco cambiarían su manera de concebir las librerías.

Aquí vemos cómo Concha utilizó el conocimiento que le proporcionó estudiar Lenguas Románicas en la universidad, carrera que *a priori* no le entusiasmaba. Y es que, amigos, uno nunca sabe cuándo va a utilizar los conocimientos adquiridos en algún momento de la vida. Así, Gonzalo Rubio estudió jardinería para ganarse la vida y luego utilizó esos mismos conocimientos para montar su núcleo zoológico. O Francine, que tejía para pasar el rato cuando era adolescente y esta actividad acabó siendo uno de sus principales medios de subsistencia. Las personas corrientes viviendo vidas extraordinarias acaban teniendo una serie de coincidencias a lo largo de su vida... Y en realidad no es más que tomar en cada momento la decisión más sensata e ir a por ello con todo el corazón.

Concha estuvo dos meses en Francia; dicho sea de paso, el último mes lo pasó sola ya que su amiga se había hartado del estricto e insuficiente régimen alimentario de aquellas monjas. «*Además de comer muy frugalmente todos los días, los viernes era el día de ayuno y solo comíamos un huevo duro o una sardina en aceite. Cuando volví a Oviedo pesaba siete kilos menos, lo cual le vino muy bien* a mi figura *–ríe–, aunque posteriormente pasé dos meses en cama; enfermé por la mala alimentación».* Pero, ¿qué hizo que se pasase un mes más en París y no regresase con su amiga Paz? Me saca de dudas inmediatamente: *«Los domingos se podía entrar libremente al museo del Louvre y los estudiantes podíamos entrar gratuitamente también los jueves. Total, que durante ese mes me pasé los jueves y domingos enteros recorriendo el Louvre de arriba abajo. Además, sobre la marcha recibí una invitación para asistir a una presentación de un libro; allí conocí a muchos editores de libros técnicos franceses y gente importante del gremio».* Estuvo ocho días completos recorriendo feliz uno de los museos más importantes del mundo, amén de ampliar contactos en su sector. ¿Se ve la actitud?: «¿me interesa?, ¿me aporta?». Si la respuesta es «sí» entonces: a por ello. ¡Incluso pasando hambre! Eso sí, siempre convencida y disfrutando mucho cada día, cada experiencia.

Una anécdota interesante le sucedió dando un paseo por los Jardines de Luxemburgo, en aquel primer viaje, donde una mujer le pidió que le enseñase castellano. *«Acepté de buena gana ya que, además de parecerme atractiva la idea de enseñar castellano a una parisina, me llevaría un dinero con el que podría comprarle algunos regalos a mi familia».* Esta es otra cualidad importante: estar abiertos a vivir experiencias nuevas, además de pensar en beneficiar a alguien. El lector podría preguntarse: ¿por qué es tan importante estar abiertos a nuevas experiencias? He aquí la respuesta: *«Esa misma persona me invitaría dos años más tarde para ayudarla en su casa como 'au pair', así que en 1961 pude volver a aquella ciudad que tanto me inspiraba y donde podía ver y experimentar cosas impensables en España –y continúa orgullosa–: En mi segundo viaje a París viví en primera persona todo el ambiente previo a mayo del 68, concretamente el ambiente de los argelinos emigrados justo antes de la trá-*

gica manifestación de octubre del 61. Conocer aquella realidad me abrió mucho los ojos». En este momento me mira sonriendo y dice: *«Sí, Iván, estuve antes de mayo del 68…, ¡que soy ya muy vieja!»* y los dos echamos una carcajada. A Concha también le fascinó el ballet, la ópera e incluso un día la invitaron a ir a comer ostras a través de contactos con editores parisinos. *«Descubrí un mundo nuevo»* me decía; un mundo que luego, a su manera, trataría de llevar a Oviedo a través de su librería. Concha sabe que abrirse a nuevas experiencias hace que te expongas a nuevas personas, nuevos contextos y nuevas situaciones que a su vez llevan tu vida por derroteros inimaginables.

Regresó entonces a España y, tras dos años en los que puso el foco en la librería, sucede uno de los hechos más importantes de su vida como librera: el gobierno francés le concede una beca para trabajar temporalmente en algunas de las librerías más importantes de Francia, concretamente en París y Montpellier. Era el año 1963. No fue casualidad que le concediesen esa beca: hablaba francés, su librería compraba libros técnicos franceses, y además, una de las personas que otorgaba la beca era el proveedor con el que se tuvo que reunir en 1959. *«Cuando me reuní con él en aquel primer viaje yo tenía veinticuatro años y no hablaba muy bien francés; no sabía muy bien cómo decir 'descuento por pronto pago', así que le dije que me diese un 'cadeau' –regalo en francés– por haber vendido los libros tan rápido. Total, que le caí muy bien a aquel señor; me dijo que era muy peleona y claro, nos hizo el descuento».* ¿Fue esto una simple coincidencia o tal vez tiene algo que ver su actitud ante la vida con que le concediesen la beca? Aún quedan más coincidencias en esta historia.

En este tercer viaje a Francia me cuenta cómo viajó en tren desde París a Montpellier y que tuvo que dormir vestida en el vagón-cama debido a que *«en mi vagón estaba ro-*

deada de hombres». En ese momento le pregunté las razones que la empujaban a vivir esas aventuras, intuyendo que no era fácil para una mujer española –tampoco para un hombre– recorrer Francia en 1964. Esto es lo que me responde: *«Yo no quería decir que no podía hacerlo; algo me decía que era importante vivir todas aquellas experiencias. A veces sentía miedo o reparo, es cierto, pero enseguida me decía a mí misma: 'Esto es importante, tienes que hacerlo', y tiraba para adelante»*. Nuestros protagonistas siguen su instinto. Las cosas podrán tal vez no salir como esperan, pero al menos fueron en la dirección marcada por su corazón. Por ejemplo, Concha me cuenta que más adelante recibiría una oferta para trabajar en Foyles, una de las librerías más prestigiosas de Londres, oferta que rechazó porque pensaba que aceptándola ponía en peligro la supervivencia de la librería. *«Por aquel entonces creía que era imprescindible en mi librería y decliné la oferta; estoy convencida de que hubiese aprendido mucho en Londres, pero en ese momento mi sitio estaba aquí, con mis libros»*. ¿Le hubiese ido mejor si hubiese aceptado la oferta de trabajo en Foyles? Nadie lo sabe. Pero no importa; lo importante es que no hay arrepentimiento; tan solo hubo una decisión de la que estaba convencida de los pies a la cabeza. En este momento me viene el recuerdo de Manuel Paz, otro de nuestros protagonistas, cuando construyó su primer instrumento con botellas del bar y sus padres quisieron que estudiase piano, pero él declinó la oferta. Tal vez hubiese acabado siendo un buen concertista de piano quién sabe, pero hay una cosa segura: Manuel no guarda ningún tipo de arrepentimiento por aquella decisión.

Tras todas estas vivencias en Francia, Concha comienza a darle otro aire a la librería y se propone acercar los libros a la gente de modo que estén accesibles y puedan tocarse y ojearse: *«Teníamos un mostrador en forma de 'U' que abarcaba casi toda la librería y un buen día, cuando mi padre fue a tomar el café, lo quité sin su permiso –y continúa–: Al volver se enfadó tanto conmigo que tuvimos que volver a colocarlo. Total, repetimos esta operación tantas veces que, al fin, ¡un día le convencí!»* nos echamos los dos a reír. Además de eliminar el mobiliario intrusivo, comenzó a hacer eventos culturales como presentaciones de libros, clubes de lectura y charlas literarias que por aquel entonces eran toda una novedad. *«Todo esto me ayudaba a acercar los libros, sus autores y sus mensajes a la gente».* Pude conversar con Fernando Menéndez, poeta y organizador del club de lectura; cada quince días se centran en algún título y lo desmenuzan en un ambiente coloquial y distendido. *«No deja de ser un pequeño milagro que varias personas se junten para hablar de un libro; esto es justamente lo que sucede en la librería Cervantes –me cuenta Fernando–; el club de lectura acerca a personas con aficiones afines donde además conseguimos que algo individual, como es la acción de leer, se convierta en algo social y colectivo –y continúa animado–: Estas jornadas generan vínculos y relaciones entre los asistentes más allá de la charla en sí; también aprenden a disfrutar más si cabe de la lectura, fomentando y alimentando su curiosidad con nuevos autores o el redescubrimiento de los clásicos –y termina con un interesante testimonio–: En el club de lectura fui testigo incluso de cómo algunas personas superaron un bache en la vida gracias no solo a que les ayudamos a fomentar el amor por la lectura, sino también por las sinergias que se creaban entre los asistentes que trascendían las paredes de la librería».*

En su empeño por mejorar la experiencia del lector, Concha también abrió otra pequeña librería cercana a la principal, *El búho lector*, especializada en literatura infantil y juvenil. Además, comenzó a interesarse por crear un clima agradable dentro de la librería dándole importancia a la decoración y la disposición espacial de las estanterías y libros. «*La idea era que a la gente le apeteciese entrar y pasar un rato en la librería, aunque no comprase nada*» me dice. Alfredo, sobrino y mano derecha de Concha desde hace más de veinte años, me cuenta cuán gratificante es ver que los niños que primero compraban en la librería juvenil han ido pasando a comprar en la de adultos: «*Es indescriptible —me cuenta—; cuando dispones un contexto para que las personas se ilusionen con la lectura es cuando todo cobra sentido*».

Los primeros años, tras comprar el local de la nueva librería —donde se encuentran actualmente—, fueron muy complicados; tenían que pagar la hipoteca al banco, además del pago al personal y por supuesto la adquisición de libros. «*Fueron años duros en los que vivíamos mes a mes; mi padre incluso insistió en cerrar parte de la librería y alquilarla como local particular para ganar más dinero; pero yo me negué: sentí que había que apostar por un concepto diferente y moderno de librería y para ello necesitaba todo el espacio posible*». Las cosas mejoraron sustancialmente a partir de la década de los 70 cuando España comenzó a mostrar signos de crecimiento económico, lo que repercutió muy positivamente en la librería. «*Los libros por aquella época estaban muy bien valorados socialmente, así que empezamos a vivir más holgadamente*».

Un detalle curioso de la historia de Concha fue justamente su condición de mujer. No era habitual ver a una mujer empresaria e independiente en la década de los 60; en este sentido fue también una pionera: «*Cuando iba al banco a hacer gestiones y me tocaba un empleado nuevo, siempre me preguntaba por mi marido y si podía hablar con él para validar las operaciones, hasta que salía otro y decía: '¡Atienda a esta señorita, que es una de esas modernas independientes!', y entonces me atendían*». Me cuenta entonces otra anécdota relacionada: «*Tuve algún pretendiente, con-*

cretamente uno que viajaba mucho y me sugirió que después de casarnos tendría que dejar la librería y dedicarme a la casa, amén de seguirle allá donde fuese. Yo pensaba, ¿tener que hacer vida hogareña y seguir a mi marido por el mundo? Mi sitio estaba con mis libros; no me costó nada tomar la decisión: ¡Ni loca!» los dos echamos una sonora carcajada. Impresiona su actitud positiva en la vida; no se enfadaba con el empleado del banco o con el pretendiente que quería convertirla en «la-mujer-de»; estaba tan centrada en el siguiente paso que tenía que dar que ni siquiera se permitía el lujo de perturbarse por aquel machismo tan ferozmente arraigado en la sociedad. Como curiosidad, fue de las primeras conductoras de Oviedo, tal vez incluso la primera. También fue de las primeras personas de Oviedo en tener un teléfono móvil –un Motorola StarTac– o en montar una página web para su negocio en el año 1996, cuando nadie creía que serían necesarios ni los teléfonos móviles ni la presencia *online* de tu negocio.

Para nuestra protagonista, la figura de su madre, trabajadora, fue un importante espejo en el que mirarse; incluso en ocasiones vivían más del sueldo de ella que del padre. Esto me recuerda a una frase que leía el otro día, que rezaba: «los mejores consejos son aquellos que das sin saber que los estás dando». El ejemplo es muchas veces la mejor manera de enseñar a los demás y también de construir la sociedad que queremos; y, lo mejor de todo: está a nuestro alcance; tan solo tienes que comenzar a aplicar en ti mismo lo que quieres ver en los demás. Su madre jugó un papel silencioso –aunque no por ello menos importante– ya que le mostró un tipo de realidad poco extendida en la época: una mujer trabajadora y con mucho rango de independencia. A su vez, es probable que Concha haya servido de ejemplo a muchas mujeres sin ni siquiera saberlo, sin perseguirlo; ella simplemente fue tomando las decisiones que sintió más pertinentes con la convicción de que su condición de mujer no podía suponer un problema. *«Nunca me planteé ceder en nada que quisiera hacer por el mero hecho de ser mujer»* sentencia.

Pero, vayamos ahora con la siguiente coincidencia, el siguiente golpe de suerte.

En el año 1994 se pusieron en venta de manera simultánea e independiente las dos plantas situadas encima de la librería. *«Justo en aquel momento necesitábamos seguir creciendo; aquellos dos nuevos espacios era lo que necesitábamos para seguir con el concepto de librería que queríamos»*. Cuando te colocas en el camino adecuado, como nuestros protagonistas, eres testigo de que la vida poco a poco te va dando lo que necesitas. Eso sí, son necesarias fuertes dosis de perseverancia, determinación y tesón; estas a su vez se consiguen cuando el proyecto es ilusionante y va más allá de ser un medio para conseguir un simple retorno económico, buscando aportar valor y crear un mundo mejor.

El camino no estuvo exento de momentos duros; en el 2008 Concha y su equipo –por aquel entonces su sobrino Alfredo ya estaba al frente de la librería, aunque ella siempre participaba de las decisiones importantes–, en su afán por seguir mejorando la experiencia de sus clientes realizaron una reforma importante: crearon un espacio en la planta baja para presentaciones de libros, cambiaron toda la decoración por otra igual de bonita, aunque más funcional, y también añadieron hilo musical para poder radiar los eventos culturales por toda la librería. Esto supuso una inyección de ilusión, sí, pero también asumir una nueva deuda con el banco. Y entonces llegó la crisis económica del año 2009 que azotó al mundo en general y que se cebó particularmente con España, ya que tuvo el agravante del estallido de la burbuja inmobiliaria y la posterior pérdida de más de dos millones de puestos de trabajo en los siguientes años. *«Fueron años durísimos... En realidad no nos hemos recuperado todavía*

—me cuenta con cara de preocupación–; *no nos quedó más remedio que negociar con las editoriales y pedirles los libros en depósito, así como reducir nuestro stock a la mínima expresión. Tuvimos suerte de que editoriales y distribuidoras comprendiesen la nueva situación»*. De nuevo aparece la palabra «suerte»; claro, la librería llevaba sus pagos al día con todas las editoriales así que estas, en compensación, no tuvieron problema en cambiar la manera de seguir haciendo negocio con la librería. La suerte en este caso fue algo que se forjó a lo largo de toda su vida de buenas relaciones y que, cuando llegó el momento, se tradujo en algo concreto: dejar de comprar libros por adelantado y empezar a adquirirlos en concepto de depósito. Alfredo, su sobrino, lo tiene claro: *«Concha siempre tiene ideas en la cabeza para mejorar; es tenaz, perseverante y muy obstinada: hasta que no lo logra no para. Eso sí, es la persona más íntegra y honesta que conozco; es una mujer de palabra y siempre se mueve dentro de las reglas del juego, viendo a otras librerías como entidades con las que cooperar y colaborar, nunca como competencia; las editoriales apreciaban mucho esta actitud, así que no hubo mayor problema cuando tuvimos que reajustar los acuerdos económicos con ellas»*.

Concha no deja de nombrarme a su padre, don Alfredo: *«Se lo debo todo —me dice–; en 1986 incluso compró la segunda librería, más grande, conmigo. No hubiese podido hacerlo sola. Además, antes de fallecer y tras una larga enfermedad, puso la librería a mi nombre. Lo acepté con cariño y gratitud»*. Todos los protagonistas de este libro saben que es importante tomar la iniciativa y hacer las cosas bien, pero también saben que no estamos solos en el mundo y que muchas veces necesitamos el apoyo de otros seres humanos que nos dan oportunidades, como por ejemplo aquel señor que ayudó a Concha a conseguir la beca para trabajar en librerías de París y Montpellier.

No quiero vender libros por el mero hecho de facturar,
quiero que esa venta sea el inicio de una relación de un ser humano
con ese libro que acaba de comprar

¡Ay! Qué maravilloso es compartir tiempo con un ser que desprende tanta sabiduría y humanidad a la vez que humildad; tan solo espero estar eligiendo las palabras adecuadas para hacer llegar al lector todas estas sensaciones. Y es que Concha no vende libros, ¡qué va! Vender libros es tan solo un medio para lo que de verdad pretende: inspirar y despertar la curiosidad de las personas, hacer que su imaginación vuele, eso es lo que busca. «*Eso es lo que en realidad persigo, que la gente entre y ojee los libros. Que se sienten en uno de estos sillones y lean un rato; como mínimo ya ocupan su tiempo en algo tan sano y maravilloso como es la lectura. Tal vez hoy no compren nada, está bien; pero tal vez se acuerden de ese libro para el futuro o como regalo para alguien. Aquí quiero exponer a las personas a cosas nuevas; me gusta la idea de que la gente encuentre algo que no esperaba, que no imaginaba. Mi idea es que cada libro vendido tenga un sentido, tenga un recorrido. No quiero vender libros por el mero hecho de facturar; quiero que esa venta sea el inicio de una relación de un ser humano con ese libro que acaba de comprar*». Maravilloso. Ella no vende libros, despierta la curiosidad de las personas. Esa es la razón última por la que abre la librería todos los días. Fernando, organizador del club de lectura, me cuenta una anécdota en este sentido: «*El papel de la librería Cervantes es fundamental —me dice—; por ejemplo, el otro día observé a una chica joven cuyo lenguaje corporal no podía esconder el entusiasmo al elegir un libro de la estantería. Eso solo sucede en espacios donde se busca despertar la curiosidad, y para esto Concha y su equipo trabajan todos los días*».

Así, aunque siempre tiene algunos *bestsellers* a la vista «porque hay que asegurar unos mínimos ingresos», la librería tiene secciones especiales de libros; existe una en concreto que ella llama *delicatessen*: pequeños libros inclasificables con un alto valor literario. También tiene la sección de «Bellos libros» donde puedes encontrar ediciones ilustradas y maravillosas de algunos clásicos —y no tan clásicos—; del mismo modo, en la sección «El desván» puedes encontrar libros alucinantes a un precio irrisorio. En un momento dado le conté ilusionado que, justamente en esta última sección, encontré un libro con una recopilación de cuentos de Hermann Hesse que me alucinó y cuya existencia desconocía; ella me miró a los ojos con una hermosa sonrisa y me dijo: «*Justo eso es lo que persigo: conseguir esa cara de felicidad, fomentar ese espíritu curioso. Eso le da sentido a todo lo que hago; le da sentido a todo el tiempo y energía que le he dedicado y también a los malos ratos a lo largo de todos estos años; en definitiva: me hace sentir feliz*». Sin palabras. Saber que llega al corazón de la gente hace que cualquier momento malo se olvide. Lo mismo decía Gonzalo Rubio, otro protagonista de este libro: «*Cuando llevo muchos días seguidos trabajando sin descansar, suelo leer el libro de visitas del núcleo zoológico; ser consciente del impacto positivo en la gente me anima a levantarme al día siguiente con la misma ilusión*». Alfredo, sobrino de Concha, me confiesa que tal vez Oviedo no ha reconocido todo lo que la librería ha hecho por la ciudad: «*Todos los días ponemos a disposición del mundo 50.000 títulos diferentes, aportamos independencia, asesoramos a bibliotecas y universidades, ayudándoles también con los pagos; todo eso además de organizar actos y traer escritores de renombre, lo que permite acercar los autores a la gente*». Recordemos que Concha tiene un trato exquisito con todas las editoriales y eso hace que grandes figuras se dejen caer por la ciudad. Alfredo termina pensativo y rotundo: «*Creo que Oviedo no es del todo consciente del valor cultural que aportamos a la ciudad. ¡Incluso otras librerías vienen a vernos para ver cómo lo hacemos!*».

Otra de las características de Concha y del resto de protagonistas de este libro es que no ven el trabajo como algo impuesto; lo ven como un medio para conseguir el fin último que persiguen: educar en el respeto a la naturaleza, en el caso de Gonzalo Rubio; crear el espacio para sentir y experimentar más, en el caso de David Carricondo; o construir un mundo más digno y tolerante, en el de Manuel Paz. Así, Concha me cuenta que las jornadas en una librería siempre son muy largas y que después de cerrar hay que seguir con la faena. Cuando le pregunto si todo aquello lo recuerda como algo duro, atentos a la respuesta: *«Es cierto que siempre había faena después del cierre y que llegaba a casa generalmente tarde, pero no importaba. Siempre estaba con ánimo de mejorar algo y de comprobar cómo había ido la iniciativa anterior para decidir si tendríamos que enfocarlo de otro modo. Todo esto, claro, lleva tiempo, pero era la manera de abrir la librería al día siguiente manteniendo la ilusión».* El foco, como se puede ver, está siempre fuera: cómo llegar a las personas, cómo ponérselo más fácil. Esto hace que no vean el trabajo como algo tedioso, sino como un instrumento que les permite llegar al fin que persiguen: contribuir ahí donde creen que su aportación es necesaria.

En el momento en el que escribo estas líneas Concha tiene ochenta y tres años y sigue yendo todos los días a la librería; no tiene ninguna necesidad de hacerlo y aún así puedes verla si te acercas por ahí. *«Aquí estoy con mis libros, estoy con mi gente, sigo organizando eventos culturales en bibliotecas o en la propia librería. Aquí estoy encantada, feliz, en paz».* Cuando le hablo de la palabra jubilación, ¡se echa a reír! No quiere saber nada de esa palabra. *«¿Jubilarme? No me apetece. No sé hacer ganchillo, no sé jugar al golf y tampoco me gusta la vida contemplativa. Seguiré hasta que el cuerpo aguante; justo la semana pasada llegué de Barcelona, donde tuve que hacer una gestión para la librería»* y ríe. En ese mismo instante me señala a una pareja de mediana edad y me dice en voz baja, aunque orgullosa y con la cara iluminada: *«¿Ves a esa pareja? Vienen de vez en cuando desde Madrid y se llevan un montón de libros; vienen aquí porque dicen que esta librería es única y que no hay nada parecido en ningún sitio».* Y es que desea que la librería dure otros 100 años; que el legado que recogió de su padre, don Alfredo, siga perdurando en el tiempo para seguir ofreciendo espacios que fomenten el recogimiento, la magia y despierten la curiosidad de las personas para contribuir a que este mundo sea un lugar mejor para todos.

En una de mis visitas para revisar la historia con ella, me la encontré en su despacho con seis puntos de sutura en la frente. «¿Qué pasó, Concha?» pregunté preocupado. *«Nada, nada, Iván; hace un par de días tropecé y con tan mala suerte que me di con la cabeza en el suelo. Como tengo algo de dolor, ¿te importa que revisemos la historia la semana que viene y así estoy más despejada?».* Tenía que ver el lector mi cara de incredulidad: ella atendiendo al teléfono y trabajando como si nada con ocho centímetros de brecha suturada en la frente. En ese momento comprendí por qué esto de jubilarse no entra en los planes de nuestra protagonista.

En el 2021 la librería cumple 100 años. Si este libro llega a tus manos antes, te recomiendo encarecidamente que no te pierdas lo que van a montar.

Quiero dejarme inspirar por Concha Quirós y su maravilloso legado.

Quiero dejar que algún libro me encuentre, me sorprenda.

Quiero, en definitiva, aprender de la sabiduría, experiencia e imaginación de otros.

· ·

Si quieres escuchar a la protagonista contando su historia en primera persona, puedes hacerlo con ayuda de este bidi:

FORJANDO LA SOCIEDAD DEL FUTURO

Cuando vemos —y vamos— más allá de las etiquetas que les ponemos a los alumnos, es entonces cuando empezamos a ayudarles de verdad.
ELISA BELTRÁN

Un profesor te marca si de algún modo
la emoción estuvo presente

Una de las preguntas recurrentes que me hacían conocidos y allegados mientras escribía este libro era: ¿Cómo encuentras a estas personas? ¿De dónde salen? Lo cierto es que yo siempre respondía lo mismo: es difícil encontrarlas solo si tienes el foco puesto en otro sitio; estamos rodeados de estas personas maravillosas que han encontrado su vocación profesional y que entienden que su labor es mucho más que un medio de supervivencia: lo consideran un modo de vida. Pero claro, tienes que estar pendiente para detectarlas; además, hay que tener en cuenta que llevan el disfraz de corrientes, ¡por eso no las vemos!

Estamos bombardeados por las malas noticias, por los desastres; todo ese ruido no nos permite escuchar y vislumbrar la otra realidad: las buenas noticias y los logros que se producen impulsados por personas que desean aportar su granito de arena a la sociedad y que se esmeran en dejar este mundo mejor a como se lo han encontrado. Así, en lugar de focalizarme en los sucesos, atracos, accidentes, políticos corruptos, conflictos o famosos de usar y tirar, centré mi atención en las secciones de sociedad y cultura de la prensa, además de leer y escuchar muchas entrevistas en medios de comunicación de todo tipo. Sobre todo presté especial atención a las conversaciones con mis allegados de modo que si alguien hablaba muy bien de otra persona inmediatamente la investigaba para ver si podía encajar o no en este libro. Otro medio muy potente e interesante fue preguntar a todo el que se cruzaba en mi camino: ¿conoces a alguien cercano a ti que te inspira, alguien a quien te quieres parecer?, ¿conoces a alguna persona que sienta dedicación y pasión por aquello que hace y que disfrute haciéndolo?

Curiosamente, la primera vez que supe de nuestra siguiente protagonista, Elisa Beltrán, fue investigando a una candidata homónima. En una investigación preliminar, tal y como explico en el capítulo «¿Cómo se ha escrito este libro?», decidía si tenía sentido dar el siguiente paso y contactar a la candidata. Coincidencias de la vida –y también gracias al motor de búsqueda de Google– entre los resultados apareció una entrada de otra Elisa Beltrán diferente a la que en realidad estaba buscando: nuestra protagonista. La vi en un vídeo[27] del periódico La Nueva España donde daba las cinco pautas esenciales para trabajar con un niño durante su proceso de aprendizaje:

1. Creer en él
2. Fomentar el aprendizaje desde el disfrute y la emoción
3. Trabajar desde sus propios intereses
4. Uso de juegos digitales y nuevas tecnologías
5. Quererle mucho

«Quererle mucho»; aquello llamó mi atención. Algo vi en los ojos de Elisa. Esa mirada tierna, sincera, humilde y cargada de amor que acompañaba a la perfección a cada palabra que articulaba. Lo cierto es que al cabo de tantos meses en modo búsqueda, uno desarrolla una intuición especial para discernir cuándo alguien habla con el corazón y de verdad ama su profesión. Total, rápidamente comencé a tirar del hilo y poco a poco fui dándome cuenta de que había dado con alguien corriente y no por ello menos extraordinario: una profesora de Educación Primaria que utilizaba un lenguaje y un sistema de enseñanza mucho más sentido, más centrado en que cada alumno dé lo máximo de sí mismo, planteando situaciones prácticas de su interés para crear un clima de curiosidad fomentando el compañerismo en lugar de crear un ambiente de competencia. Cuando ya tenía

---

27 Puedes ver el vídeo en el que escuché a Elisa por primera vez aquí: https://www.lne.es/multimedia/videos/oviedo/2018-10-31-156226-cin-co-claves-mejor-educacion-elisa-beltran-nominada-mejor-profesora-espaa.html

decidido contactarla para explicarle el proyecto descubrí que la plataforma EDUCA le había otorgado el premio EDUCA ABANCA por quedar entre las diez mejores en el ránking de profesores de Educación Primaria de España. Había dado con otra persona de la que poder sacar conclusiones para cumplir con el cometido de este libro: mostrarle al mundo que eso de dedicarte a lo que de corazón amas no es una utopía; al contrario, estamos rodeados de personas que adoran su trabajo. Tal vez te hayas percatado de un detalle: muchos de nuestros protagonistas viven en Asturias, aunque esto no ha sido en absoluto intencionado. En el momento en el que escribo estas líneas resido en Oviedo y lo más lógico y normal ha sido encontrarme gente de mi entorno; si viviese en Palma de Mallorca, estoy convencido de que la mayoría de las personas que habría entrevistado serían mallorquinas.

Tras contactar con Elisa a través de las redes sociales y explicarle un poquito lo que tenía entre manos —¡bendita era digital!—, su respuesta fue un calco de la del resto de protagonistas de este libro: «*¡Claro que me animo, Iván! Me parece un proyecto apasionante y sería un orgullo para mí formar parte del mismo*».

Demos pues comienzo a nuestra siguiente historia.

Elisa Beltrán nació en León en el año 1972, aunque el lugar de nacimiento resultó absolutamente circunstancial ya que viviría —y también desarrollaría su carrera profesional— en Asturias. Al cabo de dos años nace su hermana menor y en el año 1977, cuando cumple seis años, unos eventos en el seno familiar provocan la separación de sus progenitores. «*Total, mi hermana y yo nos criamos con mis abuelos y con mi padre*». He de decir que Elisa pasa de puntillas por esa experiencia, evitando detalles, aunque sin ocultar la gravedad de la misma. Pensemos que el año 1977 aún eran tiempos preconstitucionales y desde un punto de vista cultural y, salvo excepciones, se esperaba que la mujer se encargase de llevar la casa y criar a los hijos. Bien, esta fue una de esas excepciones.

Toda aquella experiencia le marcó profundamente y por aquel entonces se encerró en sí misma. *«Aquel año y con el curso ya empezado, tuvimos que cambiar de colegio y a mi hermana y a mí nos inscribieron en Las Ursulinas de Oviedo. Recuerdo que me encontraba débil en todos los sentidos: física, mental y emocionalmente. Aquella experiencia familiar me afectó bastante; comía muy poco y enfermaba cada dos por tres. Además, me habían operado de estrabismo y llevar aquellas gafas no ayudaba en mi relación con otros niños* —y continúa—: *A toda esa situación personal se sumó el hecho de que el nuevo colegio consideró que mi nivel no era el adecuado para continuar en el curso que me correspondía; total, me retrasaron un curso»*. Me llamó poderosamente la atención el nivel de detalle del relato de Elisa —no olvidemos que fue algo que le sucedió a los seis años de edad—, así que le pregunté por más recuerdos relacionados con la entrada en el nuevo centro educativo. *«Recuerdo perfectamente a la profesora que le comunicó a mi familia la decisión de mandarme un curso para atrás; tengo el recuerdo de que me lo puso todo cuesta arriba* —y continúa—: *Finalmente me llevaron a una clase de primero de EGB y me asignaron una tutora, Esther Bear, que fue todo lo contrario: se convirtió en mi tabla de salvación. Esta persona se volcó conmigo y se empeñó en ayudarme a salir de ese bache emocional; también ayudó mucho a mi familia en cuanto a su relación conmigo, especialmente a mi padre* —y concluye—: *Realmente necesitaba ayuda y esta persona supo ver esa necesidad. Esther me acompañó a lo largo de toda mi educación primaria; ella siempre confió en mí y esa confianza me inspiró a su vez autoconfianza»*.

A mi alrededor observo cómo los adultos tratan demasiado a menudo a los niños y jóvenes con cierta condescendencia, considerándoles medias personas que no se enteran de lo que pasa y que tienen que cumplir sin rechistar con el criterio del adulto. El primer aprendizaje que pone encima de la mesa nuestra protagonista es este: los niños no solo se enteran −tal vez a su modo, pero se enteran−, sino que también tienen sus propios razonamientos que les afectan emocionalmente, pudiendo provocarles ansiedad y, en consecuencia, otros trastornos que afectan al comportamiento o, como en este caso, a los hábitos alimenticios y finalmente a la salud. Y no solo eso: cómo nos dirigimos a ellos y en qué medida confiamos en ellos les impacta de una manera directa[28]. El segundo aprendizaje tiene que ver con el impacto real que nosotros como adultos tenemos en los niños. Así, una experiencia concreta puede hacerte ir en una dirección en la vida... O en la contraria. ¿Qué hubiera pasado si no hubiese aparecido esa tabla de salvación en aquel momento tan delicado de su vida? Por cierto, Elisa sigue en contacto con Esther y siguen apreciándose y quedando de vez en cuando para ponerse al día.

Elisa continúa con una afirmación: «*Los niños te van a recordar más por cómo eres y por cómo te relacionas con ellos que por lo que les enseñas; un profesor te marca si de algún modo la emoción estuvo presente: asombro, diver-*

---

28 En 1968, Robert Rosenthal y Lenore Jacobson llevaron a cabo un experimento titulado *Pigmalión en el aula*. Básicamente, el estudio consistió en informar a un grupo de profesores de Educación Primaria de que a sus alumnos se les había suministrado un test con el que se evaluaron sus capacidades intelectuales. A continuación se les dijo a los profesores cuáles fueron los alumnos que obtuvieron los mejores resultados y se les advirtió que esos alumnos serían los que obtendrían un mejor rendimiento a lo largo del curso, como posteriormente sucedió. Lo sorprendente del experimento es que el test inicial no se realizó y que los supuestos alumnos brillantes representaban el 20% del total y fueron elegidos al azar, sin tener en cuenta sus capacidades. De esta forma se constató que los maestros crearon tan elevada expectativa sobre un grupo de alumnos, que actuaron a favor de su cumplimiento. Rosenthal R, Jacobson L. *Pygmalion in the classroom*. New York: Holt, Rinehart & Winston; 1968.

sión, sentirse respetado, etc. Así, un pilar a la hora de crear contenidos en mis clases es que disfruten aprendiendo... Bueno, eso y quererles mucho». Una amiga, Beatriz Mora, me contó una preciosa anécdota al hilo de esta frase de Elisa, que lo confirma: *«Mi madre, Isabel Rivas, era profesora de Matemáticas en Ciudad Real; a veces me paran por la calle sus antiguos alumnos y me dicen: 'Tu madre era una profesora fantástica: nos trataba como a personas y creía en nosotros'».* Tuve la oportunidad de ver a Elisa en acción en su colegio toda una mañana y he sido testigo del verdadero amor, más bien devoción, que los niños sienten por ella; observé a los críos aprovechando los momentos entre clases o al final de la jornada para ir a abrazar –¡en grupo!– a su profesora. Y es que Elisa vivió en primera persona el impacto positivo que una sola persona, una profesora, puede tener en la vida de una niña. Esta primera experiencia donde recibió ayuda en el momento que más lo necesitaba sería la antesala a un montón de vivencias posteriores, siempre relacionadas con ayudar a otras personas desfavorecidas en diversos contextos.

Pasan los años y en los últimos cursos de aquella educación obligatoria la cosa cambia sustancialmente, y no precisamente para bien. *«Aquellos profesores ya eran de corte más clásico: iban a clase, contaban la lección de manera robótica y se marchaban. Además, utilizaban mucho el recurso de la comparación, dando por sentado que si tus calificaciones eran bajas, era 'porque no te esforzabas' o directamente 'eras menos apta'. Me decían: 'Tienes que esforzarte más'. Aquello creó esa idea en mi cabeza de que o bien no rendía o bien no me esforzaba. Es decir, solo veían la parte débil y era lo único que proyectaban sobre mí. Recuerdo perfectamente que esto a su vez me hacía más pequeña y débil».* De nuevo, el mensaje que les damos a los niños –y también a los adultos– influye en la auto-imagen que esa persona crea de sí misma; si esa imagen es de «yo puedo» o de «no lo he conseguido todavía, voy a intentarlo de otra forma», tendrás una manera de encarar la situación muy diferente a que si es de «soy menos listo que el resto» o «soy un vago, no me esfuerzo». Elisa continúa: *«Estos profesores me decían: '¿qué haces que sacas peores notas que tu hermana?', más bien pidiendo una explicación, en lugar de tratar de averiguar cómo ayudarme. Aquello me suponía una presión enorme. Además, era la mayor y me echaban en cara que tenía que dar ejemplo. En fin, por eso me dedico a lo que me dedico, para aportar otra visión dentro de la educación; una visión donde veamos más allá de las etiquetas que les colocamos a los alumnos: trasto, vago, inquieto... Cuando vemos y vamos más allá, es cuando nos damos cuenta de que el comportamiento de un alumno es un síntoma, y para actuar sobre el síntoma hay que descubrir las causas y actuar sobre estas últimas».* Así, las vivencias con su profesora Esther y posteriormente con los profesores más «conservadores», forjaron en nuestra protagonista una manera diferente de entender la educación desde una perspectiva más holística, más respetuosa y también más emocional.

Elisa comienza los cursos previos a la universidad en el Colegio Auseva cuando sucede otro hecho que le afecta emocionalmente: su padre, Jesús, se casa de nuevo. *«Debo reconocer que hubo muchísima comprensión por parte de mi padre y de su mujer, Pilar. Mi hermana y yo vivíamos con mis abuelos, Lía y Manolo, que siempre fueron un referente en nuestras vidas, y temíamos que decidiesen mudarnos a otro piso, alejándonos de ellos. Total, mi padre junto con su mujer, acabaron comprando un piso en el mismo portal; aunque dejamos de vivir con ellos, seguíamos viéndonos y conviviendo mucho* –y añade–: *no se rompió el vínculo y cuando discutíamos con nuestros padres, entonces subíamos dos pisos y nos íbamos con nuestros abuelos».* El padre de Elisa se preocupó del bienestar emocional de sus hijas asegurando el vínculo que estas habían creado, no solo con sus abuelos, sino también con Cristina, su vecina, persona importantísima para nuestra protagonista que marcaría alguna de las decisiones más importantes de su vida.

A la edad de quince años Elisa continúa sus estudios en el instituto; aquí sus recuerdos están ligados a las actividades extraescolares. «*Lo cierto es que los Maristas, la congregación religiosa que impulsaba aquel instituto, organizaban un montón de actividades donde se daba la oportunidad de conocer la realidad social del entorno a través de campamentos, convivencias y acciones sociales concretas. Yo, claro, me apuntaba a todo, todo me interesaba*». Las personas que han encontrado su vocación profesional de manera natural se exponen a nuevas situaciones, a actualizar maneras de pensar que se han quedado obsoletas y, lo más importante, a aprender y seguir creciendo; eso sí, todo lo que experimentan lo hacen dentro del contexto de algo con lo que disfrutan, bien porque la actividad en sí misma les apasiona, bien porque la causa por la que la hacen es importante para ellos. «*Como siempre me apuntaba a todo, pronto me empezaron a dar pequeños puestos de responsabilidad en aquellas actividades extraescolares. Mi formación como docente comenzó con aquellas experiencias en las que, por ejemplo, ejercía como monitora de tiempo libre liderando campamentos de niños; así, a los diecisiete años ya era monitora de chicos de catorce en diferentes actividades –apunta Elisa–; era una chica muy resolutiva y me daban mucha libertad para organizar las excursiones, yincanas o campamentos. También me apuntaba a diversos proyectos de voluntariado: por ejemplo, íbamos los sábados al poblado gitano de Granda –Siero, Asturias– donde, además de dar clases de apoyo a los niños, concienciábamos a las familias de la importancia de que estos fueran al colegio; o íbamos a una residencia de gente mayor a hacerles compañía y darles la merienda.*

Todo aquello, sin saberlo en aquel momento, fue una escuela fantástica». Qué duda cabe de que todas estas vivencias fueron forjando su pasión por la enseñanza y su ilusión por participar activamente en la creación de una sociedad mejor a través de la interacción directa con otros seres humanos. Es a partir de todas estas experiencias cuando confirma que quiere dedicarse a la enseñanza y que su lugar está con los niños.

Hubo una relación que marcó profundamente a Elisa que a la larga también sería decisiva para elegir la especialidad dentro de la escuela de Magisterio. Junto a sus abuelos, en la misma planta vivía un matrimonio con su hija, Cristina. La madre de Cristina, Marga, invitaba a Elisa y a su hermana ya desde muy niñas a compartir un montón de actividades tales como merendar juntas o jugar en el parque *«Forjamos una relación muy cercana e intensa con Cris; podríamos decir que éramos como hermanas... Recuerdo todo aquello con muchísimo cariño. Yo sabía que de algún modo Cris era especial; más adelante y ya en nuestra adolescencia y tras muchos años pasando buenos ratos juntas, mi hermana y yo nos enteramos de que era una chica con necesidad de educación especial»*. Elisa continúa dándome más detalles de esa relación: *«Siempre tuve un vínculo particular e intenso con Cris; hasta tal punto que a veces Marga acudía a mí para que la ayudase a calmarla en sus crisis y momentos más complicados»*. Elisa fue consciente de tener una sensibilidad especial para comunicarse con estas personas. Esta relación sería el detonante para que estudiase la especialidad de Educación Especial en la escuela de Magisterio. Lo que todavía no sabía en este momento es que Cristina pronto le daría una lección aún más grande.

Estudiando Magisterio, a Elisa le proponen hacer las prácticas en el colegio La Luna en Oviedo, que era justamente donde su vecina Cristina estudiaba. Era un colegio pionero por aquel entonces ya que comenzaba a tener alumnos de necesidades especiales integrados con el resto de alumnos. Elisa aceptó de buena gana el ofrecimiento del colegio. *«No solo por las prácticas en sí mismas, sino también porque podía llevar y traer del colegio a Cris y así pasar más tiempo con ella. Un día la directora me dijo: 'Hoy pasa por mi despacho antes de irte; he dado la instrucción de que suban también a Cristina para que volváis juntas'».* Y aquí llega lo asombroso de la historia: *«Bien, esperando a Cris, la directora me instó a que no hablase en ningún momento hasta que ella lo dijese. Yo no entendía nada, pero, en fin, era la directora, ¡qué le iba a decir yo, una estudiante en prácticas! Cuando apareció Cristina acompañada de otro profesor, no me lo podía creer: la tenía enfrente de mí y no me reconocía. La directora entonces le preguntó a Cris: ¿Quién ha venido a buscarte hoy?', pero ella no contestaba. Total, que no aguanté más y dije en alto: ¡Cris, soy yo!».* Cristina, querido lector, tenía un déficit visual tan grande en aquel momento que no pudo reconocerla a dos metros. Elisa concluye el relato visiblemente emocionada: *«Aquello me marcó profundamente. Ahí es donde comprendí que el amor es ciego».* Esto es tan inverosímil que tuve que hacerle la pregunta: *«¿cómo demonios no te diste cuenta de este 'detalle' en los innumerables contactos anteriores que tuviste con ella?».* Nos lo explica: *«Más adelante lo comprendí; en realidad Cris nació con una retinosis pigmentaria degenerativa que al principio le permitía distinguir colores, formas, y por supuesto a las personas con las que trataba; la enfermedad había evolucionado mucho en los últimos dos años, aunque de una forma tan paulatina que no fui consciente de que en los últimos meses y en las distancias cortas ya solo reconocía a las personas por su voz, lo cual ayudó a crear en mí la idea de que todavía veía lo suficiente».* En ese momento me quedo pensativo y le digo a Elisa: *«Esto explica además que la directora, que conocía a Cris desde hacía solo unas sema-*

nas, sí se diese cuenta de que en realidad su agudeza visual estaba limitadísima». Elisa me responde: *«Eso es. Además, para mí siempre era muy natural todo; si tiraba algo al suelo, pues lo tiraba: ¡era Cris! Si me pedía que la agarrase del brazo para ir a la calle, pues la agarraba. Jamás imaginé que todo aquello era provocado por su déficit visual».* Es decir, la relación que tenían era tan pura, sincera y alejada de cualquier prejuicio, que Elisa no se había dado cuenta de la rápida evolución de la enfermedad.

Tras esta anécdota quise entrevistar a Marga, la madre de Cristina, con la idea de comprender un poquito mejor esta relación. Marga se deshizo en palabras de cariño y gratitud: *«Para mí Elisa y su hermana Palma fueron como hijas adoptivas; Cristina tuvo los mismos estímulos que si hubiese tenido dos hermanas: jugaban juntas, bailaban, cocinaban... Ellas trataban a Cris como a una igual, estimulándola y también ayudándola, tal vez sin saberlo, en su inclusión social».*

A todo esto, mientras estudiaba Magisterio seguía vinculada a los Maristas participando y liderando campamentos y convivencias: *«Además de las prácticas específicas de la carrera, también estuve los años de la universidad en la junta directiva de la Fundación ANDE, una fundación que se centraba en la integración y desarrollo de personas con discapacidad intelectual».* Así, al terminar su etapa en la universidad, Elisa ya tenía a sus espaldas un gran bagaje en cuanto al trato con niños, jóvenes, discapacitados y desfavorecidos; amén de haber descubierto que tenía una sensibilidad especial con personas necesitadas de educación especial. ¿Lo más importante de la historia? Cada evento, cada convivencia, cada proyecto en el que se involucraba lo hacía por amor a las personas con las que iba a invertir su tiempo y su buen hacer. Esta es la mejor manera de aprender: desde el disfrute y sabiendo que eso que haces está ayudando a una causa mayor.

Hoy en día existe mucha presión en los jóvenes para que estudien algo con salida; se le otorga demasiada importancia al fin instrumental de la formación sin tener en cuenta los gustos, habilidades e intereses de los estudiantes. Elisa es un claro ejemplo de cómo alguien puede ir descubriendo su vocación poco a poco; tan solo fue dejándose llevar y centrando su atención y tiempo en aquellas actividades que tenían más sentido para ella. Una tras otra, las piezas fueron encajando y así, a los veintiún años tenía una idea bastante clara de a qué se quería dedicar. En mis charlas siempre insisto en lo mismo: es más importante moverse en contextos formativos donde nos ilusionemos y disfrutemos que simplemente apelar al fin instrumental o profesional. ¿Por qué? Porque el mundo es cambiante. Las profesiones cambian y la obsolescencia de la información es cada vez más evidente[29] haciendo que lo que hoy es válido y funciona, tal vez mañana no lo sea tanto. Resumiendo: si quieres mantenerte activo y útil deberás estar constantemente formándote y manteniéndote a la última. Desde este prisma el proceso de aprendizaje nunca termina, por lo que es mucho más práctico desenvolverse grácilmente en algún contexto donde disfrutemos y sintamos que somos buenos y luego explorar maneras de profesionalizarlo. Esto conlleva además un maravilloso efecto colateral: el viaje pasa a ser algo divertido, algo ameno, algo por lo que merece la pena levantarse por las mañanas. Justamente lo que le sucedió a Elisa.

Al terminar la formación en Magisterio, consiguió una plaza de profesora de apoyo en Educación Especial en Las

---

29 Algunos estudios –por ejemplo, *Knowledge Depreciation del International Institute for Applied Systems Analysis* (IIASA)– revelan que una de las razones por las que el conocimiento se queda obsoleto es la rápida innovación. Esto se agudiza en el mundo tecnológico, donde entre un 10% y un 40% del conocimiento se devalúa cada año. Puedes ver el estudio en este enlace: http://pure.iiasa.ac.at/id/eprint/11078/1/Sources%20and%20 consequences%20of%20knowledge%20depreciation.pdf

Ursulinas, el mismo colegio en el que había estudiado Elisa. *«Fue un golpe de suerte el hecho de que el antiguo director del Auseva estuviese al tanto de esta plaza y se acordase de mí para proponérmelo; total, presenté la solicitud y tras hacer la entrevista decidieron darme el puesto»*. De nuevo aparece la «suerte» en la vida de algunos de nuestros protagonistas. Pero, ¿fue realmente suerte? Hay una definición que me encanta: la suerte es la combinación de dos conceptos: preparación y oportunidad. Es decir, existen muchas oportunidades ahí fuera, aunque tienes que estar preparado para verlas. ¿Cómo se preparó Elisa para ser beneficiaria de esa oportunidad? Estuvo comprometida con las actividades de los Maristas incluso después de haber dejado el instituto, lo cual hizo que el director del Auseva siempre la tuviese presente, amén de terminar Magisterio con una especialidad que amaba, la Educación Especial, especialidad que demandaba el colegio de Las Ursulinas. Por lo tanto, Elisa no tuvo «suerte» en el sentido del puro azar; simplemente se preparó profundamente para aprovechar la oportunidad cuando esta se presentó.

Así, consiguió su primer empleo como profesora a los veintitrés años y estuvo diez años trabajando exclusivamente con niños con algún tipo de discapacidad. *«Había mucho síndrome de Down, de los que aprendí muchísimo. También recuerdo a Lucía y a Carmen, dos niñas invidentes con las que tuve que aprender braille para poder trabajar con ellas»*. En este punto decido retar a Elisa y le pregunto qué sentido tenía aprender braille para atender tan solo a dos niñas; Elisa me mira extrañada y con cierta socarronería me dice: *«¡Pues claro que tiene sentido! ¿Cómo iba a ayudar a esas niñas si no? Sería como si fuese taxista y no supiera conducir, ¿podría ejercer como taxista? Pues lo mismo con el braille o con cualquier otra técnica de comunicación que necesites para poder trabajar con un alumno»*. Me cuenta con orgullo cómo una de las niñas ciegas, Carmen Suárez, se convirtió en la primera surfista invidente asturiana –y española– que en el año 2018 participó en un mundial internacional de surf. Tuve la oportunidad de charlar con Carmen para preguntarle acerca de su experiencia con Elisa y me explicó que lo que más recuerda de ella –recordemos que Carmen contaba con tan solo siete años cuando Elisa le dio clases de apoyo– era su tremenda paciencia, sobre todo con las Matemáticas: *«Como soy invidente, la manera de aprender 'Mates' era sobre todo manipulativa; total que, además de la máquina de braille, estaba siempre con el ábaco para arriba y para abajo. Siempre conseguía contarme las cosas de modo que las pudiese comprender. Madre mía, ¡qué paciencia tenía! Con Elisa descubrí que yo no podría ser profesora, ¡no tengo tanta paciencia!»* me contaba Carmen riendo.

Sigue pasando el tiempo y un buen día el director del colegio le propone un reto: hacerse cargo durante un año de unos chicos que en su mayoría vivían en centros de acogida tutelados por la Administración. *«Muchos de estos chicos estaban sin familia y tenían unos desequilibrios tremendos, se escapaban con frecuencia y presentaban trastornos emocionales muy fuertes»*. Elisa me cuenta que al principio los alumnos no querían aprender nada e incluso se peleaban entre ellos, hasta que se le ocurrió una idea: hacer una actividad en el aula para que ganasen algún dinero. Se los metió en el bote: *«Montamos un taller de encuadernación con la ayuda de uno de los padres y conseguimos que los chavales hiciesen varios cuadernos que luego venderíamos. El tema económico les enganchó mucho así que, con esta excusa, les enseñaba otras competencias como matemáticas, lectoescritura o trabajo en equipo»*. Pero no solo eso, sino que a través de esta experiencia fue consciente de la importancia de enseñar desde los intereses de los alumnos. *«Hubo un chico, el mayor de todos, que quería sacarse el carné de conducir; para despertar su curiosidad en la lectura le lle-*

vaba los tests de autoescuela». Al final del curso consiguieron reunir un dinero y cuando Elisa le preguntó a la clase qué querían hacer con las ganancias, todo el mundo se quedó callado. *«No daba crédito. Se quedaron mudos. En ese momento comprendí que estos chavales se pasaban el día recibiendo órdenes y cumpliendo normas. Nunca decidían nada: ni lo que comían, ni lo que vestían; como mucho les daban un par de opciones para que eligiesen. Esta pregunta les pilló totalmente por sorpresa* –concluye–: *Total, me las arreglé para llevarlos a merendar a una pizzería. Allí tuve el mismo problema: cuando les pregunté qué pizza querían no sabían qué elegir, tampoco sabían qué bebida pedir. Así y todo lo pasamos muy bien y después los dejé en el centro de acogida».* Tremendo testimonio, ¿verdad? Por esta razón es tan importante fomentar la toma de decisiones en nuestros jóvenes en lugar de exigir la obediencia. ¿Qué mundo queremos ahí fuera?, ¿queremos que nuestros hijos resuelvan problemas y que no se dejen ningunear?, ¿queremos que tengan autonomía, que asuman la responsabilidad de sus actos y que no se dejen manipular? Si la respuesta es la que imagino, debemos proporcionarles el suficiente margen de acción y confianza para que comiencen a tomar decisiones en su vida lo antes posible.

Esta anécdota me recuerda el día en el que, estando yo expatriado en Bahréin allá por el año 2011 y en medio de una crisis existencial muy fuerte, un día me miré al espejo –literal– y me pregunté: *«Iván, ¿qué harías con tu vida si no tuvieses la obligación de hacer nada en particular?».* No supe responder. Y no solo eso: ni siquiera sabía por dónde comenzar a dar respuesta a esa pregunta. En ese preciso instante me di cuenta de que toda mi vida me habían dado todo mascado y además estaba tremendamente condicionado a que me dijesen lo que tenía que hacer. Todas las decisiones que había tomado en realidad partieron de unas pocas opciones que me fueron expuestas, ¿o tal vez debería decir impuestas? En fin, mi impresión es que lo que les pasó a estos chicos es lo mismo que nos pasa a nosotros cuando nos hacen preguntas un poquito más profundas de lo normal. Me sentí profundamente identificado con estos chavales.

En el año 2001 a Elisa le ofrecen el puesto de tutora de Educación Primaria; esto es: poder tener una clase de veinticinco alumnos a su cargo. Aceptó encantada. «*Aquello era un reto enorme: pasar de profesora de apoyo a tener veinticinco alumnos y uno o dos que necesitaban educación especial*». Claro, Elisa quería darle a cada uno lo que necesitaba y sabía que no podía llevar el mismo ritmo en la clase con el chico con síndrome de Down que con la chica más aventajada. «*Investigando, estudiando y estando siempre a la última he ido arreglándomelas para darle siempre a cada niño lo que necesitaba*». Elisa me explica rápidamente que al final en un aula tienes el grupo que hace piña y cuyos miembros trabajan bien juntos, el grupo que va por encima de la clase, el grupo que va por debajo, el grupo que va al mismo ritmo y luego uno o dos que necesitan atención especial. Su misión es crear dinámicas entre ellos de modo que todos trabajen a su propio ritmo y nunca se aburran, cubriendo el plan de estudios, pero siempre desde sus intereses. «*Esto se lo digo mucho a los padres en las primeras reuniones: no les mandéis tareas sin más; tenéis que explicarles para qué sirven. Tenemos que darle un sentido práctico a todo lo que les enseñemos de modo que se interesen por ello*». Y es que Elisa sabe que la educación es algo que trasciende el aula y que compete a todos los estratos de la sociedad. En realidad, estás educando desde que te levantas por la mañana y le das los buenos días a tu pareja o le das las gracias al camarero por servirte un café. Estás educando con tu forma de relacionarte con tus compañeros de trabajo o el modo en el que saludas al vecino.

*Lo que le sucede al niño en su casa influye directamente
en cómo se presenta en clase al día siguiente*

Elisa está siempre en contacto con los padres de sus alumnos a través de una aplicación móvil. «*Ahí los padres me cuentan sus dudas, nos enviamos fotos y seguimos en contacto. Tengo clarísimo que esto forma parte de mi trabajo; los padres y yo somos un equipo al servicio del alumnado* –y continúa–: *Por ejemplo, esta semana pasada estuve de viaje y el viernes el profe de prácticas se quedó encargado de la clase; esta mamá* –y me enseña el mensaje–, *me dice que su hija está muy preocupada porque no pudo terminar la tarea que le puso el profe. Claro, como yo nunca les pongo deberes, ¡los pobres habrán hecho cortocircuito!*». Y se echa una carcajada. No hay duda de que el objetivo de Elisa es el alumnado y para ello hace todo lo que está en su mano: atiende a cursos y charlas, estudia métodos, nuevas teorías y dinámicas... Por supuesto, también está muy encima de los padres. «*Lo que le sucede al alumno en su casa influye directamente en cómo se presenta en clase al día siguiente y viceversa; el apoyo a los padres es una parte fundamental. Tengo dos hijas de catorce y diecinueve años y lo he podido comprobar en primera persona*». No olvidemos tampoco que Elisa había vivido el impacto positivo de aquella profesora, Esther Bear, que también ayudó mucho a su padre.

En el año 2019 a Elisa le concedieron el premio EDUCA ABANCA al quedar clasificada entre las diez mejores profesoras de España en Educación Primaria; aquí son los padres los que proponen a los profesores y la adjudicación del premio se basa en diferentes indicadores relacionados con la difusión de herramientas, la realización de actividades innovadoras en el aula, la formación continua o uso de tecnología, entre otras muchas. «*El premio no lo veo como un reconocimiento para mí, sino como una prueba de que la sociedad sí que valora otra manera de entender el aula y la educación*». Esto es importantísimo de cara a las instituciones educativas, ya que muchas veces los profesores no encuentran el apoyo necesario por parte del propio sistema educativo: «*Soy consciente de que no todo el mundo comparte este modo de educar ya que exige dedicación y pasión. Yo coloco a los alumnos en grupos de cuatro para fomentar así el trabajo en equipo, el respeto a las ideas de los demás y también para que aprendan a compartir; todos los días traigo juegos diferentes basados en sus intereses, les permito expresarse y que aprendan la parte curricular a su ritmo y a su modo. Por ejemplo, algunos alumnos necesitan moverse para concentrarse; si les digo que no se muevan la clase es más sencilla de gestionar desde la perspectiva del profesor, pero, ¿es mejor para el alumno? Todo esto implica mucho tiempo en casa y mucha atención durante la clase... Claro, entiendo que a veces otros no quieran hacerlo, o que incluso lo vean como una amenaza a su forma clásica y ordenada de im-*

partir clase. Tal vez sentar a los niños de dos en dos, castigar al que habla y premiar al que está atento y decir 'abrid el libro de Lengua por la página veinticuatro' sea más sencillo, no lo dudo, aunque definitivamente poco útil si lo que de verdad queremos es un acompañamiento individualizado donde trabajemos debilidades y fomentemos fortalezas».

En mi visita al colegio tuve la oportunidad de hablar con Cristina Fernández, la madre de Pedro, uno de los alumnos de Elisa en el curso 2018-2019. *«Pedro nunca quiso ir a clase, aunque todo cambió cuando Elisa pasó a ser su tutora; empezó a ir feliz al colegio. Elisa le comprendió perfectamente, se ganó su amor, su confianza y su complicidad».* Para explicarme la conexión que tenían entre ellos, la madre de Pedro me cuenta cómo un día le encontró hablando solo en su habitación; cuando le preguntó qué estaba haciendo, este contestó: *«Nada, mamá, ¡cosas de Elisa y mías!».*

Santi Morán, psicólogo y orientador del centro donde trabaja Elisa —y su amigo desde hace más de veinte años—, la define como *«una amiga, alguien con quien puedes contar»*; además, Santi hace hincapié en su capacidad de superarse, crear la realidad que quiere para ella y el mundo y, al mismo tiempo, recrearse. *«No solo superó momentos complicados en su vida, sino que encima los ha utilizado para encontrar su vocación profesional dentro del mundo de la enseñanza... ¡Y divertirse!».* Y es que nuestros protagonistas siempre utilizan la adversidad como energía para superarse y para, consciente o inconscientemente, tratar de que eso que les sucedió a ellos no vuelva a pasar ahí fuera. *«Además —continúa Santi—, no solo aporta un valor humano único al centro escolar, sino que también sirve de ejemplo al resto de profesores, a los padres y a la sociedad en su conjunto».*

Elisa tiene claro que los niños de hoy son los adultos del futuro. Es conocedora del impacto que una simple persona, una profesora, puede tener en el resto de la vida de un alumno –ella lo vivió en sus propias carnes con Esther Bear–, así que todos los días encara el aula con ilusión y pasión, con la certeza de que cada dinámica, cada juego, cada vídeo, cada lección, está encaminada a que esas personitas sean los ciudadanos del futuro que queremos: personas que compartan, que se respeten, que tomen sus propias decisiones y que se ayuden, siempre desde una perspectiva alejada de prejuicios que nublen la objetividad del pensamiento. Además, al trabajar diferentes competencias, el alumno irá poco a poco descubriendo qué fortalezas tiene para ir cultivándolas dentro y fuera del aula con la ayuda de los padres. Por esa razón Elisa no solo aporta conocimientos curriculares al alumnado, sino que también les proporciona experiencias humanas que les ayuden a crecer como personas independientes viviendo en armonía en sociedad.

La educación no es simplemente elegir un colegio con buenas instalaciones o con notas medias altas.

Educar no trata de considerar a las personas como vasos vacíos que hay que llenar, sino de verlas como semillas a las que hay que proporcionar las condiciones necesarias para que germinen.

Educar tampoco trata de memorizar respuestas a preguntas que ya están formuladas; trata más bien de fomentar la resolución práctica y creativa de problemas reales desde las habilidades naturales de cada uno.

Educar no trata de centrarse en poner límites; al contrario: trata de dar el espacio suficiente para que la persona pueda conocer sus talentos, virtudes y aspiraciones, a la par que le dejamos explorar y tomar sus propias decisiones.

Educar, pues, no trata de dar órdenes; trata de exponer a la persona a nuevos retos y experiencias facilitando entornos de ensayo y error seguros y controlados. Así, educar no trata de decir el «ya te lo dije» cuando se cometen errores, sino de confiar y ayudar a tomar la siguiente decisión que la persona considere más coherente. No olvidemos que esta es la base para que se conviertan en ciudadanos autónomos y responsables de sus actos. En este sentido, educar no consiste en evitar que la persona se caiga; consiste más bien en ayudar a que se levante.

Así, educar tampoco trata de imponer lo que está bien o está mal, sino más bien de inspirar y ser un ejemplo en todo aquello que quieres que la otra parte tenga en cuenta, sea tu hijo, amigo, vecino o incluso un desconocido; y esto, definitivamente, es algo que empieza en las pequeñas acciones del día a día desde que nos levantamos.

Necesitamos a muchas personas apasionadas con aquello que hacen, personas empeñadas en marcar una diferencia y aportar mucho valor en el contexto en el que actúan. Si hay algún sector donde esto urge es claramente la educación. Si conseguimos poner medios y conciencia en los métodos y objetivos en este campo mientras permitimos a personas como Elisa liderar el proceso, estoy convencido de que el futuro a medio plazo será un mundo donde quepamos todos.

Un mundo donde todos nos beneficiemos del talento de cada individuo.

Un mundo donde cada individuo se sienta realizado viviendo en sociedad.

¿Ayudamos a Elisa a crear ese mundo?

Si quieres escuchar a la protagonista contando su historia en primera persona, puedes hacerlo con ayuda de este bidi:

TRANSFORMANDO SUEÑOS EN REALIDADES

*Sin pasión, el trabajo se convierte en rutina, y
la rutina convertirá tu profesión en algo tedioso
que te impedirá brillar.*
CONCHA MONJE

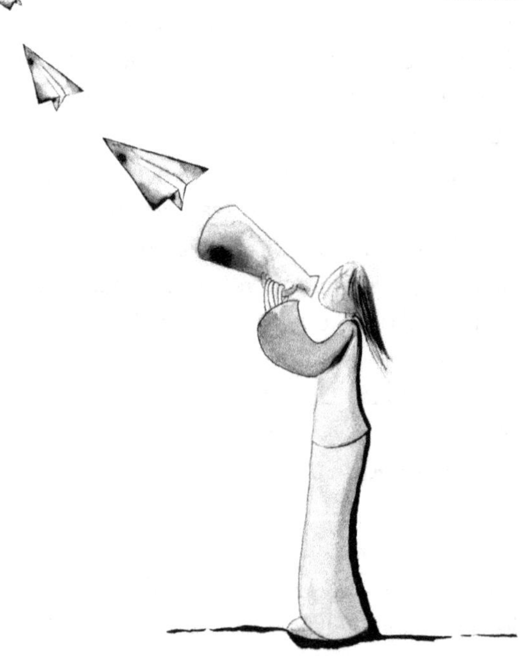

*Es fundamental que alguien te transmita su pasión por algo
porque esa pasión tiene la capacidad de despertar
la curiosidad y el interés*

Quien lea estas líneas se habrá percatado de que me he esmerado en ofrecer al mundo diez historias con el empeño de que existiese paridad de sexos: cinco mujeres y cinco hombres, ese fue siempre mi objetivo. Bien, la mayoría de las historias surgieron de forma fortuita, casual. La mayoría, es cierto, aunque no todas. Debo reconocer que la décima historia tardó en salir y casualmente se trataba de alguien que debía ser, a todos los efectos, mujer.

Tras varias semanas siguiendo la estrategia de esperar a que fuese la historia la que me encontrase a mí –estrategia que tantos frutos me había dado hasta ese momento–, decidí abandonar esa espera activa y en su lugar comencé una cruzada para encontrar a mi décimo elemento, la última pieza del puzle. Indagué, rastreé, rebusqué, pregunté, investigué... Todo en vano. Durante aquellos meses, forzando un poquito la máquina, toqué, tal vez con más esperanza que convicción, varias puertas de muchas mujeres valientes y brillantes que –pensaba– podrían encajar con la filosofía de este libro, aunque sin demasiada fortuna.

Todo este proceso de búsqueda final me hizo reflexionar. Y mucho.

Por un lado, ¡vaya!, qué coincidencia que los hombres aparecieran los primeros; es más, no tuve que hacer ningún ademán para encontrarlos: simplemente surgieron. En cambio, las historias de Concha Quirós, Elisa Beltrán y Concha Monje fueron las últimas. Especialmente curioso fue lo que me sucedió con Concha Quirós; aún habiendo tenido contacto con ella en los últimos años, solo la consideré como una opción tras ver una noticia suya en la prensa local y cuando ya disponía de más de la mitad de los protagonistas. Esto me dio que pensar. ¿Tal vez las mujeres pasan más desapercibidas aún haciendo cosas extraordinarias? ¿Tal vez, inconscientemente, asociamos el éxito al sexo masculino haciendo que pasemos un poco más por alto el mismo éxito en el sexo contrario? ¿Tal vez los hombres tenemos más oportunidades para brillar y dedicarnos a nuestra pasión? ¿Tal vez a los hombres nos juzgan menos cuando queremos salirnos del camino marcado y seguir la senda de nuestro corazón? En cualquier caso, ahí dejo mi testimonio particular relacionado con la búsqueda de protagonistas de este libro, para que lo recoja quien lo desee.

A cuantas más puertas llamaba, cuantas más personas contactaba, menos resultados obtenía. ¿Qué pasaba? ¿Por qué no funcionaba? ¿Qué estaba haciendo mal? Al poco, me di cuenta de lo que estaba haciendo de forma diferente con respecto a las nueve primeras historias: había cambiado mi actitud; ya no estaba buscando a una persona corriente viviendo una vida extraordinaria, ¡qué va! En lugar de eso, estaba desesperado por terminar el libro. Me encontré a mí mismo más preocupado por encontrar al décimo protagonista que por dar con la historia adecuada, precipitándome por el camino; por eso no conseguía encontrar a nadie. Solo cuando volví a relajarme y me olvidé de los plazos de finalización del libro —dicho sea de paso, autoimpuestos—, fue cuando apareció nuestra siguiente protagonista y décimo elemento.

Es curioso: de algún modo me siento agradecido por haber tardado en encontrarla. Estoy convencido de que inspirará a muchos a vivir desde la convicción de que no somos compartimentos estancos con una vida personal por un lado y profesional por el otro; en lugar de eso, comprenderemos que en realidad de lo que se trata es de disfrutar intensamente los dos ámbitos vitales y conseguir que convivan en armonía y simbiosis para que uno termine alimentando al otro, formando un todo maravilloso.

La siguiente historia nos enseñará que la vida no va de elegir una profesión u otra a la hora de labrarte un futuro; puedes cultivar las disciplinas que desees y combinarlas a tu antojo; tan solo es necesaria una pizca de creatividad, organización, tesón y foco. A través de la siguiente historia de vida entenderemos la importancia de rodearnos de personas apasionadas que nos transmitan su interés por aquello que nos gusta o llama la atención, siendo esto crucial durante la infancia. También aprenderemos que no existen límites a nuestros sueños y anhelos, salvo los límites que cada uno de nosotros decidamos ponernos. En este sentido, veremos que una de las mejores formas de hacer realidad nuestros sueños es vernos a nosotros mismos consiguiéndolos a la vez que abrimos muchas puertas y creamos muchas circunstancias para hacerlos realidad.

Por último, descubriremos que la ingeniería electrónica y la robótica no están demasiado alejadas de la música, el arte y la divulgación. Pero, ¿cómo se relacionan? Estás a unas líneas de descubrirlo.

«Esforzarse es importante, pero la pasión que le pongas a ese esfuerzo no lo es menos. Sin pasión, el trabajo que desempeñes se convertirá en rutina, y la rutina convertirá tu profesión en algo tedioso que te impedirá brillar. Antes de pensar en esforzarte mucho, debes indagar y encontrar tu pasión. Solo desde ahí podrás triunfar». Esto se lo escuché a una mujer científica en una charla[30] de la Universidad Carlos III de Madrid a la que accedí por casualidad buscando mujeres para este libro en el ámbito de la ciencia. A estas alturas se comprenderá fácilmente que este tipo de alegatos a favor de encontrar tus pasiones provocó que mi detector de candidatos me susurrase: «indaga más, tal vez haya una historia que contar». Y así lo hice.

Pude observar cómo en sus charlas acercaba los contenidos técnicos desde diferentes perspectivas, haciendo

---

30 En este enlace podéis ver el primer vídeo que vi de Concha Monje: https://youtu.be/X2OjKvUMdAM

pensar al espectador –incluso a aquel que no estaba familiarizado con la tecnología, como era mi caso–, convirtiendo un temario *a priori* duro y pesado en algo ameno y hasta divertido[31]. Me llamó la atención su energía hablando, su empeño en conectar con el público, su sonrisa; podía hablar de temas tan sofisticados como el control fraccionario aplicado a la robótica, hasta por ejemplo explicar distendidamente su propia visión acerca de si un juguete sexual femenino podía considerarse o no un robot[32]. En ella podía apreciar algo más que una científica a secas, podía entrever algo más profundo: una persona que utilizaba sus conocimientos técnicos como palanca para contar historias, para inspirar y, por qué no, también para hacer pensar a otros.

Total: le escribí un correo un 9 de julio, hablamos largo y tendido por teléfono un 11 de julio y el día 15 de ese mismo mes mantuvimos una entrevista personal en su laboratorio de la Universidad Carlos III en Madrid. Su predisposición, la charla preliminar tan amena que mantuvimos, junto con esa rapidez y versatilidad para hacerme un hueco en su agenda, hicieron que confirmase que contaba con los pilares sobre los que se sustentan nuestros protagonistas: pasión, curiosidad, generosidad, accesibilidad y deseo de contribución. No había dudas: había dado con la décima.

Concha Monje nació en Badajoz, en el año 1977. Su padre, hoy ya jubilado, era profesor de Formación Profesional donde impartía la asignatura de Electrónica. *«En mi casa había una habitación donde mi padre reparaba receptores*

---

31 En este enlace podéis ver una de las múltiples conferencias donde Concha siempre comienza lanzando preguntas al público o poniendo encima de la mesa dilemas para atraer la atención del público: https://youtu.be/c22V-vYeNC6Q

32 En este enlace podéis escuchar todos los programas de divulgación de Concha con Julia Otero: https://www.ondacero.es/programas/julia-en-la-onda/audios-podcast/master-class-concha-monje/

de radio y televisión. Recuerdo ver las tripas de aquellos aparatos por toda la sala; aquello me llamaba poderosamente la atención». Además de dar clase, su padre montaba y mantenía emisoras de radiodifusión profesionales. *«Siempre que podía le acompañaba; me encantaba ver aquellos aparatos, las luces y el sonido tan particular que emitía toda aquella electrónica funcionando. Además, mi padre era muy didáctico y me explicaba para qué servía cada aparato o qué función tenía cada circuito».* Y es que el padre de Concha no solo explicaba muy bien; también era un apasionado de la electrónica, trasmitiendo dicha pasión a su hija. *«Mi padre se fascinaba a sí mismo mientras hablaba; me lo contaba todo de forma insistente y muy didáctica. Aún siendo muy niña, recuerdo disfrutar muchísimo escuchándole».*

Curiosamente, a raíz de sus visitas a las emisoras de radio, Concha descubrió otra de sus actuales pasiones: la música, arte que cultivaría de niña y que aún sigue cultivando y disfrutando en la actualidad. *«Mi padre también tenía acceso al espacio donde trabajaban los locutores de radio —se le ilumina la cara y sigue contándome—: Recuerdo perfectamente que me encantaba quedarme sentada junto al locutor mientras hacía los programas de música en aquella pecera empapelada por completo de discos de vinilo. Entrar allí era como ir a un santuario. Todo aquello, los aparatos, la música, el locutor, los vinilos, las luces... todo me fascinaba».* Su interés por la música hizo que sus padres la apuntasen a clases de música. *«De niña era muy inquieta; ¡yo creo que en parte me apuntaron para que ellos pudieran descansar un rato!»* me cuenta riendo. En aquella época la pequeña Concha contaba con cinco años y recuerda perfectamente a su profesora de piano, Queca. *«Me ponía muy nerviosa cuando mi madre me dejaba en la puerta de la academia de música; al principio lloraba y lloraba; luego, poco a poco, Queca comenzó a tranquilizarme sentándome en el piano y tocando algunas notas. Es curioso; aquella sensación de paz me sigue inundando hoy cuando observo un piano de cola* –y concluye–: *Recuerdo que, además de transmitirme su pasión por la música, Queca me daba libertad para tocar lo que yo quería; siempre con partitura, eso sí, pero las canciones que a mí me gustaban. Sin darme cuenta, aprendía jugando y divirtiéndome».* Aquí vemos un ejemplo más de la importancia de enseñar desde los intereses del que aprende para despertar la curiosidad y la creatividad. En una entrevista personal, Queca me contó sus recuerdos de aquella época: «*Me llamaban mucho la atención sus ojos vivos, su sonrisa inmensa. Era una esponja aprendiendo; además, tenía un oído fantástico que usaba tanto para aprender música y dar rienda suelta a su creatividad como para ayudar a los otros niños; ella solía ir más rápido que el resto, pero no se dedicaba a esperar sin más, sino que trataba de hacer algo que pudiese aportar a sus compañeros* –termina diciéndome Queca–: *Concha no perdía ni un minuto de su vida; y lo mismo le sucede hoy».* Por desgracia para nuestra protagonista, Queca abandonó la ciudad de Badajoz, y cuando quiso seguir sus estudios musicales a los siete años dio con dos profesoras carentes de empatía y compromiso con el alumnado. «Llegaban tarde, gritaban en clase o se iban dando un portazo cuando alguien cometía algún error con el instrumento. Todo aquello me provocaba mucha ansiedad, así que le dije a mi madre que no quería volver más». Esto, claro está, no impidió que de forma informal siguiese interesada por la música. «Recuerdo que de niña me dedicaba a seguir el ritmo de las canciones aporreando el sofá con unas reglas que había por casa. ¡Imagínate cómo quedó aquel pobre sofá!» y ríe.

Otro momento importante en la vida de nuestra protagonista sucedió cuando contaba con nueve años de edad. Por aquel entonces, finales de los años 80, comenzaba la expansión de los ordenadores personales y su padre le regaló uno, el MSX. Aquel regalo le provocaría una de las epifanías de mayor calado que recuerda. *«El ordenador venía con un librito que contenía unos códigos. Recuerdo que mi primo y yo introdujimos aquellos códigos en el ordenador y, como por arte de magia, se dibujaron unos círculos de colores en la pantalla que aparecían y luego se desvanecían para volver a aparecer de nuevo. ¡Nosotros hicimos que aquello saliese por la pantalla! Me fascinó la idea de poder hablar con una máquina y que hiciese lo que tú querías».* En esta anécdota se juntaron, por un lado, el empeño de su padre por exponerla a diferentes contextos para que pudiese explorar —en este caso a través de un ordenador personal—, y por otro el espíritu curioso de Concha por querer comprender qué eran aquellos códigos, para qué servían. *«Más adelante descubrí que en general me gustaban los idiomas de cualquier tipo: bien una lengua como el inglés, que literalmente me entusiasma, bien un lenguaje de programación de ordenador como el que me encontré en la caja de aquel MSX. Me encanta todo lo que tenga que ver con reglas, normas y pautas; los idiomas, claro, cumplen esta característica. De algún modo abstraerme en aquel universo de reglas me calmaba; es como si tras comprenderlo sintiese que todo estaba en orden, que todo estaba bien».* ¿Se ve la búsqueda constante de actividades que proporcionan disfrute, placer o calma, en este último caso? En este momento me viene la frase de Gonzalo Rubio, otro de nuestros protagonistas: *«Las cosas que no me costaba hacer eran por norma general las que me gustaban».* Así, ¿quieres descubrir aquello en lo que marcas una diferencia? Céntrate en aquello que haces de manera grácil y disfrutas mientras buscas cómo ponerlo al servicio de algo o alguien.

El actual interés por la divulgación a Concha le viene de pequeña. «*Me encantaba explicarle la lección a mi madre; era la parte que más me gustaba*». Me cuenta cómo se lo tomaba muy en serio a la par que disfrutaba, especialmente con la asignatura de Ciencias Naturales. Así, todas aquellas clases magistrales que impartía a su madre forjaron su interés por explicar y hacerse entender.

De todas las vivencias que tuvo en el colegio, Concha guarda un especial recuerdo de Inmaculada, su profesora de Matemáticas en séptimo de EGB. «*Me descubrió las matemáticas; su forma de contarlas provocó que me gustasen y que las comprendiese, lo cual fue absolutamente vital para que más adelante valorase estudiar una ingeniería en la universidad*». Concha contactó con ella recientemente, atendiendo a la necesidad de agradecerle su forma de enseñar, explicar, y lo importante que fue para ella. «*Le dije lo importante que fueron sus clases para comprender las matemáticas y que aquello fue algo crítico para que posteriormente me decantase por la ingeniería –sigue animada–: Le conté que gané varios premios, que participé asesorando al equipo de la película de 'Autómata' donde actúa Antonio Banderas, que también me hacen entrevistas en los medios... Vamos, un poco mi vida reciente. Inmaculada estaba tan entusiasmada que me dijo: '¡Concha, acabo de ganar siete kilos sin comer nada de lo ancha que me he quedado con todo lo que me estás contando!'*» y ríe. Y es que, como también decíamos en la historia de Joan Carulla, mostrar gratitud a las personas que de algún modo han sido importantes en nuestra vida es algo maravilloso y transformador, y no solo para el que la recibe, sino también para el que la entrega. «*Creo que agradecer en todos los contextos es importante, mueve mucho; por ejemplo, si me ha gustado un concierto, siempre me acerco a los músicos para felicitarles. Creo que el agradecimiento es importante en la vida, inclu-*

so necesario. Para mí es algo natural, evidente: si alguien ha dejado algo positivo en mí, pues se lo digo, se lo agradezco». Además, cuando recibimos el reconocimiento de aquellos a los que tratamos de aportar valor es cuando podemos confirmar que eso que hemos hecho funciona, que está bien, que ha cumplido con su cometido. Si nadie nos dice nunca «buen trabajo», «me ha inspirado mucho» o «gracias», entonces nunca sabremos si vamos por el buen camino. Eso sí, esto solo es útil cuando la gratitud es sincera: la adulación, el halago forzado o la lisonja pueden crear el efecto contrario.

No cabe duda de que Concha era una niña inquieta, activa y con predisposición para un montón de disciplinas incluyendo la música, las matemáticas, la informática, la expresión oral o los idiomas. Lo que me gustaría enfatizar aquí es el espacio que sus padres le proporcionaron al permitirle experimentar –sin obligar– en contextos de aprendizaje seguros. Clases de música, excursiones a la radio o escuchar la lección de Ciencias Naturales son buenos ejemplos; inclusive tocar la batería contra el sofá es un acto de valentía como madre o padre. Sin ello probablemente Concha no hubiese desarrollado el sentido del *tempo* que posteriormente utilizaría no solo para la música, sino también para hablar en público en sus conferencias. No menos importante es la facilidad con la que Concha cambiaba de una disciplina a otra sin impedimento alguno. Al contrario: encontraba ayuda y compresión, por ejemplo, cuando decidió no continuar con la música aún sabiendo que tenía buen oído musical. Los padres de Concha son un ejemplo de la función que, a mi juicio, debe tener un adulto en la sociedad: ofrecer espacios de exploración, fomentar y proporcionar más estímulos relacionados con aquello en lo que los jóvenes muestran interés y no juzgar los resultados ni forzar actividades que el joven no desea realizar.

Otra circunstancia que se dio en la infancia y adolescencia de nuestra protagonista fue el hecho de haber contado con personas apasionadas justo cuando indagaba o mostraba interés por las disciplinas que le llamaban la atención; por ejemplo, su padre con la electrónica, Queca con la música o Inmaculada con las matemáticas. Si hay talento, esa pasión se contagiará más fácilmente provocando a su vez más y más interés. Si recibe estímulos inapropiados, una persona talentosa puede incluso perder el interés en esa misma materia para la que tiene capacidad, como cuando Concha tuvo a aquellas dos profesoras que la llevaron a abandonar el estudio musical. *«Creo que es fundamental que alguien te transmita su pasión por algo –me dice–; por eso en mis charlas, en mis clases y en general en mi vida procuro mostrar a los demás esa pasión por lo que tengo entre manos; sé que ese entusiasmo tiene la capacidad de despertar la curiosidad y el interés, provocando que, tal vez, alguien comience a abrirse camino en una dirección concreta; puede darte el empujón que necesitas».* Pero, ¿y si no tenemos la suerte de tener cerca a personas que nos inspiren en unas determinadas disciplinas? Entonces, no queda otra: toca salir ahí fuera y buscarlas; bien sea para ti o para alguna persona que dependa de ti.

Recientemente finalicé un proceso de acompañamiento individual donde un chico, Joaquín, llegó a mí con anhelos de mejora profesional, aunque muy desilusionado y hastiado con el mercado laboral actual. En nuestra última sesión, Joaquín me dijo literalmente: *«Iván, te admiro mucho. Más allá de lo que me has ayudado en nuestras sesiones, has sido un referente de alguien que se dedica a lo que quiere, a lo que le apasiona: me has animado a creer que es posible».* Donde quiero poner el foco es que a veces podemos inspirarnos en personas que, aunque se dediquen profesionalmente a algo que no tiene nada que ver con la expresión de nuestras pasiones, su forma de concebir un aspecto de la vida —el profesional en este caso— sí nos resulta inspirador. Como corolario, no caigas en la trampa de creer que las personas que podrían ayudarte van a llegar a tu vida como caídas del cielo; encuéntralas y déjate inspirar por ellas. Recuerda: estamos rodeados de ellas; este libro es buena prueba de ello.

Tras terminar el Bachillerato, Concha decide estudiar Ingeniería Electrónica en Badajoz honrando dos de sus pasiones: la electrónica y estudiar. Es ahí donde continuó dando rienda suelta a su interés por el inglés y por la comunicación oral. *«Cuando estudiaba el ciclo superior de Ingeniería Electrónica...* —aquí Concha pasa de puntillas y con humildad por el hecho de que ella fue la única mujer de aquella promoción—, *mis compañeros siempre me tenían como referencia cuando había que presentar un trabajo al resto de la clase, explicar algo o hacer de portavoz con algún profesor para convencerle o pedirle algo; era mi rol y yo lo asumí con total agrado, me encantaba».* ¿Se ve la actitud? De entre todas las opciones, Concha había puesto el foco en la electrónica, es cierto, aunque eso no le impedía al mismo tiempo trabajar y desarrollar otras facetas que le encantaban, como la expresión oral en este caso, faceta que la enganchó en los últimos dos años de la carrera y que más adelante le permitiría brillar en su labor docente y divulgadora. ¿Lo más interesante? Esta faceta la había desarrollado a lo largo de su vida de una forma natural, simplemente por el placer de hablar, convencer o hacerse entender. *«No fui consciente de lo que me gustaba hablar en público hasta que presenté el proyecto de fin de carrera tras los primeros tres años en la universidad; durante el ciclo superior ya tuve muy claro que aquello me gustaba mucho».*

Así, su empeño por hacerse entender desde que era niña hace que a día de hoy busque diferentes formas de explicar el material teórico en sus clases, siempre con el fin de asegurar que la materia es comprendida por sus alumnos. «*Procuro llevar al aula el último descubrimiento, la última aplicación real de lo que estoy explicando a nivel teórico*». No es de extrañar que en las evaluaciones anuales realizadas por el alumnado al personal docente, nuestra protagonista siempre obtenga altas calificaciones. «*Creo que está bien que se califique a los profesores y que se endurezcan un poquito las normas en este sentido; la docencia es una faceta central en la universidad y me parece bien que se vele por la calidad de la misma*» concluye.

Tras terminar el ciclo superior, atraída por el ambiente de la universidad, la docencia y la investigación, decide hacer el doctorado. «*El último año de la carrera me concedieron una beca de iniciación a la investigación y aquello me cautivó por completo; me escapaba a los laboratorios y también colaboraba dando apoyo docente. Al terminar la carrera quería continuar y vivir aquella experiencia más en serio, así que hablé con uno de los profesores para comentarle que quería hacer la tesis. Ahí fue donde senté las bases de lo que ahora es mi especialidad dentro de la ingeniería: el control fraccionario*». Dos meses antes de leer la tesis, uno de los directores de la misma le puso en conocimiento de la existencia de una plaza de profesor visitante de un año, prorrogable a dos en la Universidad Carlos III. Concha echó la solicitud y ganó aquella plaza; aquel sería el comienzo de una aventura que se alargaría hasta el día de hoy.

Concha me cuenta que a los ocho meses de comenzar su andadura como docente en Madrid tuvo la oportunidad de regresar a la Universidad de Extremadura, aunque finalmente declinaría la oferta. «*Aquí ya estaba dando clases en inglés, había proyectos alucinantes y podía hacer mil cosas que muy difícilmente podría hacer en otro lugar; volver a Badajoz hubiera sido tal vez la decisión más cómoda ya que me permitiría, con el tiempo, conseguir una plaza y asegu-*

rarme un futuro laboral estable; así y todo, algo me decía que mi sitio estaba en Madrid, donde podía exponerme a otros retos y desarrollarme a muchos niveles. —En este momento miro a los ojos a Concha y le pregunto si le costó mucho tomar aquella decisión—. *Muchísimo. Fue una decisión muy difícil; yo todavía era muy joven y tenía mi vida y mi casa en Badajoz; además, me estaban ofreciendo algo que muchos ansiaban: meter la cabeza en la universidad y asegurarme un futuro laboral. Ahora puedo decir que ha sido una de las mejores decisiones que he tomado».* ¿Qué más puedo decir aquí que todavía no haya contado, siendo además esta la última de nuestras historias? Si algo he constatado mientras escribía este libro, es que las decisiones que calificamos como complicadas son las que, en el largo plazo, nos hacen sentir más orgullosos de haberlas tomado. ¿Por qué? Porque terminan poniéndonos en nuestro verdadero camino; ese camino donde sentimos que nuestra vida, de corazón, nos pertenece. En este punto te invito a responder a la siguiente pregunta: ¿qué hace que una decisión, en el momento en el que la tomas, sea la buena, la correcta?, o ¿qué hace que sea mejor que otra? He aquí la respuesta: tu propia percepción sobre qué es lo mejor para ti. Es decir, la misma decisión es al mismo tiempo una locura o la más sensata dependiendo de los deseos y anhelos de quien la tome y de sus creencias acerca de si esa decisión le ayuda a conseguir sus objetivos vitales. Nuestra protagonista no tenía ni mucho menos su futuro asegurado en su universidad ya que contaba con un contrato temporal y sin méritos suficientes en aquel momento para aspirar a nada estable; no obstante, algo le decía que tenía que darle una oportunidad, siendo justamente eso lo que convirtió aquella decisión en la correcta.

El hecho de que le entusiasmase dar clase en inglés, le apasionase la investigación, y además fuese una persona abierta y accesible, hizo que en el departamento en el que trabajaba pronto valorasen muchísimo su trabajo y el valor añadido que aportaba como investigadora y docente. De algún modo sus colegas le estaban diciendo: *«eres valiosa, sigue por ese camino»*. Ese refuerzo positivo, el reconocimiento, ayudó también a saber que tenía que seguir en esa dirección. Así, antes de terminar la segunda prórroga de aquel primer contrato, ganó una plaza Juan de la Cierva destinada a la investigación y de ahí fue enganchando becas y contratos temporales de diferente índole hasta que, finalmente, y tras más de diez años desde que había entrado en la universidad, ganó la plaza de profesor titular en el año 2017.

En estos momentos le hago a nuestra protagonista una pregunta recurrente: *«¿Crees que has tenido suerte por haber terminado justo donde querías?»*. Tuerce un poco la cabeza y clavando la mirada en el infinito me contesta, contundente: *«¿Suerte? Yo creo que no hubo suerte. Sí hubo mucha proyección de lo que quería conseguir, mucha ilusión, decisión y, por supuesto, trabajo»*.

La palabra proyectar me llamó la atención. Me lo aclara: *«Mira, los primeros años en Madrid siempre vine en tren a la universidad; recuerdo que las primeras semanas, al poco de empezar a trabajar aquí me subía en la estación de Laguna e iba hasta Leganés y desde el tren, antes de llegar a la estación, se podía ver el edificio en el que estamos ahora mismo. Cuando veía el edificio me repetía a mí misma: 'Ahí voy a trabajar yo. Ahí me voy a quedar'. Verme a mí misma consiguiendo algo siempre me ha ayudado muchísimo»*. En este momento le hago una pregunta retadora: *«¿Me quieres decir que simplemente con proyectar lo que quieres, ya aseguras que lo vas a conseguir?»*. Me mira con una sonrisa frágil, intuyendo que la pregunta ha sido rebuscada a propósito y me contesta muy directa: *«¡Claro que no! No paraba: me esmeraba muchísimo en mis clases, pedía muchas propuestas de proyectos, fruto de mis investigaciones hacía un montón de publicaciones que luego presentaba en congresos y simposios; también escribí un libro que hoy es uno de los referentes mundiales dentro del cálculo fraccionario aplicado al control. Aún así, el hecho de verme a mí misma consiguiéndolo me animaba y empujaba a hacer el resto de la mejor forma que sabía. Era como si aquello me diera una especie de certeza de que lo que estaba haciendo servía para ese fin. Además, siempre disfrutaba mucho con todo, así que en realidad aquello lo hacía encantada».* Sin excepción, todos los protagonistas de este libro tienen la capacidad de imaginarse un futuro consiguiendo sus metas vitales y profesionales; este optimismo les empuja a dar lo máximo de sí mismos y a comprender, interiorizar y también sentir el fin último al que sirven con cada acción, manteniéndoles motivados y activos y, por consiguiente, maximizando las probabilidades de conseguir sus objetivos.

Lo cierto es que Concha, pese a contar en el momento de nuestra entrevista con solo cuarenta y dos años, ha hecho realidad infinidad de proyectos personales y profesionales en los que ha experimentado estas casualidades: cuando proyectaba cosas que quería atraer a su vida de algún modo estas se han ido cumpliendo; tal vez no exactamente como se lo había imaginado, pero sí en esencia. Me cuenta varias anécdotas en este sentido muy impactantes: *«De pequeña quería estudiar Ingeniería en Imagen y Sonido porque me fascinaban los estudios de grabación y la idea de trabajar con mis artistas favoritos era uno de mis sueños —atención ahora—: Más adelante, y por una carambola de la vida, conocí a la cantante y compositora Rosana*[33] *y me regaló la*

---

33 Concha conoció a Rosana —guitarrista y cantautora canaria— a través de una amiga común y artista, Marina Anaya; amiga esta última que, dicho sea de paso, a la que conoció por su deseo de darle las gracias tras adquirir un cuadro suyo. Allá por el 2015 Rosana necesitaba hacer la adaptación al inglés de una de sus canciones y Concha se ofreció para hacerlo; un día le presentó

experiencia de asistir a las sesiones de grabación de su úl-
timo disco 'En la memoria de la piel', e incluso tuve el honor
de participar en uno de sus coros». Casi sin dejarme asi-
milar muy bien lo que me acababa de contar –recordemos
que Concha es ingeniera electrónica– siguió con otra historia relacionada: «*El arte en general y el cine en particular*
siempre han ejercido una atracción muy fuerte en mí. Me
imaginaba participando en el proceso de creación de una
película; esto me llevó a hacer dos cortos de animación por
el mero placer de mezclar el arte, el cine y mi pasión por la
programación de ordenadores –sigue con un par de anécdotas maravillosas–: *El caso es que hace unos pocos años,*
la hermana de una buena amiga artista, Marina, me pre-
sentó al director de cine Gabe Ibáñez que por aquel enton-
ces estaba buscando asesoramiento para que el guion de la
película 'Autómata', protagonizada por Antonio Banderas,
tuviese rigor científico. Les ayudé a tomar decisiones sobre
la viabilidad del mundo tecnológico y robótico que estaban
imaginando. También a través de Marina conocí al director
de cine Alberto Ruiz Rojo –ganador de un Goya– con el que
recientemente hice de asistente de dirección o con quien a
veces veo los estrenos de sus series para la televisión en el
salón de su casa, conjuntamente con todos los actores par-
ticipantes». Sí, yo también estoy un tanto asombrado por estas anécdotas. Aún hay más: «*Tras colaborar como asesora*
científica en 'Autómata', los medios de comunicación comen-
zaron a llamarme; por alguna razón les resultaba un perfil
con gancho: mujer, científica, divulgadora, joven. Bien, un
día me llamaron del programa de Julia Otero para hacer
una entrevista a tres con Rosa Montero». En este momen-

---

una de las adaptaciones, interpretándola ella misma delante de Rosana y de
su representante, quedando ambas encantadas. Desde entonces son muchas
las experiencias que Concha ha compartido con Rosana (o «Ro» como ella
prefiere llamarla).

to Concha me explica que la última novela que había escrito Rosa Montero por aquel entonces, *El peso del corazón*, tenía un carácter futurista donde personajes tecnohumanos y *cíborgs* campaban a sus anchas; Julia Otero estaba buscando a alguien del mundo de la ciencia y la robótica que pudiese hablar del libro y de los personajes desde esta perspectiva, digamos, más científica. «*Tras aquella entrevista, Rosa, una apasionada de la ciencia, se interesó muchísimo por mi trabajo, así que quiso conocer mi laboratorio; la invité y pasamos buena parte del día juntas. Con el tiempo fuimos compartiendo experiencias y descubriéndonos un poco más, hasta el punto que añadió una breve reseña mía en su libro 'Nosotras. Historias de mujeres y algo más'. También me invitó a leer el borrador de lo que sería su novela 'Los tiempos del odio', continuación de la saga futurista con la intención de que le diese mi opinión; tras leerlo, le planteé hacer una pequeña corrección en la fórmula de la función Delta que ella utiliza en su libro, quedando ahí mi granito de arena*».

Todas estas anécdotas confirman que para nuestra protagonista la vida trata de ir abriendo puertas, descubriendo caminos e iniciando proyectos al mismo tiempo que conoces a un montón de gente. Todas estas vivencias son las que hacen que por la noche uno se acueste sintiendo que el día ha merecido la pena, independientemente de si a lo largo de la jornada nos hemos movido en el marco de nuestra vida personal o profesional.

Atención ahora al siguiente ejemplo, posiblemente el más visceral: «*El piano ejercía en mí un poder de atracción muy fuerte. De niña me imaginaba dando conciertos, pletórica; cuando veía por la televisión a algún músico o concertista me decía a mí misma: 'yo también podría hacer eso'. Pues bien, sé que no soy concertista de piano, pero esa misma sensación la tengo ahora cada vez que me subo a una tarima o a un escenario e imparto una clase o doy una char-la»*. Maravilloso testimonio: las clases de Concha son como una obra, como un recital o, como a ella le gusta llamarlas, *«mis clases son mi concierto, 'mi momentazo'; ya puedo estar agotada que siempre que hablo en público lo hago con mucha energía»*. Y es que Concha ha descubierto una de las cualidades del talento expresado en un contexto apasionante: es energizante. Una de las características que definen a las actividades que podrían estar cercanas a la vocación profesional que cuento en mis talleres y acompañamientos individuales es justo esa: te carga las pilas. Me vienen a la mente unas palabras que el guitarrista y músico español Fito Cabrales dijo hace un tiempo en una entrevista[34]: *«El escenario rejuvenece»*. Y es que, si te dedicas a algo en lo que eres bueno, que te interesa y además sientes que estás marcando una diferencia, entonces es prácticamente imposible no tener estas sensaciones. Por eso es tan importante que más personas tengan un trabajo que amen: el primer regalo se lo lleva la propia persona en forma de disfrute, energía y sentimientos de realización; el segundo regalo se lo lleva la gente a la que les aporta; pero, escucha, existe un tercer regalo: es el que reciben aquellas personas que se quedan impregnadas por su pasión y su buen hacer, inspirándose para ir al encuentro de su propia vocación profesional. Es decir, la sociedad en su conjunto sale tremendamente beneficiada. ¡Por eso necesitamos que haya muchas más personas comprometidas y apasionadas con su trabajo!

Al lector curioso, al igual que al que escribe, le habrá llamado la atención la facilidad con la que Concha acaba teniendo experiencias tan interesantes –y muchas otras que

---

34 Aquí puedes leer la entrevista realizada a Fito Cabrales en el diario El Correo, donde declara «El escenario rejuvenece»: https://www.elcorreo.com/culturas/fito-escenario-rejuvenece-20180422224541-nt.html

por falta de espacio se han quedado en el tintero–; lo cierto es que no hay más intencionalidad en nuestra protagonista que estar siempre abierta a descubrir, con una actitud curiosa y, muy importante, con el deseo de ayudar a otras personas. Concha también sabe que para conseguir tus objetivos, sueños y anhelos tienes que comenzar a abrir puertas con tesón y decisión. ¿Por qué? Porque nunca sabes a dónde te puede llevar la siguiente puerta, o qué otros caminos o puertas a su vez podrían descubrirse.

Puedo conseguir cualquier cosa, menos volar por mí misma

Conocer gente es una de las piezas angulares de la vida de nuestra protagonista; no solo le ha ayudado a tener una vida personal rica y feliz, sino que también es en parte responsable de que le haya ido tan bien en su carrera como docente e investigadora. *«Me encanta conocer gente; sobre todo, me encanta que me cuenten, me encanta escuchar otras ideas y otras perspectivas; así, cuando quedo con otras personas tiendo más a escuchar y menos a hablar de mis cosas. Soy de las que piensan que uno también vive a través de las vivencias de los demás, y eso es súper enriquecedor.* —Concha continúa con su alegato a favor de estar abierta a vivir experiencias explicando un importante matiz—: *Eso sí, siempre que me embarco en una aventura con alguien, lo hago por el placer y el deseo de ayudar, de aportar valor en algún sitio; eso a la vez que disfrutar, claro; si lo que hago tiene que ver con la robótica, la divulgación, el arte o la música, entonces es difícil que no me lo pase en grande».* Muchas de estas colaboraciones las hace sin cobrar, aunque siempre, siempre, se lleva una recompensa: el infinito placer y la gratitud derivados de participar en estas aventuras. *«Siempre he querido rodearme de ese mundo de fantasía y creativo de la música, de las artes escénicas o del cine. Tener la oportunidad de estar con personas a las que admiro y aprender de sus profesiones y de su arte es algo que recojo con gratitud. Aprendo muchísimo a la par que me aporta como persona, me alimenta el alma. Es un toma y daca: yo entrego mucho en todo aquello en lo que me involucro y con el tiempo acaban pasando cosas inesperadas y muy bonitas que me mantienen viva y me recuerdan que la vida hay que vivirla, disfrutarla».*

Todas sus vivencias fuera de la universidad las transmite en sus clases, aportando dinamismo, y ese toque «pies en la tierra» que es tan importante cuando se estudia Ingeniería o materias abstractas como las Matemáticas. *«Por ejem-*

plo, para explicar de forma más amena la función Delta, cuento la anécdota de Rosa Montero. *En general creo que cualquier cosa que hagas, sea de la índole que sea, la tienes que salpicar y nutrir de otros ingredientes para que resulte atractiva, para que adquiera su verdadera dimensión y se perciba en todo su potencial* –y cuenta otro ejemplo animada–: *Hoy en día pueden fabricarse músculos artificiales para robots basados en tecnología SMA. Estos músculos pueden refrigerarse con aceite, por ejemplo, lo que implica que estos robots tengan un componente líquido. Esta idea la utilizamos en una de las escenas de la película 'Autómata', porque los guionistas querían justificar de alguna manera la presencia de líquido durante la autopsia a uno de los robots protagonistas de la historia. Cada vez que explico esta tecnología en clase o en mis charlas, hago referencia a la película, y el impacto en el alumnado es mucho mayor».* Así, Concha nos resume su visión como docente: *«Todas mis experiencias personales las llevo al día a día en mi trabajo, haciendo que este sea mucho más interesante. En realidad, imparto las clases que a mí me gustaría haber recibido. Nunca empiezo la clase escribiendo directamente en la pizarra: la comienzo contextualizando lo que quiero enseñar con preguntas; las hago participativas para asegurarme de que los alumnos van siguiendo el hilo de lo que estoy contando. Siempre explico lo mismo de varias formas, dando diferentes ejemplos, propiciando que todo el mundo acabe asimilando la idea general al terminar la clase».*

Al hilo de su experiencia como docente e investigadora, tuve la oportunidad de hablar con Luis Nagua, doctorando y alumno de Concha. *«Es espléndida dando clase. No se queda en la parte teórica, sino que se esmera en mostrar aplicaciones reales, utilizando para ello todo tipo de medios visuales o sonoros. Además, hace las clases participativas, joviales, cálidas y amistosas, desmenuzando tanto la materia que te vas con todo clarísimo. Se expresa tan bien que a veces, cuando tengo que contar o escribir algo, me pregunto: 'esto, ¿cómo lo diría Concha?'* –y concluye–: *Es magnífica; yo pude empezar a desarrollar mi vocación como investigador gracias a ella»*. Jorge Muñoz, otro de sus doctorandos, me dio su testimonio: *«Concha es una persona humilde, amable y te ayuda mucho en la investigación. Para mí es una mentora. En sus clases sentía que todos los alumnos íbamos siempre por el mismo carril, como si pensásemos todos al unísono»*. También pude hablar con Lisbeth Mena, otra de las personas que forman parte del equipo de investigación de Concha: *«Es tremendamente inspiradora; no solo porque sea chica y esté en el mundo de la ciencia, sino porque está metida en muchísimos proyectos diferentes. Observa y aplaude tus pequeños logros, motivándote por el camino y fomentando el compromiso individual. Además, confió en mí desde el primer momento aun siendo de Ecuador y teniendo que posponer mi contratación seis meses; eso es algo que siempre le agradeceré»*.

Concha también imparte talleres y conferencias en todo tipo de eventos –por ejemplo el *Pint of Science*– hablando de cómo la nanotecnología puede ayudar a tratar lesiones medulares, o cómo la robótica está relacionada con el arte, invitando a sus charlas a Carlos Salgado –del equipo de diseño de la película *Autómata*– o a Rosa Montero; también relaciona la robótica y el género, poniendo encima de la mesa temas de igualdad de género a la hora de diseñar e implementar habilidades en los robots: *«La robótica también refleja muchas veces una desigualdad entre robots hombres y robots mujeres; esto no deja de ser una representación de la realidad que nos rodea»*. Realimenta su vida personal con la profesional, creando una simbiosis perfecta en la que no existe una línea definida clara entre ambas. Esto, lejos de ser un problema, es una ventaja: tu vida pasa a ser tuya todo el tiempo. Has dejado de hacer cosas que no quieres hacer, involucrándote en aquellos proyectos o empresas que a cada momento sientes que tienen más sentido, te proporcionen retorno económico o no.

Sus clases y charlas son pues una pieza angular para Concha. Pero, ¿hasta qué punto siente que es importante su labor como docente? Aquí va su respuesta: «*Es fundamental. Piensa que estamos formando a los ingenieros del futuro así que la responsabilidad es crítica. Estas personas serán las que resuelvan muchos de los problemas actuales y también los que están por llegar* –continúa con un gesto más serio–: *Creemos que los avances llegan sin más, como por arte de magia. No es así. Las cosas suceden porque muchas personas en muchos campos diferentes ponen su conocimiento, empeño, ilusión y tiempo en solucionar problemas y mejorar la vida de la gente. El futuro no viene dado, sino que será lo que nosotros creemos, lo que nosotros generemos. De ahí la importancia de inspirar y formar bien a las generaciones que vienen, aun cuando exige estar siempre a la última y modificar cada año el temario, ejercicios y casos prácticos. Si como docente tu grado de implicación en clase y tu capacidad para inspirar son mediocres, entonces ese futuro no será demasiado prometedor*». También nuestra protagonista tiene claro que la investigación juega un papel importante: «*La investigación sirve para sentar las bases de nuevas tecnologías que ayuden a la sociedad, es cierto; al mismo tiempo, yo la utilizo para poder llevar esos descubrimientos e ideas a mis clases y hacerlas así más amenas y productivas*».

Pero, ¿para qué investigar? ¿Por qué dedicarse a la docencia? ¿Cuál es el fin último que persigue Concha con todo lo que hace? No los cuenta: «*Me gustaría que hubiese más aceptación entre nosotros, que estuviésemos abiertos a comprender más profundamente el punto de vista del otro.*

Criticamos mucho, nos auto-exigimos mucho a nosotros mismos y a los demás. Me gustaría vivir en un mundo que defendiese y valorase la diversidad y donde las personas dejasen espacio en su vida y en sus mentes para otros puntos de vista enriquecedores». Concha me cuenta que por ejemplo existe mucho miedo y rechazo en lo relativo a los avances en robótica, como si fuesen a sustituir a los humanos, o en el peor de los casos a destruirlos. *«Recuerdo una conferencia donde hablaba de las ventajas de un robot social para interactuar con niños autistas; un asistente montó en cólera diciendo que 'eso era una estupidez; un robot no podrá nunca llegarle a la altura de los zapatos a un humano'. A continuación pidió la palabra otra persona y resultó ser un médico especialista en tratar autistas y justo comentó que en los robots podían programarse una serie de rutinas y comportamientos muy concretos que facilitan la comunicación con las personas autistas, muchas veces de manera más eficaz que la comunicación humana»*. *«O sea, que hiciste que la primera persona se replanteara su creencia inicial de que los robots no servían para interactuar con humanos»* le dije yo. *«Eso es. Esos espacios ayudan a adquirir conocimiento y construir un pensamiento crítico, siempre desde el respeto y la tolerancia –y Concha concluye–: Por eso me interesa tanto impartir clase a jóvenes que están empezando a forjar su espíritu crítico y por eso disfruto impartiendo charlas divulgativas: puedo poner otras realidades y puntos de vista encima de la mesa, retar un poco al oyente y tratar de ayudarle a ver más allá de lo que pensaba o creía antes de escucharme. Siempre estoy escuchando conferencias de otros colegas, asisto a muchas charlas para empaparme de otras opiniones; por ejemplo, me interesan mucho la robótica y la ética –sobre todo cuando hablamos de robots ideados para interactuar con el humano, como los robots sexuales–. Todo lo que aprendo y descubro lo llevo a mis clases y charlas»*.

Contribuir, aportar, mejorar, solucionar, ayudar, fomentar. Estos son algunos de los verbos con los que nuestros protagonistas suelen comenzar una frase cuando explican para qué se dedican a lo que se dedican. Concha no es una simple docente; ella prepara a los ingenieros del futuro para que resuelvan los problemas que están por llegar. Concha no es una mera divulgadora; ella crea y fomenta espacios para abrir la mente y acercar posturas. Sabes que estás dedicándote a algo que te apasiona cuando puedes expresar tu profesión en estos términos, sin olvidar marcar una diferencia real con lo que haces, claro. Esta es la clave: disfrutas porque marcas una diferencia y porque ayudas a una causa que te parece importante. Esto es algo que Concha ha descubierto y pone en práctica cada día.

Cuando le pregunto si su vida estará siempre ligada a la universidad, me contesta: «*Me veo vinculada a la universidad en los próximos años, sin duda; investigando, creciendo, con nuevos proyectos y dando clase. Si me preguntas dentro de veinte años... Creo que estaré más centrada en el plano artístico, tal vez en el musical. Posiblemente me apetecerá dedicarle más tiempo del que le dedico a otras facetas que me interesan mucho y que ya forman parte de mi vida. Una cosa es segura: me veo haciendo cosas, involucrada en proyectos* –y sigue–: *Me veo aprendiendo, disfrutando de lo que hago, aunque, eso sí, sin desvincularme del plano académico y divulgativo, que también me encanta*». Muchas veces se habla de encontrar tu vocación profesional como algo estático sobre lo que girará siempre tu vida. Bien, esto podría suceder así..., o no. Mi experiencia me dice que con el tiempo no solo el mundo se transforma, sino que tus habilidades y talentos también cambian y, lo que es aún más importante, tu concepción de lo que es relevante mejorar ahí fuera. Así, te invito a que pienses en tu actividad profesional como algo dinámico, algo que no solo podría cambiar, sino que debe cambiar con el tiempo si de verdad quieres mantener el grado de motivación y disfrute altos; piensa que mañana tal vez no disfrutes tanto lo que hoy disfrutas, o puede que descubras una causa más ilusionante en la que invertir tu tiempo, energía y talento. Esto no es una desventaja; al contrario: es la forma de garantizar tu bienestar y darle sentido a tu vida con el paso del tiempo.

La tenacidad de Concha es algo evidente y puede verse reflejada en muchas anécdotas; por ejemplo, cuando consiguió contactar con su antigua profesora de música –en la época previa al boom de Internet–, tras dieciocho años sin verse y un periplo ingente de cartas ordinarias e investigación en las páginas blancas; esto mismo lo repitió con Inmaculada, su profesora de Matemáticas en el colegio a la que contactó tras treinta años sin verse. También se las ingenió para presentar una investigación en Quebec, Canadá, el mismo día que tocaba allí su artista favorita, Céline Dion. «*Elegí el congreso donde dar la charla pensando no solo en la calidad científica del mismo, sino también en la gira de conciertos de Céline Dion para poder verla y de paso matar dos pájaros de un tiro*». En uno de sus múltiples proyectos, realizó un corto de animación de un minuto de duración y me cuenta emocionada cómo estuvo cuatro meses para terminar una escena de tan solo dos segundos. Esto es lo que Queca, amiga íntima de Concha y antigua profesora de música, me dice al respecto: «*Concha es muy creativa, siempre ayudando y tirando de los demás. Personalmente me inspira mucho; gracias a ella sé que siendo tenaz puedo llegar donde quiera y hacer que los astros se vayan alineando poco a poco. Un día me dijo: 'Puedo conseguir cualquier cosa, Quequita, menos volar por mí misma'* –y continúa con otro ejemplo de su actitud–: *Un día se enteró de que me gustaba el modelo Escarabajo de la marca Volkswagen; fue a un concesionario y apareció con él para que diésemos una vuelta, sin pagar nada. ¿Cómo lo hizo? Ni idea. Esa es Concha. Y como esta te podría contar decenas, como por ejemplo cuando conoció a los miembros de Mecano, otra de sus bandas favoritas.* –Queca concluye–: *Su alegría y positividad son contagiosas; sabe ver siempre la parte positiva de todo».*

Nuestra protagonista está siempre con mil y un proyectos entre manos, desde la investigación de eslabones blandos para robots humanoides a la revisión constante del material docente para inspirar a sus alumnos, pasando por la creación de charlas y espacios de encuentro o contacto con antiguas profesoras, hasta ayudar a amigos a dar una vuelta en un coche determinado o estudiar batería profesional. ¿Qué le hace estar siempre con tantas cosas en la cabeza? Me contesta: «*Lo hago por aprender, por ayudar a construir el mundo en el que me gusta vivir y también por compartir mi tiempo con las personas a las que quiero y aprecio* –continúa animada–: *Todos me dicen que tengo mucho arrojo, que no me corto. Yo siempre pienso: si no lo intento, no sé si es posible. Así que cuando alguien no se atreve a dar el paso le digo: '¿qué tienen los demás que no tengas tú?'».* Concha sabe que cuantas más circunstancias generemos en nuestra vida, más opciones tendremos de conseguir lo que queremos; si además esas circunstancias son de valor –por ejemplo, si los resultados de una investigación son interesantes–, entonces las probabilidades de tener oportunidades para conseguir lo que queremos –presentar la investigación y de paso ver a Céline Dion– se multiplican. «*We did not come to fear the future. We came to shape it».* (No hemos venido aquí para temer al futuro, hemos venido para darle forma). Estas palabras las dijo el expresidente de los Estados Unidos, Barack Obama, en un discurso para los congresistas en el año 2009 en el que presentaba su plan de reforma sanitaria. Eso es exactamente lo que hace Concha: modela el futuro a través de la acción y de su propia visión de cómo se quiere ver a sí misma en ese futuro.

Y es que algo que caracteriza a Concha y también al resto de nuestros protagonistas es la rapidez con la que pasan a la acción. No hacen excesivos análisis ni valoran demasiado las consecuencias; si sienten que tiene sentido experimentar algo, entonces van a por ello, y aunque siempre se aseguran de disfrutar con la actividad que deciden emprender, no tratan de buscarle el rédito inmediato a eso que hacen. Al mismo tiempo y en el largo plazo son testigos de que esa energía que invirtieron en una actividad les acaba ayudando a potenciar otra; así, el empeño de Concha por aprender inglés hace que hoy pueda publicar y dar sus clases en esta lengua; su interés por los juegos de palabras y controlar las estructuras de los lenguajes le ayudó a decantarse por estudiar Ingeniería Electrónica; o su interés por comenzar a programar animaciones y videojuegos por ordenador le llevó a conocer a una buena amiga, Marina, que a su vez la acercaría a uno de sus ídolos musicales: Rosana.

Lo cierto es que estamos demasiado centrados en buscar el fin instrumental en todo lo que hacemos; te invito a experimentar una manera diferente de estar en el mundo: si algo te gusta y tiene sentido, ve a por ello. Por supuesto que debemos honrar nuestras prioridades y responsabilidades, eso no está en tela de juicio; de lo que aquí se trata es de ir llenando nuestra vida de acciones que nos hagan disfrutar, sabiendo que algunas darán un retorno económico necesario para vivir y que todas, sin excepción, tendrán un retorno en forma de disfrute y sentido.

Es difícil describir cuánto me emociona saber que existen personas tan comprometidas, no solo con su disfrute personal, sino también con aportar al mundo su granito de arena para dejarlo un poquito mejor de como lo han encontrado.

Escribiendo esta historia me viene una frase que el personaje Kyle Rees le dice a Sarah Connor en *Terminator*, una de las primeras y más emblemáticas películas del director

James Cameron: «*There is no fate, but what we make*». (El futuro no está escrito). El futuro es lo que nosotros queramos que sea, es lo que nosotros generemos.

Me pregunto: ¿cómo sería una universidad donde todo el profesorado fuese como Concha? ¿Cómo sería si cada docente tuviese esa pasión contagiosa que inspirase a los alumnos a resolver los problemas del futuro?

¿Qué pinta tendrían esas aulas, donde no solo se impartiese material teórico sino también anécdotas interesantes y aplicaciones reales?

¿Cómo sería si cada aula fuese una oportunidad para aceptarnos, comprendernos y abrir nuestra mente a las opiniones de los demás?

¿Cómo sería un mundo donde tuviésemos siempre en cuenta el punto de vista del otro, la mirada del otro[35]?

En estos momentos me permito soñar y también me permito ver la luz al final del túnel.

Siento que ya tenemos el conocimiento, los medios y las respuestas para construir un mundo donde todos, sin excepción, quepamos.

Construyamos ese mundo.

- -

Si quieres escuchar a la protagonista contando su historia en primera persona, puedes hacerlo con ayuda de este bidi:

---

35 La historia de Concha me ha inspirado para recomendarte el libro *Los ojos del otro*, de Esther Pascual, donde un equipo de abogados y mediadores realizaron una maravillosa intervención de justicia restaurativa con víctimas y victimarios de la banda terrorista ETA. Si víctimas y victimarios pueden llegar a comprenderse, ¿quién no puede?

CONCLUSIONES: UN MISMO PATRÓN

Revisando las historias de estas personas y también mis anotaciones más técnicas es relativamente sencillo vislumbrar algo maravilloso: todas ellas siguen un mismo patrón, todas ellas han ido hilvanando su viaje y orientando su vida a lo largo de una actitud común. Me encanta saber que independientemente de dónde y cuándo hayas nacido o de si has tenido un mayor o menor apoyo de tu entorno, al final todos tenemos la capacidad para, en el largo plazo, situarnos donde realmente queremos estar. Siento que dedicarnos a eso que amamos —mientras disfrutamos— es algo que está en nuestra mano. Hacer que cada día de verdad cuente no es una idea utópica en nuestra cabeza, ¡qué va! Es algo posible, factible. Los protagonistas de este libro son una prueba viviente de ello.

¿Qué tienen pues en común? Lo primero de todo, que han encontrado su vocación profesional, esto es, resuelven problemas en la sociedad —problemas que consideran importante resolver— a través de la expresión de sus habilidades y talentos; es decir, marcan una diferencia con lo que hacen. Lo segundo, tienen una actitud particular a la hora de encarar tanto la vida como su relación con otros seres humanos: toman decisiones difíciles, siguen los dictados de su corazón, son generosas y profesan gratitud hacia sus seres queridos, entre otras. Por último, y salvando las vicisitudes de la vida de las que nadie escapa, se consideran personas afortunadas; esta suerte la han ido cultivando desde unas actitudes también comunes tales como hacer mucho ensayo y error, tener diversos objetivos siempre en el horizonte o confiar en que al final las cosas acabarán saliendo.

1. VOCACIÓN PROFESIONAL

Estas personas han encontrado un trabajo que aman. ¿Sabes? El verbo trabajar viene del latín *tripalium*, que no era más que un yugo con tres palos donde se ataba a los presos para torturarlos o castigarlos. Por desgracia, en castellano seguimos manteniendo ese carácter negativo, impositivo y obligatorio que en origen le dimos a la palabra trabajar. Es sencillo saber si estás «trabajando»: no volverías a tu puesto de trabajo si te tocase la lotería. Pero, ¿cómo consiguen tener esa sensación de no trabajar, aún cuando ante los ojos de los demás sí lo hacen? He aquí la respuesta: han encontrado su vocación profesional. Han sabido resolver problemas de la gente o de la sociedad que consideran importantes; además, lo hacen a través de sus virtudes y talentos y en contextos donde disfrutan plenamente de esa actividad. Lo han logrado sin prisa, sin pausa y siguiendo las siguientes pautas:

- *Son personas que se permiten desarrollar sus talentos naturales*; así, se mueven siempre en contextos profesionales en los que son brillantes, excepcionales. Han sabido descubrir sus habilidades y potenciarlas al máximo para poder contribuir lo máximo posible sin tener la sensación de esforzarse. ¿Cómo lo consiguen? Tanto de niños como de adultos, buscan actividades y contextos donde disfrutan y se sienten cómodos; además tienen esta sensación de que el tiempo «pasa volando», amén de buscar y apreciar el refuerzo positivo de los demás para confirmar que lo que hacen soluciona algún problema. En contraposición, huyen de actividades en las que no disfrutan o en las que tienen la sensación de esforzarse.

- *Tienen sentido de la contribución.* Son personas que sienten que tienen que hacer algo por los demás o por el planeta; así, utilizan la rabia o la frustración que les provocan determinadas situaciones para tratar de aportar valor en ese contexto y solucionar problemas o alivianar esas situaciones. Esto lo podemos ver en frases como «*No hay derecho*» de Gonzalo Rubio cuando adoptó a las tigresas o «*Quiero hacer el bien y ayudar a la Humanidad*» de Joan Carulla cuando las bombas caían sobre su pueblo. Del mismo modo, también reconocen aquello que les emociona y tratan de conseguir más de eso en el mundo, poniéndose manos a la obra cuando quieren mejorar algo que ya existe.

- *Profundo sentido del disfrute.* Son personas que se recrean en todas las actividades que emprenden. Esta sensación la consiguen moviéndose en contextos donde son eficaces y además sienten que lo que hacen es importante no solo para ellos, sino también para una causa superior. Disfrutar es sin lugar a dudas la vara de medir que todos han utilizado para ir avanzando y descubriendo los diferentes contextos en los que ahora trabajan.

- *En los contextos profesionales están siempre atentos a las opiniones de las personas a las que están tratando de ayudar, teniéndolas en cuenta para aportar siempre el máximo valor posible.* No ayudan desde lo que ellos creen que los demás necesitan, sino que se preguntan qué problemas tienen los demás y cómo poner su talento a su servicio.

- *No piensan en la jubilación de un modo estricto.* Han llegado a ese punto donde no se ven en un futuro sin seguir unidos a su actividad profesional. Tal vez con el tiempo vayan delegando parte del trabajo o dedicando más tiempo a unas actividades que a otras, pero siempre se ven en el horizonte con faena entre manos.

2. ACTITUD CON OTRAS PERSONAS

- *Sentido de la bondad.* Son personas que no odian, incluso cuando tuvieron más de un buen motivo para ello. En lugar de eso deciden siempre mirar al frente con amor. Saben que cada persona tiene su propio viaje y que todos, incluyendo ellos mismos, estamos en constante evolución.

- *Generosidad.* Cultivan el arte de dar a los demás disfrutando. También son personas que se dejan ayudar, es decir, reciben con los brazos abiertos la generosidad ajena porque saben que dar y recibir son dos caras de una misma moneda.

- *Gratitud.* Sienten gratitud por todas las personas de las que de un modo u otro han aprendido o han recibido ayuda. Además, todas tienen en la memoria, incluso después de su fallecimiento, a aquellos que marcaron alguna diferencia en su vida y siguen recordándolos para mostrarles su gratitud, cariño y afecto.

- *Han creado una buena red de personas de confianza a las que quieren, escuchan y en las que también se apoyan.* Constantemente miman y nutren esta red abriéndose a conocer nuevas personas afines, siempre desde la honestidad y la generosidad. Saben que aliándose con más personas llegarán más lejos.

- *Tienen o han tenido mentores*, personas cercanas en las que pueden confiar o a las que pueden pedir ayuda y que son referentes de las que aprender en un momento determinado o en algún contexto concreto, bien sea profesional o personal. Estos mentores –que se presentan en forma de familiares, amigos, profesionales, etc.– son también una fuente de inspiración para nuestros protagonistas, absorbiendo esa pasión que las anima a seguir explorando y actuando en un ámbito concreto. Si no surgen de manera natural, los buscan por propia iniciativa. A su vez, estos se ofrecen voluntarios para ejercer de mentores de otros.

- *Todos han tenido docentes que en diferentes momentos de sus vidas han confiado en ellos*, les han dado espacio para explorar o les han inculcado su pasión por una materia determinada. Estos docentes, muchos de ellos convertidos también en mentores con el paso del tiempo, han sido referentes más allá de las aulas que les han ayudado, directa o indirectamente, a tomar algunas de las decisiones más importantes.

- *Inspiran a otros y, en la mayoría de los casos, sin ser muy conscientes de ello.* En este sentido cuentan con una visión a largo plazo positiva de lo que quieren conseguir –cómo el mundo será un lugar mejor– y de cómo se ven a sí mismos en ese futuro. Las personas cercanas se dejan influir por el ferviente deseo de contribución que manifiestan.

3. ACTITUD CON ELLAS MISMAS

• *Todas estas personas tienen la convicción de que forman parte de algo más grande y de que de algún modo deben contribuir al bienestar de ese todo.* Todas han cultivado de algún modo su espiritualidad y se han conectado con un sistema mayor, como la idea de Dios, el mundo, la naturaleza, la sociedad, la comunidad, la vida o la creación.

• *Como la mayoría de seres humanos, nuestros protagonistas han pasado por momentos realmente complicados.* Sus vidas no han sido un camino de rosas ni tampoco nacieron con un pan debajo del brazo. La diferencia reside en que no utilizan esos momentos para compadecerse, sino que se han permitido aprender de ellos. No se enganchan con la realidad cuando esta les incomoda; simplemente aceptan lo que viene y hacen lo que tienen que hacer para evitar que eso les vuelva de nuevo. Son personas que tienden más a ser flexibles en lugar de permanecer rígidos e inmóviles ante las vicisitudes propias de la existencia. Saben que en el largo plazo de los momentos más difíciles en la vida es de los que más se puede aprender. Esto les ayuda a sobrellevar los envites de la vida, por fuertes que estos sean.

• *Poseen sentido exquisito del presente, permitiéndose vivir intensamente cada instante.*

- *Sentido del humor.* Se ríen. Les encanta reír a carcajadas. Afrontan la vida con el desapego necesario como para, llegado el caso, reírse también de sí mismas. Usan el humor como herramienta para divertirse y también para, cuando la situación lo requiera, vivir desde un punto de vista más tierno y compasivo.

- *Humildad.* Se caracterizan por no alardear demasiado de lo que hacen. Marcan una diferencia con su trabajo, es cierto, pero al mismo tiempo saben que queda mucho por hacer y eso les mantiene siempre con los pies en el suelo.

- *Siguen a su corazón.* Siguen su intuición. Saben que es importante honrar esos pálpitos. En este sentido toman siempre muchas decisiones aceptando el devenir de las mismas y, si no obtienen los resultados que esperan, siguen tomando nuevas decisiones que les acerquen adonde quieren ir. Sus convicciones personales están por encima de las opiniones de otros.

- *No son personas dadas a sentirse fracasadas ni tampoco creen demasiado en el arrepentimiento.* Para llegar a esta conclusión siempre toman la decisión que consideran más sensata a cada momento, es decir, la mejor decisión disponible. Si el resultado que obtienen no es el esperado, no se arrepienten ya que sienten que no tenían posibilidad de tomar otra decisión dadas sus circunstancias; en lugar de eso aprenden de la experiencia de modo que la siguiente decisión sea más sabia.

- *No están demasiado apegados a los objetos materiales.* Lo material es un medio para mostrarse en el mundo como realmente son, en ningún caso un fin en sí mismo.

4. ACTITUD PARA QUE LA VIDA LES SONRÍA

- *Son eternos aprendices.* Siempre están abiertos a nuevas experiencias y a hacer nuevos amigos. No se consideran expertos en nada, más bien eternos *amateurs* en aquello que hacen, lo que les permite estar siempre con sed de crecimiento, de mejora, de aprendizaje. Saben que solo exponiéndose a nuevos estímulos conseguirán dar el siguiente paso, abrir la siguiente puerta y aprender algo nuevo.

- *Son personas que se sienten afortunadas.* Y saben que la suerte no tiene que ver con el azar, sino que es una mezcla de emprender acciones y esperar a que las oportunidades aparezcan. En este sentido, saben que todo tarda más de lo que uno cree. La paciencia y la perseverancia —mientras disfrutan de lo que hacen— son rasgos comunes en todos ellos.

- *Son personas de acción.* Son personas a las que nunca verás esperando a que las cosas sucedan; hacen por que las cosas deseables sucedan. Además, mientras llevan a cabo una acción se comprometen con ella al 100%, desapegándose del resultado; con esto consiguen dar lo máximo en la tarea además de disfrutar de eso que hacen.

- *Están tomando decisiones constantemente.* Además, esas decisiones están tomadas siempre desde el amor: buscan acercarse a algún lugar deseado en lugar de huir de una realidad incómoda. Muchas de esas decisiones serán difíciles, aunque saben que a la larga les hacen tener una vida más placentera.

- *Tienen siempre objetivos ilusionantes en el horizonte y confían en conseguirlos.* Son optimistas por naturaleza, para ellos el «no se puede» no tiene cabida. Al mismo tiempo mantienen una actitud abierta durante el viaje a la consecución de los mismos, dejándose influenciar por lo que experimentan por el camino, permitiendo, si tiene sentido, que esos objetivos se transformen en algo diferente e incluso más deseable. Siempre están involucrados en diferentes proyectos. Tienen mil y una anécdotas para contarte relativas a proyectos pasados –los que funcionaron y los que no–, presentes y futuros. En este sentido, no están pendientes de adaptarse a los cambios: son ellos los que generan los cambios.

- *Confían. Saben que en la vida es igual de importante hacer que confiar.* Saben que lo verdaderamente crucial es seguir el camino dictado por tu corazón y solo después ponerte manos a la obra. Seguir tu instinto y vivir la vida que quieres hace que la vida te ponga las cosas más fáciles. En cierto modo son personas que creen en la magia: saben que si hacen lo que quieren hacer para su propio gozo y el de los demás la vida les acaba ayudando.

EPÍLOGO: TÚ TAMBIÉN ERES UNA PERSONA EXTRAORDINARIA

Aquí termina este libro, aunque, si he logrado mi objetivo, esto no es el fin de nada; más bien todo lo contrario: esto es el comienzo de tu propio viaje particular. Mi mayor deseo es que te hayas dejado inspirar por estas personas, por sus historias, sus actitudes y su forma de entender la vida.

Si este libro te ha inspirado y si crees que puede servirle a alguien, te voy a pedir un favor: préstalo, cédelo, regálalo. Por favor: no lo devuelvas sin más a una fría estantería. En lugar de eso, permite que otro ser humano pueda dejarse querer y emocionar por las palabras que contiene; abre la puerta a la posibilidad de continuar una reacción en cadena que haga que cada vez más personas decidan vivir la vida que quieren vivir.

¿Sabes? No me cabe la menor duda de que todos somos seres extraordinarios; tan solo tenemos que permitirnos escuchar esa voz interior que todos poseemos y comenzar a vivir una vida que de verdad sintamos nuestra, que nos pertenezca. Una vida donde nos levantemos por la mañana con ilusión por llevar una existencia cargada de acciones que a su vez nos guíen hacia nuestros sueños y anhelos, tanto personales como contributivos.

Porque, ¿de qué va esto de vivir?

Vivir va de ser, va de estar. Va de comprender que solo hay un momento para estar bien: ahora.

Vivir va de disfrutar.

Disfrutar la ducha por la mañana, disfrutar del viaje hasta tu puesto de trabajo o incluso disfrutar de limpiar tu casa para tenerla a tu gusto.

Por supuesto de disfrutar tu actividad profesional, del tiempo que pasas con otros seres humanos y del tiempo que pasas a solas en tu intimidad.

Vivir va de mirarte al espejo y sentir que todo lo que estás haciendo es lo que más sentido tiene para ti en ese momento.

Vivir va de comprender que tenemos un contador vital, una fecha de caducidad... Y que es un auténtico privilegio poder estar aquí para contarlo.

Vivir también va de amar. De amar a tus seres queridos. Caminen a dos o cuatro patas.

Vivir también va de amar todo lo que ves... Porque vivimos en un mundo interconectado donde somos islas interdependientes. Todos dependemos de todos, no lo olvides.

Así que más nos vale amarnos.

Creemos un movimiento para que cada vez seamos más los que preferimos vivir desde la convicción de que las pequeñas acciones sí que transforman realidades.

Lancemos ese mensaje al mundo.

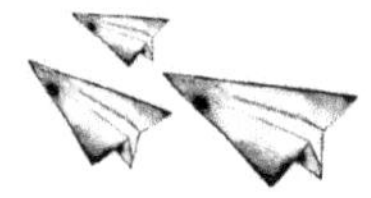

AGRADECIMIENTOS

Cada día que pasa soy más y más consciente de que nos necesitamos los unos a los otros. Vivimos un mundo en el que todos somos interdependientes y mi caso, claro, no es una excepción. Son muchas personas las que han ayudado a hacer realidad este libro y espero que este capítulo sirva para rendirles mi homenaje personal.

Gracias a los protagonistas, verdaderos responsables de que este libro exista: Joan Carulla, Lama Dondrub, David Carricondo, Francine Marcelle, Manuel Paz, María Caso, Gonzalo Rubio, Concha Quirós, Concha Monje y Elisa Beltrán. No solo me habéis abierto la puerta de vuestras vidas, sino que compartisteis sin ningún tapujo vuestras aventuras y desventuras desde la más absoluta generosidad y deseo de crear una realidad mejor para todos. En cada contacto he aprendido lo que no está escrito y eso es algo que me llevaré siempre en lo más hondo de mi corazón. Gracias, desde lo más profundo de mi ser. No me cabe la menor duda de que seguiréis inspirando y ayudando a mucha gente.

Gracias a Patricia Cuesta; Patty, no solo has dejado tu profunda huella en este libro dándole el necesario y maravilloso arte final, sino que tu apoyo y ánimos me acompañaron a lo largo de todo el tiempo que estuve con este proyecto entre manos, ayudándome a poner en valor todo el trabajo. Además, juntos descubrimos a Francine y gracias a ti me interesé por María Caso y por Manuel Paz. ¿Qué más se puede pedir?

Gracias también a todas las personas cercanas a nuestros protagonistas que me ayudaron a tener una perspectiva diferente de sus vidas y de su impacto positivo en la sociedad: Andrés Fernández y a Marc, Anthony, Daniel, Catherina (peregrinos) y Celia. Miriam Carmona y Susana (discípulas de Lama Dondrub) y resto del equipo de Sangha Activa; Carmen Suárez, Marga, Cristina Fernández y Santi Morán; a Luisa María Paz, Silvia Carbajal, Seila González, Adra Karim y a Carlos García y Saray Macías (O.C.A.S.); a toda la junta directiva de la ONG Inakuwa. A Marina Amaya, Queca Raya, Lisbeth Mena, Jorge Muñoz y Luis Nagua. Gracias a Ruth Gordón (pareja de Gonzalo y corresponsable de que el núcleo zoológico El Bosque siga adelante), Marta Canellada, Covandoga Linares y sus alumnas Ana Leo y Nuria Valverde (también gracias sus padres, por permitirme contactar con ellas). Alfredo Quirós (sobrino de Concha Quirós) y Fernando Menéndez.

Este libro pasó por muchas manos antes de entrar en cola de edición; cada persona me aportó un punto de vista único y fundamental que me ayudó a reenfocar algunas historias y a centrarme en lo verdaderamente importante. No me equivocaría si dijera que parte de este libro os pertenece. Así, gracias a los que leísteis aquel primer borrador: Serafín J. Estévez, me diste una visión directa y esquemática de los personajes; Inés Benedico, me ayudaste muchísimo con tu visión global de cómo construir los personajes que provocó un punto de inflexión en mi concepción de los mismos; Cristina Cobos, te dejaste la piel para darme una opinión meticulosa, emocional y honesta; el libro dio un salto de calidad gracias a ti. Galo Pablos (ElViajeNoTermina.com), tu opinión hizo que llevase a algunos personajes, como Manuel Paz, al siguiente nivel; Germán Coronas, me ayudaste a poner más en valor algunas historias como la de Elisa, además de contagiarme tu ilusión por este proyecto. Gracias también a los que leyeron un segundo borrador: Marta Arias, me hiciste más consciente de usar un lenguaje más inclusivo, además de detectar erratas y mostrarme los momentos en los que el libro te llegó de verdad, Alicia S. Hulton, me diste ideas para mejorar conceptos fundamentales del libro, algunos diálogos y el modo en el que me dirigía al lector; también me inspiraste para hacer algunos cambios en el orden de los personajes; ¡ah! Y gracias por la idea de hacer el podcast. Tai González, además de tu valiosísima opinión general, fuiste el precursor de que María Caso sea la primera historia, descubriste erratas y despistes, además de ayudarme a enfocar algunos temas controvertidos del libro. Beatriz Mora, tu fantástica complicidad con los personajes me instó a hilar más fino y mejorar su legibilidad; ah, y gracias por cederme la anécdota de tu madre para la historia de Elisa Beltrán. Jorge García, «Coke», tu opinión desde el corazón me ayudó a expresar mejor el cariz humano de María y el racional de Francine; Asun Noriega, además de tus impresiones sobre los personajes, aportaste muchas ideas –¡y correcciones!– que mejoraron el hilo narrativo; Paula Díaz, además de detectar erratas, me inspiraste para retocar el final de algunas historias y también para aportar datos de relevancia en los personajes. Reyes Arzac, Khalid Ghaloua y Sergio Cienfuegos leyeron una versión final que me ayudó a darle los últimos retoques al texto y asegurarme de que el mismo cumplía las funciones que perseguía: inspirar, emocionar y dar que pensar.

He tenido la suerte de contar con Laura Virumbrales para las ilustraciones del libro y la imagen de la portada. Gracias, Laura, por hacer este proyecto tuyo desde el primer día y por sumar aportando tu valor único en cada una de estas historias.

Quico Taronjí, muchísimas gracias por tu accesibilidad, cercanía y por tu sentido prólogo; estoy convencido de que tus palabras motivarán a más de uno a dejarse inspirar por estas historias.

Gracias a Paula Leal (Purple Sparks) por el diseño de la portada: le diste un sentido conceptual al diseño de la misma, convirtiéndola en una obra de arte.

Otras personas que también me ayudaron, algunas incluso sin saberlo: Ana Blanco, gracias por prestarme tu experiencia vital para la historia de Lama Dondrub; Eva Martínez, Eva, no llegamos a conocernos demasiado aunque te tuve muy presente en la etapa final del libro; Juan Antonio Gulías, gracias por estar ahí, siempre; Magdalena de Casa Mario, Posada de Rengos, por hablarme de la francesa; restaurante Toca Teca en Barcelona, por invitarme a un maravilloso almuerzo tras una de las entrevistas con Joan; René Silva, gracias por tu consejo para la nota inicial —invitar al lector a que subraye lo que más le interesa— y ¡espero que este ya no sea un libro de ejercicios! Gracias a Ramón de Rubinat y su maravillosa explicación de la *symploké*, y gracias también a Ramón Gener, su libro *El amor te hará inmortal* me inspiró en los inicios de esta aventura.

Agradezco al Colegio Santa María del Naranco (Oviedo), en especial a Jaime Nicolás —director general—, a Ángeles Huerta —administradora— y a Ignacio Peralta —director de Primaria— por permitirme acceder al colegio y conocer a Elisa y sus maravillosos alumnos.

Así, gracias a todos mis clientes, seguidores, conocidos y allegados que me animaron a terminar este libro, creyendo en el proyecto y compartiendo conmigo su entusiasmo. Vuestro interés y energía me ayudaron en los momentos donde creía que este trabajo no se acabaría nunca.

Agradezco profundamente a mis tíos Rosalía y Juanjo, por darme cobijo en todos los viajes que hice a Madrid, no solo para entrevistar a parte de los protagonistas, sino también para desempeñar parte de mi labor profesional.

También a mi madre, Moraima, por ser un ejemplo de cómo seguir adelante contra viento y marea.

Gracias a Marta Prieto Asirón, mi editora, por confiar en este trabajo y apreciar el valor que podía aportar al mundo; su toque también está presente en este escrito.

Gracias también por entregarme parte de su tiempo en mi búsqueda de candidatos a María San Miguel (actriz y creadora de Proyecto 43-2), Francisca Lozano (abogada y mediadora), Estibaliz de Miguel (socióloga y actriz), Teresa Valdés-Solís (ingeniera y divulgadora), Elisa Beltrán (artista) y Eleonora Barone (innovación intergeneracional). Grandes mujeres haciendo grandes cosas.

No quería olvidarme de Golfo, mi compañero peludo cuadrúpedo. Él me acompañó en mi casa en las muchas revisiones que ha tenido este texto antes de que llegase a tus manos.

Este libro se ha escrito en muchos lugares: bibliotecas, centros de estudios, trenes, espacios de *coworking*, cafeterías, terrazas de Oviedo y en el sofá de mi casa. Gracias a todos estos espacios por inspirarme, especialmente a *El lúpulo feroz*.

Por último: gracias a ti. Gracias por crear el espacio necesario que me ha permitido entrar en tu vida con estas historias. Eres la razón última de que haya escrito este libro. ¡Ah! Recuerda, si te ha gustado: ¡compártelo!

Iván Ojanguren
Diciembre del 2019

¿CÒMO SE HA ESCRITO ESTE LIBRO?

Este libro/estudio no pretende ser un texto académico; sin embargo y para darle un pequeño cariz formal, he creído conveniente informar a aquellos lectores curiosos de cómo he llevado a cabo mis investigaciones, cuáles fueron los criterios de selección de los protagonistas y qué métodos he utilizado para recabar la información en la que me basé para finalmente escribir sus historias.

Puedes descargarte toda esta información con ayuda de este bidi:

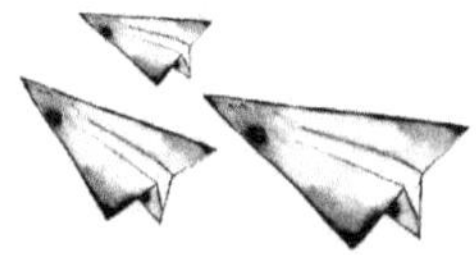

BIBLIOGRAFÍA

- BORDIEU, PIERRE. *Sobre la televisión*. Anagrama, 2006.

- GARDNER, HOWARD. *Inteligencias múltiples*. Paidós, 2011.

- GENER, RAMÓN. *El amor te hará inmortal*. Plaza y Janés, 2016.

- GOLEMAN, DANIEL. *Inteligencia emocional*. Kairós, 2012.

- KOTTAK, CONRAD PHILLIP. *Introducción a la antropología cultural*. McGraw-Hill, 2007.

- MOODY, RAYMOND A. *Vida después de la vida*. Edaf, 2016.

- OJANGUREN, IVÁN. *Apasiónate*. EMTN, 2016.

- OJANGUREN, IVÁN. *No más excusas*. Kolima books, 2018.

- PASCUAL, ESTHER. *Los ojos del otro*. Sal Terrae. 2013.

- PIGEM, JORDI. *Buena crisis*. Kairós. 2011.

- ROBINSON, KEN. *El elemento*. Clave (de bolsillo), 2000.

- ROSENTHAL R., JACOBSON L. *Pygmalion in the classroom*. Holt, Rinehart & Winston, 1968.

- SUTTNER, BERTHA. *¡Abajo las armas!* Cátedra Letras Universales, 2014.

- WISEMAN, RICHARD. *The luck factor*. Arrow books. 2004.

KOLIMA
BOOKS